所有的古物都是美的，只因为它逃过时间之劫，因此成为前世的记号。

『人文淳安』系列丛书

RENWEN CHUNAN
XILIE CONGSHU

# 淳安老物体

王丰 著

中国出版集团 现代出版社

**图书在版编目（ＣＩＰ）数据**

淳安老物件／王丰著． －－北京：现代出版社，
2024.1

ISBN 978-7-5231-0757-7

Ⅰ．①淳… Ⅱ．①王… Ⅲ．①生活用具－介绍－淳安
县 Ⅳ．①K875.2

中国国家版本馆 CIP 数据核字（2024）第 007260 号

| | |
|---|---|
| 著　　者 | 王　丰 |
| 责任编辑 | 杨学庆 |

| | |
|---|---|
| 出 版 人 | 乔先彪 |
| 出版发行 | 现代出版社 |
| 地　　址 | 北京市安定门外安华里 504 号 |
| 邮政编码 | 100011 |
| 电　　话 | （010）64267325 |
| 传　　真 | （010）64245264 |
| 网　　址 | www.1980xd.com |
| 印　　刷 | 北京荣泰印刷有限公司 |
| 开　　本 | 710mm×1000mm　1/16 |
| 印　　张 | 29.25 |
| 字　　数 | 330 千字 |
| 版　　次 | 2024 年 1 月第 1 版　2024 年 1 月第 1 次印刷 |
| 书　　号 | ISBN 978-7-5231-0757-7 |
| 定　　价 | 88.00 元 |

# 《人文淳安》系列丛书编纂委员会

主　　任：郑志光

副 主 任：徐夏冰

委　　员：邵全胜　余运德　胡炳君　邵红卫


主　　编：邵红卫

编　　委：王顺民　黄筱康

设　　计：方家明

插　　图：方光恒

# 总序

# 书页翻处，得见风骨

邵红卫

　　"人文淳安"系列丛书，包涵《淳安老物件》《淳安古道》《淳安书院》《淳安著述录》，清样早已摆在案头，我有幸先睹为快。今日阅毕，阖上书册，思绪却未能从中抽离，一些浮想，仍在字里行间盘桓，缱绻。

　　淳安多山，县志曰，环万山以为邑。但巍峨的大山脉，主要分布在四周边境，有西北部的白际山脉、南侧的千里岗山脉和北边的昱岭山脉，它们"致广大"地围出了淳安的一方疆域，成就了一个大桃花源；又"尽精微"地用无数余脉对这一方疆域进行分割，形成了无数小桃花源。桃花源中，旧时淳安人日出而作，日入而息，过着舒缓而拙朴的生活。除山间田野较肥沃外，淳安大部分土地皆是坡地，十分贫瘠。旧时曾把这样一个底子薄弱的山区县，于勤勉间，变成了浙江省的"甲等县"，农耕时代淳安人吃苦耐劳的秉性，有口皆碑。

　　王丰在《淳安老物件》里写到的生产、生活用具，是淳安农耕文化的鲜明符号。当这些代代相传的用具，以这样的形式与我们相遇时，我们依稀看到了众多熟悉的身影,祖父母,父母,邻居,村人,甚至自己。犁田、车水、斫柴、榨油、舂米、磨浆、养蚕、绩麻、纺线、槌衣……这些劳动场景,一一来到眼前。如影随形的,还有各种香味:春茶的,夏麦的,秋黍的,冬蔬的;火炉里煨的红薯的,饭甑里蒸的糯米的,汤瓶里炖的豆腐的,石臼里打的麻糍的;米羹的,麦糕的,艾馃的,箬粽的……王丰笔下的农耕时代,场景皆水墨,物象是诗篇,极有味道。作者用凝练的笔触,细镂着老物件里的旧时光。人是老物件的魂魄,写老物件,其实是写人,人的劳动、人的生活、人的追求、人的命运,悲与喜、哀与乐、福与患、生与死……故事写完了,不尽之意,见于言外:日头从人的汤汤汗水中晒出盐来,这种盐,又苦又咸,却调出了人间百味。

可以说,农耕日子人畜艰辛。然而,我们看到的情景是,旧时淳安人"一箪食,一瓢饮",却也"不改其乐",日子过得充实。

此中真意,《淳安老物件》里已见端倪。


而鲁永筑的《淳安古道》、鲍艺敏的《淳安书院》,则把我们的目光引入淳安历史腹地,让我们于旧时两种物象中,一见淳安人的胸襟。

书页翻处,清风徐来。我们发现,有34条古道、18座书院分别进入了作者的视野。通过作者的探赜索隐,我们对旧时淳安人的精神追求,有了进一步的了解。


《大戴礼记·保傅》称,"古者年八岁而出就外舍,学小艺焉,履小节焉"。

淳安人对于读书的重视，是来自骨子里的。

前面说过，淳安的物理空间几乎是封闭的，但淳安人却并不故步自封。这得益于新安江。旖旎的新安江划过淳安县境，以柔克刚，打开了大山的屏障，使山里与山外联系起来。淳安人的目光，随着迤逦的江水向远方延伸，便懂得了山外有山、天外有天、人外有人的道理。

因此孩子一落生，淳安人心里就种下了希望的种子。看着孩子从赤子、褓褓、孩提一路成长，心里的希望便越发强烈。始龀之年说到就到了，孩子该入学读书了。

正月农事未起、八月暑退、十一月砚冰冻时，都是旧时淳安学子农闲开学的时辰。

但上学是需要束脩的。据《礼记·少仪》记载："其以乘壶酒、束脩、一犬赐人。"郑玄注："束脩，十脡脯也。"束脩在春秋以前就存在了，《论语·述而》中已有"自行束脩以上，吾未尝无诲焉"。束脩标准不一，据说秦朝贫困生给私塾打工还"贷学金"，隋唐人砸锅卖铁交学费。旧时淳安人，则有"卖了茅司也要衬儿子读书"之说，俗俚中，表达的是对于读书的态度。

众山豪横地为淳安人画地为牢时，也大方地馈赠淳安人以丰饶的物产。旧时，茶叶、药材、干水果、粮食、山珍、毛竹、木材等，被人肩挑背驮，通过大山里长长短短的古道，汇聚到新安江沿岸的码头上，最后被泊在江岸的大船，遡洄而运抵徽州；或遡游，运往杭州，甚至经京杭大运河，远销苏州、南京、上海、北京……也有众多小商贩或农人，挑着货担，翻越大连岭、歙岭到徽州，出昱岭关到杭州，过辽岭至寿昌、衢州……他们在古道上奔波，货殖之利，除日常开销外，大都花在民居的营造和孩子的教育上。

《淳安古道》，从通州、达府和远足、近涉四个部分，细致地叙述了34条古道的前世今生。作者笔下的古道，是一种历史的纵深，喧闹与沉寂，同样引人入胜。跟随作者的脚步，由今天走入过去的时光，峰回路转，我们看到，古道的价值，不仅体现在生活、经济和军事上，更体现在文化上。


旧时学子受教育的场所，一是官学，一是私学，还有一种介于两者之间，这便是书院。

鲍艺敏在《淳安书院》中写道："书院的学田，既有官府划拨，也有私人捐赠等多种形式，从而成为中国古代社会独立的教育系统，为中国官场培养输送了大量人才。"

淳安书院鼎盛于宋、明两朝，境内书院遍布，人才济济，文运昌炽。据《淳安著述录》之附录《科举录》记载，光宋、明两朝，淳、遂两县正奏名进士就达273人之多，其数量占到科举时代淳、遂正奏名进士总数的百分之八十多，他们绝大多数是从书院走出来的。

脱颖的书院，遂安当属瀛山书院，淳安则为石峡书院。这两座书院，是新安江流域的双子星，是淳、遂古代教育史上两座高耸的丰碑。

"瀛山书院，在县西北四十里。宋熙宁间，邑人詹安辟建于山之冈，凿方塘于麓，其孙仪之与朱晦翁往来论学于此。"这是《万历遂安县志》

的记载。朱熹于瀛山书院讲学期间赋《咏方塘》:"半亩方塘一鉴开,天光云影共徘徊。问渠那得清如许?惟有源头活水来。"一诗吟处,八百多年云蒸霞蔚。更幸运的是,那瀛山的源头活水从朱熹诗中流过,便成了文化之水、美学之水、哲学之水,它清澈,剔透,淙淙潺潺,流过宋元,流过明清,一直流到现在,不知滋润了多少读书人的心灵。

《嘉靖淳安县志》自然也少不了石峡书院浓墨重彩的一笔:"石峡书院,在县东北五里蛟峰之麓,乃宋蛟峰方先生讲道之所也。堂二,曰知行,曰颜乐。斋四,曰居仁,曰由义,曰复礼,曰近知。燕居之后为周、程、张、朱四先生祠在焉。从游士常数百人。咸淳七年,先生复入侍讲闱,度宗御书'石峡书院'额以赐。"是年,方逢辰51岁,丁母忧,去职归隐石峡讲学,由此奠定了一代理学家、教育家的地位和形象,实现了他不在庙堂之上,也能致君泽民的理想和人生价值。

石峡书院出过状元、榜眼、探花,造就了无数栋梁之才,科举成就出类拔萃。淳安古为严陵首邑,不管以文论,还是以进士之多寡论,首邑之名都当之无愧。这其中,石峡书院功不可没。


通览《淳安书院》,发现书院的创始人,绝大多数是通过科举,走上仕途的读书人,他们被罢官、辞职或致仕后,返回故里,又创办更多的书院,让这片土地上特有的文化因子融入更多人的血液,薪火相传,生生不息,如:

瀛山书院创建者詹安(举人),官浦江主簿,年轻时曾进入开封的太学;

融堂书院的创建者钱时(宋嘉熙元年,理宗特赐进士),是南宋著名理学家杨简的得意弟子,曾做过秘阁校勘、浙东仓幕、史馆检阅等官;

石峡书院的初创者是谁,历来有争议,但将书院发扬光大的,无疑是状元方逢辰(宋淳祐十年进士),他曾累官兵部侍郎、国史修撰兼侍读、吏部侍郎、户部尚书;

合洋的柘山书院,是曾任大理寺卿的榜眼黄蜕(宋淳祐七年进士)创建的;

易峰书院,是探花何梦桂(宋咸淳元年进士)归隐文昌易峰庵后创建,他历官太常博士、监察御史、大理侍郎。

仙居书院,是明朝"三元宰相"商辂(明正统十年进士)罢官返归里商期间创建,致仕后主讲于此;

静乐书院虽非曾任工部尚书的徐贯(明天顺元年进士)所创,但他既是书院的受益者,又是书院的传承者和光大者。

南山书院,是应颙(明正统十年进士)致仕归贺城后创建,他曾官至布政使司左参政。

蛟池书院,是曾任广东左右布政使的王子言(明弘治九年进士)归乡环水后创建;

翰峰书院是曾任湖广按察司金事的吴钦(明正德三年进士)致仕回云峰重建;

吾溪书院,是徐楚(明嘉靖十七年进士)致仕归老蜀阜后创建,他曾任四川参政;

五峰书院，是徐廷绶（明嘉靖四十一年进士）致仕回乡后重建，他曾任陕西按察使；

……

这样的人创建的书院，这样的书院培养出来的淳安读书人，风骨傲然，素为世人尊崇。

明成化十四年（1478），司礼太监汪直设西厂，横恣无比，权倾朝野。商辂不顾个人安危，上疏抗言，力罢西厂。

宪宗览疏不悦："朕用一内臣，焉得系国安危乎？"

商辂力谏："朝臣无大小，有罪皆请旨取问。汪直辈擅自抄收三品以上京官，擒械南京留守大臣，扰得大臣不安于职，商贾不安于市，行旅不安于途，士卒不安于伍，庶民不安于业，如此辈不黜，国家危乎、安乎！"

商辂的声音，如黄钟大吕，振聋发聩，穿过五百多年时光，犹让我们心头为之一震。

俯拾时光，皆是斑斓。

海瑞曾于嘉靖三十七年（1558）被任命为淳安知县，在淳安的四年里，推行清丈、平赋税，并屡平冤假错案，打击贪官污吏，深得民心，成了基层治理的模范官僚。

嘉靖四十一年（1662）海瑞离任前往嘉兴，淳安百姓夹道送行。众人推举新中进士徐廷绶写了《海刚峰先生去思碑记》以颂其德，并题刻"去思碑"以志思念。

《海刚峰先生去思碑记》，只是徐廷绶与海瑞之间一段佳话的小引。

嘉靖四十五年（1566），海瑞任户部主事时，冒死上疏，批评世宗迷信道教、不理朝政，被打入死牢继而重疾缠身，身为刑部主事的徐廷绶，不惧牵累，不避霉气，调药端汤，悉心救治。淳安人知恩图报、义薄云天的风骨，让满朝文武为之动容。

与海瑞同时代的淳安进士徐楚，初授工部主事，后升工部郎中。历官辰州知府、广西副使，以政绩著称。后调任山东兵备道副使，跋涉沙石滩、盐碱地中，为朝廷绘制《塞垣图》，并疏陈《备边六策》，朝中大臣竞相推荐，称他"有文武材，宜节钺重镇"。徐楚秉性刚直，与当时宰相抗礼，仅补云南屯田副使。后调四川参政，任上决心革除贿礼等陋习，送上司一把"清风徐来"折扇而遭忌恨，丢了官职。

垣屋萧萧锦水崖，舟人指点海公祠。
风波自不惊三黜，暮夜谁能枉四知。
虎口脱离濒死日，龙颜回顾再生时。
百年借寇天阊远，惟有棠阴系去思。

这首诗，是徐楚从四川返里，乘船逆新安江而上，途经海公祠的有感而发。徐楚借用"三黜""四知""借寇""棠阴"的典故，褒扬海瑞，又何尝不是藉诗明志！思念海瑞的平仄里，得见的，也是徐楚的风骨。

如许风骨，是淳安父老从瘠薄的土地上种出的五谷，喂养出来的；是行走古道，被白际山、千里岗、昱岭以及大大小小的青山，磨砺出来的；是被秉持自由讲学、独立自修精神的书院，熏陶出来的；更是被追求"立德、立功、立言"三不朽的人生,历练出来的。

《左传·襄公二十四年》曰:"太上有立德,其次有立功,其次有立言,虽久不废,此之谓不朽。""立言"是读书人对成功的最高追求之一,旧时淳安的知识分子也不例外,在历史的天空中,他们的名字灿若星辰:皇甫湜、詹至、钱时、方逢辰、何梦桂、鲁渊、徐尊生、商辂、胡拱辰、徐贯、徐鉴、王宾、徐楚、徐廷绶、徐应簧、方尚恂、毛际可、方象瑛、方桼如……他们为政之余或去职、致仕之后,呕心沥血,笔耕不辍。当"黄花庭院,青灯夜雨,白发秋风"的意象成为他们晚景的修辞时,犹著书不止。他们留下了众多传世之作,如《皇甫持正集》《瀛山集》《融堂周易释传》《蛟峰文集》《潜斋文集》《策府枢要》《怀归稿》《商文毅公集》《山居杂咏》《馀力稿》《徐钝斋公文集》《西山集》《青溪诗集》《河溪集》《凤谷诗集》《留耕堂文集》《松皋文集》《健松斋诗文集》《十三经集解》……

刘志华编著的《淳安著述录》开篇说:"天地间清淑之气萃于淳遂,山川毓秀,人文蔚起,历来心怀天下的读书人多,登科入仕者多,'文章合为时而著,歌诗合为事而作'者亦多。初查,从南北朝迄明清有作者328人,著作698部,近现代作者222人,著作910部……"

一代又一代先贤创下了丰厚的文化家底,为淳安赢得了"文献名邦"的声誉。

……

新年钟声响起,我从遐思中回过神来。时间之河已经漫过2024年的门槛，不舍昼夜，向前奔流。

尺璧非宝，寸阴是竞。几位作者伏案一年有余，爬罗剔抉、奋笔疾书，又几经披阅增删，《淳安老物件》《淳安古道》《淳安书院》《淳安著述录》终于即将付之梨枣，接受读者挑剔。若书中存有一隅之见，作者也无须自报。刘勰在《文心雕龙·史传》中感慨："秉笔荷担，莫此之劳。"杜甫诗言："文章千古事，得失寸心知。"深以为然。

新安江奔腾不息，千百年来，润泽了两岸土地，哺育了芸芸众生，浇灌出博大精深的新安文化。文化之地，必蕴含着内在精神。对旧时淳安人，时世早有写照：肯吃苦、不畏难、志于道、勇争先。"人文淳安"系列丛书的作者，以自己的微，见他们的著。沉潜的旨趣，随笔端游走，草蛇灰线，伏脉千里，老物件、古道、书院、著述等物象，无形之中，便有了密切的文化关系。把这四册书籍裒为一辑，使其产生"1+1＞2"的效果，是一种深思熟虑。

挖掘人文历史，讲好淳安故事，赋能淳安社会经济发展，助力淳安特别功能区建设，是县政协文史委的职责所在，也是初心使然，今后将继续砥砺前行，不辱使命。

不忘初心，方得始终。

是为序。

2024年1月1日

# 自序

东晋时期文学家陶渊明,有一首田园诗写道:"种豆南山下,草盛豆苗稀。晨兴理荒秽,带月荷锄归。道狭草木长,夕露沾我衣。衣沾不足惜,但使愿无违。"其中,"带月荷锄归"这一句是不难理解的。在豆苗间埋头除草,忘记了劳动时间,不知不觉一轮明月(也可能是一勾残月)出现在天空。陶渊明愕然一惊,天晚啦,该回家啦,便扛起锄头(有可能是二指锄头,有可能是板子锄),披一身月光,赶回家。

就这一把锄头,早在陶渊明之前就已经是我们祖先的劳作工具,就支撑起先人们的生存与发展,劳动工具的因子渗进了人类生活的方方面面,几乎无所不至。一把锄头就这么传呀传,传过一代又一代,传过一地又一地,一直传到今天。

如今,人类已经"可上九天揽月,可下五洋捉鳖",但一柄锄头,还捏在淳安父老的手中。晨兴锄上肩,下地理荒秽;带月肩荷锄,疲惫回家来。

这一把锄头,究竟养活了淳安多少人? 这一把锄头,究竟在人类历史演义的长河中起过什么作用? 这应该有一篇宏文可作可写的。我所记录下的这一把锄头,是淳安父老乡亲养家糊口,须臾不可离的一种老物件。推而广之,支撑淳安一村一族,代代繁衍生息的不只是锄头这一种老物件,还有那畚箕、八仙桌、镰刀、五扇床、斧头、长板凳,等等等等。这些劳动和生活工具随着社会的进步,文明的演进正在日渐消亡,甚至会在某一天彻底地迷失在我们的视野之外,我们的子孙后代,他们身体里原本有着这些老物件的遗传基因,但随着时间的流逝,慢慢地,慢慢地,最终会被遗忘。

时光荏苒,岁月不住,逝去的每一个日子都已凝固成历史,淘汰的每一件老物都已定格为历史。

我时常回忆那一件件渐行渐远的老物件,它们有过激情四射,也有过满腹惆怅,但都将伴随着岁月的风尘,一点一点地衰老,起皱,泛黄,最后彻底地褪去昔日的光辉。

不能忘记它们!

列宁说:"一个民族如果忘记了历史就意味着背叛。"列宁说的历史,是一个民族的发展史、斗争史。那么,于我们而言,一村一滩,一族一姓,一代一代繁衍生息的历史就是跟随我们、相伴我们的那些生活用具和劳动工具,它们就是我们族种的历史。若忘记了它们,也意味着背叛。

不能背叛它们!

将目光倾注于:退出了淳安人民赖以生产与生活舞台的;或即将退出生产与生活舞台的;最终要退出生产与生活舞台的,那些与淳安人休戚相关的老物件,将它们一件件地寻找来,整理出,归集起,并用文字记录下来,使之成为留住我们心灵的一块栖息地;使之成为留住传统的一册永恒记忆;使之成为留住淳安近两千年劳动与生活史的一本美学教科书。

淳安的老物件,既写满了沧桑,也印证了无数的精彩,更承载着美好的希冀。

老物件不老!

**癸卯仲春于千岛湖**

# 目录
CONTENTS

## 第一辑　日出而作

## 第二辑　日入而息

# 第三辑　以食为天

## 第四辑　以衣为道

第一辑

# 日出而作

人文淳安

# 犁

犁，是淳安一种耕田的农具，是一种重要的农具。

犁由犁铲、犁壁、犁柱、犁侧板和犁托等组成。耕作时，犁体将土壤沿垂直和水平两个方向切开，形成土垡。由于犁继续前进，土垡沿犁体曲面升起，在升起的过程中，受到挤压、移动和扭转等作用，土垡便会松碎,并向耕沟方向翻转,完成犁耕的全部过程。

淳安耕田,一牛一犁一人,犁由牛来拉动,人扶犁吆牛。

马克思《资本论》指出:"劳动生产力是随着科学和技术的不断进步而不断发展的。"

中国的犁,是由耒耜发展演变而成。耒耜,据今7000年前后的河姆渡文化就有了骨耜。骨耜略呈梯形,上端为柄,厚而窄,下端为刃,薄而宽。原始的耒耜都是直柄,后来渐渐演化改进为曲柄,用牛牵拉耒耜以后,才渐渐使犁与耒耜分开,有了"犁"的专名。

犁约出现于商朝,见于甲骨文的记载。早期的犁,形制简陋。西周晚期至春秋时期出现铁犁,开始用牛拉犁耕田。西汉出现了直辕犁,只有犁头和扶手。而缺少耕牛的地区,则普遍使用"踏犁"。踏犁也称"镵""脚犁",使用时以足踏之,达到翻土的效果。宋周去非《岭外·代答风土》:犁。踏犁形如匙,长六尺许。末施横木一尺余,此两手所捉处也。犁柄之中,于其左边施短柄焉,此左脚所踏处也,踏犁五日,可当牛犁一日,又不若犁之深于土。

至隋唐时代,犁的构造有较大的改进,出现了曲辕犁。除犁头扶手外,还多了犁壁、犁箭、犁评等。陆龟蒙《耒耜经》记载,犁共由十一个用木和金属制作的零件组成,可以控制与调节犁耕的深度。长达2.3丈,十分庞大,必须双牛才能牵挽。中国历史博物馆有唐代犁的复制模型。其原理为今天的机引铧式犁采用。唐朝的曲辕犁与西汉的直辕犁相比,增加了犁壁,可适应深耕和浅耕的不同需要;改进了犁壁,唐朝犁壁呈圆形,可将翻起的土推到一旁,减少前进的阻力,而且能翻覆土块,以断绝杂草的生长。

犁有着厚重的农耕文化。

"二月二,龙抬头,天子扶犁臣赶牛,正宫娘娘送午饭,宰相覆土把种丢,春耕夏耘率天下,五谷丰登太平秋。"这是一首民谣,解说着旧世皇帝亲耕的过程。

每年农历二月二,皇帝率百官祭天,祈求风调雨顺,五谷丰登。并亲自扶犁耕作,左手执黄龙绒鞭,右手执金龙犁,两位老农牵牛,来回耕三趟,耕毕回朝。这是一种表演,但亦是一种示范和召唤。

淳安耕田用的犁是曲辕犁,适合江南水乡使用。

耕田是一种技术含量比较高的农活儿,必须师傅带徒,言传身教。当年一个生产队会耕田的人四五个,某人年事已高,就带个徒弟把技术传承下去,这门技术是一代代传继下来的,养活了村里一代代人。

村里耕田耕得最好的是赤牛,学名叫昌文。他十四岁就跟了老耕田人其林学耕田。赤牛十六岁放单工,一天能耕三亩,耕起的泥土一垄一垄笔直一线,翻起的泥巴像木刨花,卷曲如浪。

一丘田的四个角、正中间,犁是耕不到的,需用锄头挖。赤牛耕田不留死角,吆喝着牛左右前后一转向,能把泥土全部犁起来。

赤牛长得也利索,做农活儿件件出色,只是三十好几了还讨不到老婆。原因吧,他家庭出身是地主。后经人牵线,到外地做了上门女婿。

师傅其林叹息:一个好做活佬,村里都留不住,可惜啊。

# 耙

淳安有一句老话,形容你若做了善事、好事,定会得到好报的。这句话是这么说的:"耕不着,耙得着。"

淳安耕田用犁,切碎泥块用耙。

《康熙字典·篇海》"耙":必驾切,音坝。犁属。《农政全书》耙制,有方耙,有"八"字耙。如犁,亦用牛驾,但横阔多齿,犁后用之。盖犁以起土,惟深为功耙以破块,惟细为功。耙之后又用耖用耢。

按《农政全书》的介绍,如犁,亦用牛驾。这就是淳安农村耕田用具的一种,叫耙。

耙有北方旱地耙和南方水田耙之分。从耙的演变史来看,水田耙是由旱地耙改进而来的。也就是先有旱地耙,然后再有水田耙。水田耙是一种方形耙,略呈长方形。《农政全书》绘制了一副双梁耙(方形耙)图,并对其做了记录,大意如下:耙横梁长5尺,宽约4寸,有四根横梁,横梁间隔5寸,横梁上每相隔三寸左右凿出一个孔,孔内装进铁齿。铁齿长约5寸,形状像一片小小的橹,弯头插进横梁,刀片一端着地。横梁两端榫卯进一根厚木板,长约3尺,木板前端微微翘起。整个耙成一个木框子。木框子两侧各安装一个铁环,用来勾引牛轭,赶动耕牛拖拽耙子。

把田里的大泥块耙碎耙细,耙上需要有重量,有重量才能有压力,压力下的铁齿切进结块的泥土,横直左右几通切割,泥块就粉碎啦。开始耙田,耙田的人站到耙上去,手里的竹丝鞭"啪"的一下打在牛身上,一声"嗨去",牛便乖乖地撒开四蹄小跑起来。与用犁耕田不同,犁田时板结的泥土有大阻力,一犁翻起一大块,牛要四脚往后用力蹬,所以只能一步一步慢慢拖着犁。耙田时,耙在翻起来的泥土上面,往前拖动阻力少,牛跑得起来。

一丘田,先犁耕,犁耕过后翻起的大块泥土,像水中波浪一样,翻腾在田野里。这样一种状况是不能够种稻、种麦、种油菜苞芦的。要把泥块弄细,拿耙来耙田,一遍两遍三遍,直耙横耙,直到把泥块耙碎、耙细,耙到能种庄稼为止。

当年看到田间有人耙田,人站在耙上任牛拖着往前跑,很是羡慕:多省力,多味道,自己不出气,骑马一般,在田里兜风。高兴的农人还吹起口哨,吹出现代京剧《智取威虎山》打虎上山的京剧曲调,一手牵着牛绳,一手挥舞着鞭子,演着杨子荣。

出于好奇,村里一后生在耙田人于田间歇息时,踏上耙,挥鞭赶牛,耙起田来,过一下被牛拖动的瘾。俗话说:没有金刚钻,别揽磁器活儿。这话太实事求是了。牛拖着耙子,跑了一小段路,他即被掼下了耙,一双脚还差点压进耙底。

村人王其林,是耕田老手,他耙水田时,人从来不站到耙上去,只到路边捧一块石头来,压到耙上。

其林一手牵绳,一手拿鞭,赤着双脚小跑在泥浆里,跟着牛一圈一圈耙着田,身上、脸上溅满了泥浆,泥浆干了,如一朵朵灰色的花,灿烂地开着。

有人问他:啥个道理,你耙田从不站到耙上去?站在耙上多舒服省力。

"耙水田不需要那么重压,一块石头就够了,给牛省点力。"

淳安农民的哲学,一切帮助人生产粮食的工具、牲畜、种子都是宝贝。

宝贝一定要珍惜。

# 耖

　　一丘水田，插秧种稻之前，要犁、要耙，还要耖。耖田在淳安是种稻前的最后一道工序，耖完田，让混沌的泥浆水沉淀一下，隔个一天两天再去插秧，稻秧苗长得快，长得壮实。夏收夏种是赶季节的收获播种，稻禾必须在"立秋"前插入田中，"立秋"之后插下的稻秧不会成熟，不会老。这是淳安祖祖辈辈传下来的农事经验，谁也更改不得。为了赶季节，为了在"立秋"前插下稻秧，水田一秒好，田里还是混浊一片，种田人就抛秧下田开插。那么这丘的稻谷肯定是生长缓慢，体弱根瘦的。原因在于，混浊漂浮的泥土，沉淀下来，压住了稻禾，一丛稻禾下半身全睡在泥土里，透气困难，发根困难。

讲一下秒的用途吧。秒是水田整平农具，用于耙后秒平田面，再把泥土往细里秒。耙完一丘田，接着畚来化肥"碳酸氢钠"，一把一把撒向水田，亦有泼人尿的，一勺勺泼。但人粪是不泼的，太臭了，插秧下不了手。施好肥，秒一遍，把肥料拌均匀。

秒起源于晋代，在唐代已形成，至宋代定型，普及于明清。

秒的构造，《王祯农书》里有记载："秒，疏通田泥器也，高可三尺许，广可四尺，上有横柄，下有列齿，其齿比耙齿倍长且密。"铁齿和锄头齿一样长，尾粗头尖，每齿相隔1寸到2寸。

整把秒像中文"凸"字。

秒田时，一牛一秒一人，人双手按住上部横柄，左手拉牛绳，右手执一棍，牛轭索勾住秒前两边铁环，轭上牛肩（牛颈后突起的峰），拉动秒田。雨天时秒田，一牛一秒一人一蓑一笠，加雨丝，一幅古典写意画。

这里要介绍一下牛轭，牛轭亦称肩轭，用硬木弯成，形如一口朝下的英文字母C，在轭两端分别凿两个孔，钉上铁钩，铁索套入铁钩内使用。不要小看这"牛轭"，它可是入了《古诗十九首·明月皎夜光》的"南箕北有斗，牵牛不负轭"。

秒田秒得好不好，主要看一丘田秒过后平整不平整。秒得好的田，水平如镜,稻秧种下去后,放水灌田,灌好水后,进水口一寸水,出水口处亦是一寸水,整丘田都是一寸水。耖不好的田,一丘田里低凹处水已浸没秧苗脖子了,高凸处泥土都没见湿。

村里的赤牛耖田,他不看脚下,牛走耖走,一双眼睛盯在田的远处,那边高就过去用力按住耖,搬一大耖泥土到低处;低洼处,他双手拎起耖掠水而过。

耖在田间吃泥,牛在田中踏水,泥浪飞溅,赤牛是一双赤脚,刷成了水泥柱。

当耖完田,水澄清后,只见水下的田里覆盖了一层泥浆,光滑平整,用脚一踩,如踩在嫩豆腐上,润、滑、嫩。这肯定是村里其林或赤牛耖的。

宋代楼璹《耖》:"脱绔下田中,盎浆著媵尾。巡行遍畦畛,扶耖均泥滓。迟迟春日斜,稍稍樵歌起。薄暮佩牛归,共浴前溪水。"

一幅相当真实的耖田图啊。

# 拔秧凳

种早稻是小麦收割完毕，一丘田经耕、耙、秒后开始的。淳安农民把种水稻唤作"种田"。种田先要拔稻秧，拔秧凳是用来拔稻秧的专用农具。拔秧凳，有的地方叫"秧马"。"秧马"的形状像一匹小马。

淳安拔秧凳的外形像一个大的"T"字母，上面一块松树板，宽约半尺,长约一尺二;木板中间挖一孔,装上一根圆木是为凳脚,凳脚头削尖能插入泥土里。

五月麦黄,布谷鸟清早就在树上、屋上、田野里叫;仲夏雨频,雨是不分白天黑夜,滴滴答答不歇息地落。清晨天寒,农人披上蓑衣,夹一捆稻秆,拿着拔秧凳去秧田拔秧种田。

开始拔秧,农人坐上拔秧凳,弯腰低头,双手左右开弓,头脑左右转动,眼到手到。拔满两手秧,合拼到一起,就着秧田里的水"哐哐哐哐"上下晃荡,洗涤粘住秧根的泥巴,洗到秧根露白。秧根露白,方能减轻重量,秧田离要种的水田路远,远的有十里。

洗干净的秧用根稻秆一捆,一大个秧往拔秧凳左边或右边一推,接着拔。一直拔一个上午,身后一溜绿绿的秧队伍,紧跟着。拔够一担,一担两畚箕,满满的两畚箕,双手拔起拔秧凳,将沾在凳脚的泥巴洗干净,拔秧凳明天还要用的。

淳安每一样生产所用的老物件,都有它的发展史,有的老物件还有漫长的历史经历。据史料记载,拔秧凳大约出现在北宋中期。北宋元丰年间,苏东坡谪居黄州任团练副使,他深懂老百姓稼穑之艰辛,在一次下乡体察民情时,发现当地农民拔秧都坐在一种叫"秧马"的凳子上,方便灵巧,拿动自如。于是,他便仔细观察"秧马"的结构,并画成图向别的地方推广。有史可证,《农政全书》说"秧马"。苏文忠公序云:"予昔游武昌,见农夫皆骑秧马,以榆枣为腹,欲其滑;以楸梧为背,欲其轻。腹如小舟,昂其首尾,背如覆瓦,以便两髀雀跃于泥中。系束藁其首,以缚秧。日行千畦,较之伛偻而作者,劳佚相绝矣。"

实际上比起这种"秧马",还是淳安的拔秧凳使用起来快捷方便,淳安"秧马"只有一条腿,占地面积十分少,移动相当省力。

拔好秧,一个个填进畚箕,挑到耕好的水田里去种。

经过精耕的田好种又省力,我最喜欢一位名字叫赤牛的男劳力耕过的田,他有一手耕田的绝活,耕起田来又快又好,犁、耖、耙件件使用到位,一丘丘田平整如镜,田水不深不浅,泥土活鲜滑腻。

秧挑到田塍上,将秧苗一个个均匀地抛到田里,朵朵绿,竖立在水田中央。

开始种田,几个人一字排开,每人一行六棵,你追我赶种起来。有一首民歌是这样唱种田的:"手把青秧插满田,低头便见水中天。心地清净方为道,退步原来是向前。"这首民歌,有深奥的哲学道理。

种田是一种技术活儿,种得快的人,插秧像鸡啄米,双手分工,动作麻利,曲颈弯腰,左手握秧、分秧、递秧,右手接过顺势往泥里扦插,步子后退自如,秧种得不深不浅,株株均匀,秧行笔直,横竖成一条线,像用笔画出来一样,极美。

有的人把田种成"五爪秧",秧苗四散,如天女散花,东倒西歪,很难看,种田人第一次种田基本都这样。

还有,种田千万别把握住秧的那只胳膊肘搭在膝盖上,这样种出来的田,秧苗东倒西歪,而且也种不快,总被别人抛在后面,好尴尬的。

种早稻时,天气还寒冷着,整天浸在水里,水浸膝盖泥沾腰,下雨天披块塑料布、一件蓑衣难抵挡寒冷,寒气侵骨,手脚麻木不听使唤,一天下来,全身溅满泥浆,辛苦。辛苦里,悟出了"谁知盘中餐,粒粒皆辛苦"的含义。

　　种二季田时,天气非常炎热,上午拔秧下午插秧,下午的水田烫手又烫脚,一脚踩进,烫得你倒吸一口气。邻村有位妇女,已怀孕八个多月,肚皮鼓起,如一只铁锅扣在那儿。她是一位种田高手,生产队为赶在"立秋"前把稻秧插完,硬生生把她划到种田组。她挺着那么大一个肚子,天天种田,一直到田种完。

　　看着自己插下的秧苗从开始的东倒西歪,过几天变成笔笔直直绿茵茵的一行行,再到抽穗扬花,结籽成熟,当稻子黄灿灿开镰收割时,感觉自己是很了不起的。

扁担

　　淳安县地处浙西山区,山区的特色是:山多田少,出门就要爬山,抬脚就要爬坡,旧时,全县的交通十分不便,搬货运物全靠肩挑手提身体背。因为有这样的自然环境和条件的限制,所以在淳安的农村、集镇,有一种叫"扁担"的挑物搬货工具随处可见,是人们须臾不离的一种物件。

扁担，取材于木，杉木最多，有一句俗话叫"柳木菜墩梨木案，杉木扁担不磨肩"。杉木做成的扁担有弹性，柔韧，人肩挑重物走路，照了人的步法上下弹动，扁担在肩头有短暂的间歇空隙，减少了扁担对肩膀的摩擦，减轻了肩膀的负荷。淳安还有一种叫"石树"的木材，坚硬如石，取来做扁担能承受二百来斤的重量，农村大力士用这种扁担。清袁枚词："赋性生来本野流，手提竹杖过通州。饭篮向晓迎残月，歌板临风唱晚秋。两脚踏翻尘世路，一肩担心古今愁……"

还有用毛竹做的扁担，叫竹扁担。"一根扁担软溜溜，我挑黄米下苏州，苏州爱我的好黄米呀，我爱苏州的大闺女……"竹扁担挑东西是软溜溜的，比杉木扁担软好几倍，村子里的黄花闺女一根竹扁担在肩，两条黑长辫过腰，一步一扭，一步一扭，犹如花旦在戏台上走步。

无论是采自深山老林的杂木还是取之于峡谷山间的毛竹做成的扁担外形都是一个样的，是那种简朴自然、直挺挺的，不枝不蔓，酷似一个简简单单的"一"字。

淳安旧时农村用的扁担，取材大都是杉木，这种木材遍山皆是，取之容易，农人做扁担要挑选那长在阳面山麓的杉木，这种杉木质地硬，做起扁担来耐用、寿命长。还有，它本身的重量轻，不累人。

在农村劳动的人，为有一条好扁担而高兴自豪的，这种人大多是好劳动力，他们挑选做扁担的木材，要到深山里去找那种硬杂木，比如黄桐树、麻栗树等。

在淳安，凡男劳动力都会做扁担，不需要请专门的木匠师傅。扁担的做法是：取一米七八的杉木，中间锯开，压到大石头下阴干，然后用铁刨，慢慢地刨成中间宽两头窄扁平型，并在两头各钻上两孔洞，用带疤的短竹枝条嵌入，这叫作扁担"钉"。这种"钉"是用来防止挑担时捆物资的绳或钩滑动脱落的。淳安有句俗语叫"扁担无钉两头空"，说的就是这个理。后来延伸到男女青年谈对象，告诫他们谈对象要专一，不要四面开花，不然一处都没有着落。淳安人往往拿多头出击而无一落实的青年说事："你们看，你们看，×××是'扁担无钉两头空'。"

淳安还有一种扁担，小巧玲珑，通身漆成鲜红，如着红旗袍的大家闺秀。这是一种专门用来挑"亲眷兜"的小扁担。女孩子出嫁了，娘家都给女儿一根这样的陪嫁"扁担"。其用意，可能是让女儿常回娘家探探亲，不在于用一根小扁担，一担担地把物资往娘家挑吧。

扁担的历史始于哪朝哪代？无从考证，但在北宋张择端的《清明上河图》上可以看到，在那繁华的街市上面，用扁担挑东西的奔波于生计的人不计其数，可见扁担的历史是悠久的。

淳安一后生叫长财聋子，耳背，背有点驼，两肩头有一坨肉，大半辈子都和扁担相伴，直到他挑不动担子才离开扁担。他是供销社长年雇的挑杂货人，一天一趟，刮风下雪，酷暑严寒，雷打不动地到区供销社去挑。挑一趟货，来回四五十里，还要爬一条"松茂岭"，其艰苦程度可想而知。他那条扁担，乌黑锃亮，油光可鉴，这是他生生用一双肩膀摩擦、承载，流汗如雨浸染而成。扁担上闪烁的油渍，是他劳动的释放，闪烁着生命的光辉。

只可惜他只是一介平民，不然的话，他挑过的那根扁担也可称为文物,立于厨柜,标上介绍,供后人瞻仰和学习。

　　写到这里,想起一个家喻户晓的故事来,那就是《朱德的扁担》。朱德的扁担是1928年在井冈山挑粮用的,当年朱德四十多岁,为了革命的胜利,身为军长的他还和年轻战士一起去挑粮。战士们怕朱军长挑坏身体,就把扁担给藏起来。朱德找不着扁担,就在月夜里砍来一根毛竹做成了一根扁担,为防止扁担再丢,就在上面刻了"朱德记"三个大字,这条扁担就跟随朱德挑了一次又一次粮。革命先辈们这种身先士卒、艰苦奋斗的精神,是真正值得我们学习和敬仰的,朱德的扁担是一件文物,这件文物是当之无愧而意义非凡的。

# 畚箕

淳安的农历五月,油菜老了。老了的油菜呢,一节一节怀孕着菜籽的荚子,满挂在油菜秆上,油菜秆呢,就有些低头耷脑起来,很谦虚的意思。

油菜总是要老的,老了,人们就收割起来,割起来的油菜用畚箕挑到家门口坦里晒太阳,一晒三四天,油菜荚子裂开了,用手捧住油菜秆空一空,满地的油菜籽发出黑色的光线(按道理说,黑色是没有光的),晃得农人眼睛眯成一条缝。

外婆家在一个深山老坞里,那村子叫水碓山,两山夹一水,门前山溪里的水,清得可以当镜子,"瑟瑟缩缩"的溪水白天流,晚上也流,陌生人初来乍到,黑夜里总要醒过来几次,他们把流水声错听成下雨了。村里住着二十多户农家,泥墙屋筑在山坡上,一屋高过一屋,像叠起来的积木。

外婆年年都种油菜,外婆的油菜种在屋后面的山地里(自留地),山坡地很陡,泥土薄,石子多,可外婆还是年年种。

去年秋天里播下一块油菜籽,快入冬了拔起油菜秧,再移种到山坡地里。拔起来的油菜秧整整齐齐码进畚箕里,挑到耕耙好的田里或松好土的山地里去种植。

畚箕,是淳安农民必备的一种劳动工具。畚箕是用竹篾编做的,铲状般,口子宽而贴地,两边从口子开始慢慢编高,编到屁股高耸,中空容物,畚箕两边装上两个竹篾条,向上交叉,交叉处绕上骆驼皮小圆框,扁担穿入挑动畚箕。畚箕是淳安农民常用的收运工具:挑石头、挑泥,挑油菜、秧挑稻秧,挑猪粪、挑牛粪,挑稻谷、挑白菜,等等。

我国古代用荆条、草绳或竹篾等编成的筐类盛器,即畚箕。《左传·宣公二年》:"宰夫胹熊蹯不熟,杀之,置诸畚。"杜预注:"以草索为之。"杨伯峻注:"其质为蒲或为草索……"畚可以盛粮,可以盛沙、石、粪、土等,如《晋书·苻坚载记下·王猛传》:"[王猛]少贫贱,以鬻畚为业。"《新唐书·隐逸传·张志和》:"县令使浚渠,执畚无忤色。"早在战国时期的《列子》,有一篇寓言小品《愚公移山》就出现了畚箕:"北山愚公者,年且九十,面山而居。惩山北之塞,出入之迂也,聚室而谋曰:'吾与汝毕力平险,指通豫南,达于汉阴,可乎?'杂然相许。其妻献疑曰:'以君之力,曾不能损魁父之丘,如太行、王屋何?且焉置土石?'杂曰:'投诸渤海之尾,隐土之北。'遂率子孙荷担者三夫,叩石垦壤,箕畚运于渤海之尾。邻人京城氏之孀妻有遗男,始龀,跳往助之。寒暑易节,始一反焉。"箕畚运于渤海之尾,应该是用畚箕把泥土运到渤海之尾。

外婆是种油菜的好手。"三寸金莲"的外婆,挑着两畚箕油菜秧,摇摇晃晃爬到山坡地里,一根一根种下去。油菜秧种到地里后,再就是浇水、浇尿、浇屎,最好还要压上猪粪。猪粪是一种好肥料,天晴可以保水,下雨能吃水,所以呢,种油菜都要压猪粪,农村种油菜有的是传统经验。这样一套一套的农活儿(培养油菜),是在外婆摇摇晃晃的身影下,一茬一茬完成的。放假或星期天,外婆就叫小姨,或是小舅来接我上山,去吃外婆做的蒸糕。奇怪,外婆做的蒸糕怎么那么好吃呢?看着我吃了蒸糕,外婆就爬到山坡地里给油菜除草,我一直跟在她后面,想在外婆上坡时推上一把。有的时候也推一把,外婆转过头来,对我笑,笑得很灿,脸像黄灿灿的油菜花一样,耀眼!

又是一年油菜老,油榨开打了,外婆家的油榨就在村脚,是老的油榨,不知道是哪一年、哪一代传下来的?也不知道是哪一位太太外公传下来的?总之是很老了。外婆摇摇晃晃,把新鲜的油菜籽挑到油榨里榨菜籽油,新鲜的菜籽油,喷香喷香。

菜籽油榨出来了,外婆用空玻璃酒瓶子,装上两瓶菜籽油叫我带回家。榨菜籽油的那几天我没有去外婆家,外婆也要装上两玻璃酒瓶的菜籽油,托人带到我家,反复嘱咐带菜籽油的人:这是给我外孙吃的,当心哦。

带菜籽油的人说:外孙,外孙是外人,是别人家的人,你老了,外孙不会养你呢。

外婆呢,就不高兴了:外孙是我的人哪。养我有儿子,我不要外孙养啊。我心疼外孙哦。有一年呢,外婆给我两玻璃酒瓶菜籽油,我出门踩到一块石子,跌倒了,两玻璃酒瓶菜籽油也没有了。外婆说:"不要紧,再装两瓶。"一边说,一边用手指刮那流在泥垢上的油,"巴巴巴巴"往嘴里送。

再装两瓶,外婆家不是又少两瓶菜籽油了吗?外公、舅舅、小姨还有外婆他们炒菜怎么放油呢?

突然呢,油菜老了,外婆也老了。

玻璃酒瓶装的菜籽油还一直带来或者寄来。哪怕我都为人父了,还能吃到外婆的菜籽油。

后来,外婆就睡在这块年年种油菜的山坡地里,睡在那稀稀拉拉,自生自灭的油菜里。再也见不着外婆了,那个叫水碓山的村子已经没有了。

畚箕,以前家家户户都有,如今是越来越少了。

# 镰刀　柴刀

　　"细(小)时候读书不用功,大起来镰刀刮屁股",淳安乡村,过去常听到大人告诫小孩儿这句话。"镰刀刮屁股"指的是当农民。农民上山下田,不管是割草砍柴还是锄地除草,都要拿起镰刀、柴刀往刀栅里一插,刀栅往腰里一系,扛起那天劳动用的农具上山下田去。

镰刀最初是一种农具,从农具演变成武术装备很晚,直到清朝镰刀的实际应用相对广泛。

镰刀由镰头和镰柄组成。镰头是弯月形的铁片,弯的一面十分锋利,背面较钝,尾中空装木柄。这样能方便快捷地割下麦子、稻子、高粱、杂草。柴刀,弯头短,直弯长,尾中空装木柄。柴刀多用于斫柴、砍小树木。用时,一手握住刀柄,另一只手握住麦秆或杂草,身体弯曲,拉动刀柄就能把麦子割下来。但是,生手稍不注意就会割伤手,熟练的农民割得又快又准而且整齐。柴刀斫柴亦同理。

镰刀,在多数共产主义国家作为农民的象征,被画在党旗(徽)或国旗(徽)上 。

何其芳在《秋天》里写道:"放下饱食过稻香的镰刀,用背篓来装竹篱间肥硕的瓜果。"

霜降过去,一场雨,把冷冷的风携到了山村。树叶飘零,硕果累累,树上的柏子白了,田畈里那一派金黄随风翻卷。山地里的苞芦和番薯亦熟了。秋收到了!

秋收到了,镰刀忙碌起来了。

人们从照壁后整理出了几把闲置的赤锈镰刀,拿到磨刀石上"嚓嚓嚓"磨得锃光发亮。秋天来了,稻子老了,家家户户都手持镰刀,挑着竹篓,赶往自家的稻田,收获那金黄的稻子。

东边山头露出一丝晨光,群山睡着,田野被冉冉升起的薄纱笼罩着,深秋的晨,凉意袭人。田里金黄一片,熟透了的稻穗垂下她的头颅。

熟了的稻子,散发出的阵阵芳香,给每个农人带来了无尽的喜悦。

他们个个精神焕发,拿起镰刀开始收割起来。先到的农家已经在稻桶两边垒起了几摞稻子,年纪大点的开始打稻子,他们沿着垒着的稻丛站立在稻桶边,顺势抓起一把稻谷,高高扬起,在稻谷和稻桶接触的一瞬间,击打之力喷薄而出,谷子哗啦啦地掉落在稻桶内。"乒乒乓乓"一下一下,击打在稻桶上的声音传遍田野,传到好远好远的地方。

割稻子的人呢,弯着腰,挥舞着镰刀,不紧不慢,"唰唰唰唰"向前割去,他们快速而有力,犹如武林高手与剑融为一体,武艺登峰造极。这是农家人祖祖辈辈从劳动中积蓄起来的经验。割好的稻子在身边垒起,且分开一条通道供稻桶往前挪动,不一会儿,一大块稻田割了一半,稻谷安静地躺倒在地,等着打稻人来打。

深秋的大地上,弯腰的农民挥舞着稻谷画出的抛物线,一起一伏,像海浪。稻田没有了稻谷的点缀,顿时显得荒凉了,荒凉怕什么,荒凉过后又会丰满的呀。谷子满稻桶了,空气中弥漫着新谷的味道。

一块割完,大家坐在田塍上,男人们点起烟小憩,劳作的辛苦似乎在这青烟中消失殆尽。纯人工的收割,辛苦自不必说,但时至今日,我怀念的是那一种乡亲们互帮互助的热闹与欢乐的场景。如今,这场景很难再看到了。

霜白风寒,要备过冬的柴火啦。鸡叫三遍,起床磨柴刀:"切磋切磋",刀口磨得雪白,用大拇指试一试刀刃,锋利无比。五六个苞芦馃一下肚,背起柴冲,进山斫柴。一天一担,担担皆辛苦。

一把镰刀和柴刀,对乡亲们来说,有的是大半辈子人生,有的是半辈子人生,有的是一段人生。怎么说呢?这么说吧,后来淳安的田里一律种上了桑树,家家户户以养蚕为业,从此镰刀被放起来,成为劳动舞台上的配角。

一家一户人口减少,一架煤气灶、一罐煤气抢走了山中柴火,柴刀亦冷冷清清地蹲在照壁后,孤独寂寞伴日月。有的乡亲开始选择离开土地,去城市打工。

迫不得已放下镰刀、柴刀离开土地,去往城市,就像稻子从泥土中被连根拔起一样,离开了水,离开了土,慢慢会枯萎掉。城市里,有乡村稻田里欢声笑语的辛勤劳作吗?有乡村邻居那彼此真诚的情谊吗?

被遗忘了的、派不了用场的镰刀与柴刀,它只存留在人们的记忆里了。

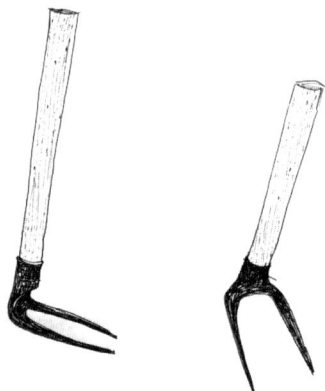

## 二指小锄

二指锄、二个指、羊角锄，都是淳安各地一种小锄头的不同叫法。

锄的历史是非常悠久的，《神农氏铲草兴锄》的故事从一个侧面证明了这一点。

远古时期，神农氏教先民种植庄稼。有一年遭遇洪涝灾害，田地里长满了野草。先民们起早摸黑用铲子除草,可是效率很低。先民拼命地铲,连手中的铲子都铲弯曲了,但杂草仍疯狂地生长着。神农氏发现,铲子效率低的原因是铲子太直,用了全身力却铲不了多少草。神农氏把铲子敲弯,并把中间凿开,改成两个指的锄头,大大提高了除草效率。

锄,是淳安农民劳动中不可缺失的一种农具,与农人关系十分密切。它由铁锄头和木锄柄两部分组成。

淳安农村锄头品类有二指锄、三指锄、四指锄、板指锄、月削。

二指的锄头又分两种,一种是大二指锄,另一种是小二指锄。大二指锄铁指有七八寸长,木柄有一米五六;小二指锄铁指长三四寸,锄柄一尺多点。

大二指锄用来锄地,挖番薯;小二指锄拿来点种:挖一坎,播粒种,挖一坎,播粒种。

小二指锄还有一特殊功能:用来挖半夏。挖来半夏卖给收购站,换来钞票买笔、买本子,许可的话买一点玩具。

什么时候有半夏挖呢?

油菜老了。麦子也老了。

半夏拼了命活出麦子和油菜的阴影,承风受雨,迅速老起来。村子里一大群男童女童,盼着地垄里的麦子赶快割掉,露出黄灿灿的麦秆茬,那个时候就好背上麦子篓(一种盛东西的竹器),提着小锄头(二指的),去地里挖半夏。

为什么这样心急火燎盼着去挖半夏呢?

因为“半夏”里有我们的希望,有我们的盼头。这样的希望和盼头,早在去年这个时候就已经埋在心底啦：挖来半夏，用溪水把缠绵在半夏上的泥啊、小石子啊、小根须啊冲洗干净。冲洗干净的半夏放到石臼里，用木棍褪除半夏身上那褐色的皮，捞起来洗净，放在艳阳下晒，晒上半个月一个月的，干燥、白亮的半夏就可以拿到药材收购站卖钱了。

半夏钱，几分几角存起来。

夏天慢慢老去，桌抽屉里用布包着的钱也慢慢多了起来。这些钱，我们可以自由支配，大人不管也不问。

半夏钱拿来买铅笔、圆珠笔，积得多了还能买双塑料凉鞋。女孩子呢，她们的心事更多了：要买漂亮的头发卡，花花绿绿的手巾，最好还能买上一块花布——石榴花那种。

我呢，心中祈盼着买一只供销社柜台里那种叫"万花筒"的玩具。这种玩具，村里只有一个男孩子玩过，他父亲在县城里当干部。

他曾给我过了一次瘾：闭去一只眼，睁开一只眼瞄在孔洞上，双手慢慢转动筒身，一时刻，筒子里面百花变幻，花团似锦，真好玩。

盼着，盼着，好几年过去了，"万花筒"迟迟买不回来。

唉！每一年的半夏钱都在关键的时候叫母亲用到更关键的地方去了：买盐、买肥皂、买煤油……

又一年，母亲说，今年无论如何不再用我的半夏钱啦。

躺在柜台里的那只"万花筒"，我总怕它有一天突然被别人抢先买了去。所以呢，半夏老了的这个季节里，我挖半夏更勤，更卖力。中午放学空隙顶着烫人的日头，跑到后山地里挖；晚上放学借着月亮再往后山地里跑。晒黑了背脊，晒黑了脸孔，心里却甜着，因为有那份企盼在。

树上的蝉鸣渐渐稀了，炎热的夏天也收了尾巴。盘算一下，我积攒的半夏钱，够买一只五毛八的"万花筒"啦，我兴奋着。我更兴奋的是，母亲答应我，过两天她去供销社挑货，抽的零钱补给我，买双塑料凉鞋，买一只"万花筒"。

母亲拿着绳索、扁担去给供销社挑货，挑货要跑二十多里路，还要爬一条十几里路的山岭。

母亲，一米四几的个子，身体小小瘦瘦。

那天，母亲挑了两坛白酒。天亮出门，天黑才挑到供销社门口。供销社在村里的王氏祠堂里，祠堂有三进，大门的木门槛又粗又高，门槛下有青石台阶。

母亲很可能是饿了，也可能是疲劳了，刚抬脚进门槛，叫什么东西一绊，脚一滑，"哐啷"一声，人、酒坛一块倒到地上——酒坛碎了，酒"汩汩汩汩"往祠堂地上流，酒香扑鼻，香满古老祠堂……

我的半夏钱贴进去赔了供销社的酒钱。

希望没了，供销社柜台里的那只"万花筒"还静静地躺着，十分馋人。

我心里盘算着，明年夏天，要更卖力去挖半夏，挖好多好多半夏，存足钱，买一只"万花筒"，买双凉鞋。

老家老舍的照壁后挂着一把小二指锄，小二指锄陪我挖了不少半夏。如今的小二指锄，锄头铁锈斑驳，锄柄尘土掩饰，失去了昔日的光辉。它昔日的劳作是艰辛的，但今天的歇息亦艰辛，艰辛在时间的长河里它会渐渐地远行，最后消失无迹。

## 钉钯

钉钯，淳安青溪片也叫铁钯。

《西游记》里的猪八戒双手所持的武器叫"九齿钉钯"，全称为上宝沁金钯。乃太上老君用神冰铁亲自锤炼，六丁六甲之力锻造而成。

"九齿钉耙"重量有一藏之数，连柄五千零四十八斤（一藏之数）。

这么重的兵器,八戒一只手一拎,像拎根木棍一样。八戒手中的武器威力不俗,虽没有孙悟空手中的金箍棒伸缩自如,灵巧能变化,却也是件灵宝。

连环画《西游记》里猪八戒有把钉钯,同家里挂在照壁后的那把钉钯是一样的,回家踮起脚尖拿下钉钯,一个齿一个齿点过去,哈哈,却是六个齿,少猪八戒用的钉钯三齿。那年,我刚上小学一年级,课外书是奇缺,这一本连环画《西游记》是教语文的葛老师拿给我们看的。葛老师是女的,生得漂亮,身体微胖,肤色白里透红,梳两条黑漆漆长过腰的大辫子,一对酒窝对称于脸的左右,一笑,酒窝深深,如潭水旋涡。她上课从不打人,某学生调皮捣蛋,葛老师悄悄走到他身边,笑一笑,用手按一按头,是为诫勉。我不知道葛老师是哪里人,亦不知道葛老师现在还健在不健在,若还健在,亦已高寿,仁者寿啊。

看了连环画《西游记》,我扛出家里的那把钉钯问祖父,这个钉钯是用来打架的吗?你也打过架?祖父说,钉钯是拿来种积麻(苴麻)、种六月豆,秧田里克草用的。

淳安是家家户户都种积麻,积麻老了,割来埋到水塘、水沟的烂污泥里沤,沤到麻皮脱骨,剥皮织线纺织,做成衣服。这种布于六月时穿在身上特凉,这种衣服,老家叫"麻布衣服"。

北朝贾思勰《齐民要术·种麻第八》云:"凡种麻,用白麻子。白麻子为雄麻,颜色虽白,啮破枯燥无膏润者,秕子也,亦不中种。市籴者,口含少时,颜色如旧者佳;如变黑者,裛。崔寔曰:'牡麻子,青白,无实,两头锐而轻浮。'麻欲得良田,不用故墟。故墟亦良,有点叶夭折之患,不任作布也。地薄者粪之。粪宜熟。无熟粪者，用小豆底亦得。崔寔曰："正月粪畴。畴，麻田也。"耕不厌熟。纵横七遍已上，则麻无叶也。田欲岁易。抛子种则节高。良田一亩，用子三升；薄田二升。概则细而不长，稀则危而皮恶。夏至前十日为上时，至日为中时，至后十日为下时。"麦黄种麻，麻黄种麦"，亦良候也。谚曰："夏至后，不没狗。"或答曰："但雨多，没橐驼。"又谚曰："五月及泽，父子不相借。"言及泽急，说非辞也。夏至后者，非唯浅短，皮亦轻薄。此亦趋时不可失也。父子之间，尚不相假借，而况他人者也？泽多者，先渍麻子令芽生。取雨水浸之，生芽疾，用井水则生迟。浸法：著水中，如炊两石米顷，漉出，著席上，布令厚三四寸，数搅之，令均得地气。一宿即芽出。水若滂沛，十日亦不生。待地白背，耧構，漫掷子，空曳劳。截雨脚即种者，地湿，麻生瘦，待白背者，麻生肥。泽少者，暂浸即出，不得待生芽，耧头中下之。不劳曳挞。麻生数日中，常驱雀。叶青乃止。布叶而锄。频烦再遍止。高而锄者，便伤麻。稠弱不堪者，拔去。勃如灰便刈。刈、拔，各随乡法。未勃者收皮不成；放勃不收即骊。檾欲小，簀欲薄。为其易干。一宿辄翻之。得霜露，则皮黄也。获欲净。有叶者喜烂。沤欲清水，生熟合宜。浊水则麻黑；水少则麻脆；生则难剥；大烂则不任。暖泉不冰冻，冬日沤者，最为柔韧也。"

早在1500多年前，就有如此仔细、科学的农业耕作收获的经验记载，我们的祖先实在是太了不得啊。

淳安的钉钯用来种积麻，积麻出苗多。

麻子入坎，用钉钯扒泥遮盖，钉钯指短，大块泥土往两边走，扒拉来的都是细土，细土利于麻子发芽钻出。

钉钯还可用来种六月豆,道理跟种积麻相同。

早稻、中晚稻插完后,秧田还要播种,育过秧的田里长有水草、青衣(藻一类)。背上钉钯,去水田里一寸一寸地把水草、青衣和断了的秧根抠出来,抠出来的杂物挑到路边摊着,叫太阳晒死它们。

我跟着祖父去自家菜地边的荒芜处种过芝麻。祖父锄地碎泥撒麻籽,我用钉钯掩土。贫瘠之地无多少泥土,钉钯一搂,土就松了一大片,撒下芝麻籽,再用钉钯轻轻巧巧搂一搂,麻籽入土等待发芽,等待抽秆,等待开花结籽。

读《齐民要术·胡麻第十三》,才知胡麻是芝麻。

《汉书》:"张骞外国得胡麻。今俗人呼为'乌麻'者,非也。"《广雅》曰:"狗虱、胜茄,胡麻也。"《本草经》曰:"胡麻,一名巨胜,一名鸿藏。"

按:今世有白胡麻、八棱胡麻。白者油多,人可以为饭,惟治脱之烦也。

"胡麻宜白地种。二、三月为上时,四月上旬为中时,五月上旬为下时。月半前种者,实多而成;月半后种者,少子而多秕也。

种欲截雨脚。若不缘湿,融而不生。一亩用子二升。漫种者,先以耧耩,然后散子,空曳劳。劳上加人,则土厚不生。耧耩者,炒沙令燥,中半和之。不和沙,下不均。垄种若荒,得用锋、耩。锄不过三遍。刈束欲小。束大则难燥;打,手复不胜。以五六束为一丛,斜倚之。不尔,则风吹倒,损收也。候口开,乘车诣田斗薮;倒竖,以小杖微打之。还丛之。三日一打。四五遍乃尽耳。若乘湿横积,蒸热速干,虽曰郁裛,无风吹亏损之虑。裛者,不中为种子,然于油无损也。

崔寔曰：二月、三月、四月、五月，时雨降，可种之。"

记录得仔细又仔细，连怎样把节夹中的芝麻粒空（抖）出来都教得精到，中国人真是聪慧。

芝麻是在汉朝时从印度引入的，古称胡麻，通称脂麻，即芝麻。芝麻种子含油分55%，除供食用外，又可榨油，油供食用及妇女涂头发之用，亦供药用，可作为软膏基础剂、粘滑剂、解毒剂。种子有黑白二种之分，黑者称黑芝麻，白者称为白芝麻；黑芝麻为含有脂肪油类之缓和性滋养强壮剂，有滋润营养之功，对于高血压也有治疗的功效。

现在一些滋补品广告，说黑芝麻产品可以使白发变黑。有可能吗？若有可能，亦只能是延缓一下黑发变白的时间。

物理学中的熵增定律告诉我们，在一个有限的系统中，熵值会随着时间的推移不断加大，最终达到最大值，而熵，指的就是一个系统中的混乱程度。

比方，你家里有一台冰箱，冰箱中塞满了食物，虽然冰箱的冷藏可以延缓这些食物的腐败，但是在经历了一段时间后，这些食物还是会全部发霉腐败掉，而这个过程就是熵增的过程。人颈项上的头，头上的毛发，亦与各物一样，随着时间的推移，也会变得越来越混乱，越来越无序，这种无序就是，头发由黑变白，最后稀稀疏疏如寒风里的几根枯草东倒西歪伏在头上。

淳安种植芝麻叫"撒麻"。

"撒麻"选那些靠山边的薄地，没有多少泥土的贫瘠之地，挖挖撒撒，拔拔草，让其自生自长。好田好地是要种主粮的。芝麻在老家属香料，作调料用，作食物的装饰点缀。往年，有一样很吃香的糕点——麻饼，整个饼的面子上粘着麻粒，吃麻饼时双手捧住，咬一口，麻粒掉到手心里，忙用舌尖舔进嘴里，那个香哟。

过年做糕糖，祖父亦用上点芝麻。芝麻贮藏在铜罐里，就那么一撮，拿来撒在一榨圈冻米糖里，这一榨圈糖要另外装放，拿来过年待客用。至于麻球，那就很难吃得到了。

第一次吃到麻球，是抬猪出售卖钞票那次。那一年，家里养了头猪，够出栏了，就抬到唐村区收购站卖。

过磅开票付给现金。拿到了钞票，到收购站上边的面店里买了碗"普通面"，给雇来一起抬的昌军吃，昌军是邻居，大我六七岁，力气大，饭量也不小。我到供销社一转，见柜台里有一本红色壳子的书，书名叫《全国首届优秀短篇小说获奖作品集》。顿时，我眼睛里发出绿光，心一横，咬牙花二元四角买了下来。中餐，我的胃只能填一个麻球了，那个味道啊，那个味道……

如今真是幸福，芝麻糊、芝麻酱、芝麻油、芝麻球、芝麻糖、芝麻糕、芝麻粉、芝麻酥、芝麻汤圆，你想吃那一种，随时随地都可以买到。

县城鱼味馆边骑龙巷台阶中段，有一排妇女，身前摆放一只小石臼，用一根小木杵，现捣现卖黑芝麻，捣得整条骑龙巷，芝麻之香浓烈稠密。

淳安农人做草鞋亦用得上钉钯。一把稻秆平躺在地上，一人双脚踏住稻秆梢，另一人拿把钉钯，钯齿扣进稻秆里，一下一下把稻秆杂枝杂叶梳理干净，扒干净了的稻秆做起草鞋来是清清爽爽，牢牢固固。

## 柴夹

　　柴夹是一件很简单的老物件，简单得有点寒酸。

　　淳安乡村旧时劳动用具中，柴夹无处不在，家家皆有，叫法亦各有特色，比如青溪片叫柴夹担。柴夹吊在墙壁上，摆在猪栏里，用时随手拿起，两只叠加到一起，用一根扁担往柴夹头上一挑，上肩起步，或田里或地里去挑粮食、杂草、柴火，一摞摞塞满柴夹，蹲下来，一条扁担两头挑，一担柴夹分两头，"吱吱嘎嘎"挑到家，省力简便。

柴夹构造很简单，毛竹破开，劈成宽约3寸、长约3米的篾片，做柴夹底部那部分篾片，用竹刨挖薄，并放火上烧烤弯曲，做柴夹身部的篾片直立，在顶端压弯并穿上绳子作框。柴夹用篾两根，两根间距约半尺，底部和身部再用细篾连一连。

柴夹不但能挑粮食柴草，还可以拿来挑石头、砖头。泥土是不能挑的，无法把泥土兜住。

拿柴夹挑猪粪施番薯肥，是淳安农活的一种常见景致。

淳安的番薯都种在山顶的薄地里，山腰、山脚较肥沃的地用来种麦，种黄豆，种苞芦。山顶薄地土瘦石子多，肥力不足，番薯长得瘦小。家里养一头猪，猪的卧室里铺盖一层稻秆，猪很享受地在这上面吃喝拉撒睡，久了，稻秆浸饱了猪尿猪屎，再垫上一层，猪就吃吃睡，睡睡吃，把一床稻秆制造成一床肥料，一床施番薯的好肥料。

出猪粪，拿二指锄头，一锄头一锄头挖起浸饱了猪尿屎的稻秆，装进柴夹。力气大的柴夹装满，力气小的装半柴夹就可以了。

柴夹挑猪粪，一步步往山顶爬，汗是一滴滴朝地上掉，一担猪粪挑到地，亦不歇口气，赤手空拳抓起猪粪来，一手一坎，压制住番薯根部，一担猪粪大约可施50棵番薯。施过猪粪的番薯，若再来场雨水，那么番薯藤就褪黄转绿，虽然匍匐在地，却亦迎风招展，点头微笑。

柴夹的叫法和用途，有的地方亦和我们淳安一样。《闽西日报》一篇散文中写柴夹："我与父母上山打柴时，先行到家的常常会返回接担，每当我累得实在疲惫时,总能在松下休息片刻后,听到父亲从谷底传来的声音——是回来接我了,我便强撑起最后的毅力,咬着牙让红疼的肩膀继续压上沉沉的柴担,小心翼翼地往山谷下挑去,以减少父亲前行的距离——要知道父亲挑着百二十斤的柴担先回到家中,其实也很累了的。有时是我先到家,想着父母的艰辛,也会放下柴担,拿起空柴夹(一种挑具)往山路上奔跑,看到父母后便移拿大半的柴条放到带来的柴夹上,减轻他们的负担。每当此时,总见父母脸上露出欣慰的笑容,满足地夸我懂事,我幼小的心灵便会在父母的夸奖中愉快地展翅,如蔡子岭古松上欢快的小鸟。每每回忆接柴情景,不禁潜然泪下。"

16岁那年,会同一个村的两位朋友去安徽歙县的一座山上斫死树(枯死的松树)当柴。死树柴是好柴火,淳安把它叫作"kǔn柴",意思是硬柴,斫"kǔn柴"除了用柴刀,还必须拿一把斧头。我们三个人各挑上一担柴夹,摸黑上路,近三十里山路走到天亮才到斫树的地方。三人交换抢斧"嘭,嘭,嘭,嘭"斫起一棵死树来。死树有一米多粗,十来米高,把它放倒,三担柴夹都装不下。

"嚓嚓嚓"倒了,三人慌忙躲避,朋友余志良个小腿短,躲避不及,粗壮的松树倒地弹起压到了他的大腿上,尿湿了裤子。

把志良从树下拖出,他的左脚已不能站立走路,我和朋友玉明一商量,放弃那一根垂涎欲滴的死树柴,马上背志良回家上医院。

我俩轮流着:背志良、挑三担空柴夹;挑三担空柴夹,背志良。傍晚才到医院,一检查,骨头没断,伤了肌肉。

第二天我和玉明俩人挑上三担柴夹,又摸黑爬三十多里山路,把死树锯了,破成一大块一大块,分作三担,俩人串挑着回村,然后挑一担到志良家里。

那天到家,已是满天繁星。

# 柴冲　担柱

在淳安，砍柴叫斫柴。

斫柴的工具有四件：柴刀、扼索（棕绳）、柴冲、担柱。当然腰里还系一只刀栅，这应该是附件，插柴刀用。

柴刀、镰刀都呈"7"字形状，装木柄，但有区别。柴刀"7"字形那一横很短,短到5公分左右,那一竖较长,长约25厘米;镰刀"7"字形的那一横很长,长有30厘米左右,那一竖短,约10厘米。它们分工比较明确:柴刀斫柴,镰刀割草。村里也有人拿镰刀去斫柴的,那纯粹是小才大用,镰刀斫柴只斫毛柴,斫不倒粗柴硬柴。

扼索用来捆柴,全用棕丝绞成,一头穿一只木扼索夹,木扼索夹像别针,中空能穿过扼索。斫柴时带一担扼索,两根。捆两捆柴。

柴冲,淳安也有地方叫尖冲、杠冲。

柴冲的材质,选7厘米左右粗,笔直不弯曲的杉树,斫来刨去壳,把两头削尖,整根是圆的;也有扁柴冲,搁肩膀的一面刨平,挑柴时受力面宽,肩膀压得没那么痛。

担柱,淳安汪宅人叫顶柱。有一柱字,可见是起承重之用。担柱取材硬木软木都适用。淳安担柱的材料亦大部分取杉木,杉木质地轻,且耐用。担柱,接地那头圆,撑挡一头扁。左肩上挑着重,右手拿起担柱搁上右肩,扁的头垫住左肩上压着的柴冲、扁担、木杠,往下压,分一部分重量给右肩。"咳喳、咳喳"挑一段路,两肩膀压酸了,停止脚步,拿下担柱,撑住担子,双肩放空站着休息一会儿。

斫柴是一件很辛苦的活儿,古代有诗反映这种苦。

唐朝皮日休《樵担》:"不敢量樵重,唯知益薪束。轧轧下山时,弯弯向身曲……"不去管柴火斫得太重,总想再多斫一些,多斫一些。一担柴火压肩头,下山小路曲曲折折,人的身体尽力往后倾。我们斫柴就是这样的。

还有:"秋残日暮归来晚,茅檐洗脚月又明。"难道宋朝郑起也斫过柴？没斫过柴,他的《樵歌》是写不出这个意境。

古代还有写斫柴妇女的诗,清朝黄安涛《采薪女》写道:"采薪女,多辛苦,三朝入门便卸妆,短衣结束持樵斧,山头雾雨淋满身,下山暮负薪,山脚虎狼惊煞人。"嫁后三天就卸下婚妆,换上短衣粗布裤,拿起斧头上山斫柴。

乡村生活,开门七件事,一切都是围着柴、米、油、盐、酱、醋(醋,那个年代农村很少用)、茶在转。

米、油、盐、酱、醋、茶都由大人们操心,只有柴火,孩子们花一些力气,爬到后山上或者更远一点——靠近安徽的山头上,斫上一天或者半天,斫够一担柴,吱吱呀呀挑回家。

一到星期天,村子里一些同年哥哥,三五成群,呼朋唤友,背上"柴冲"到约定好的山头去斫柴,并且告知父母亲或者爷爷奶奶。为啥要告诉他们呢?这里面有一个小小的心思:若去老远的山上斫柴,还得带上午饭,带什么午饭呢?就想带那种平时吃不到的"锅焦"馃。这里要说一下"锅焦"馃,"锅焦"馃是苞芦粉放食锅里打炆时生成的锅巴,把锅巴捏碎,拌点食盐、菜油包到苞芦粉炆里,烤成焦硬,相当好吃的一种苞芦粉馃。

上山斫柴前,首先把柴刀放到磨刀石上,木面盆舀点水,"奇快,奇快"地磨一阵子,刀磨得好快呀!再换上破衣服(好衣服舍不得穿呀)、草鞋,腰里绑上刀栅,肩膀扛一根柴冲,一溜人说笑着出发了。

在山上吃午饭是另有一番滋味的,虽然只是简单、清一色的苞芦馃,但吃起来比平时都要香,什么原因呢?是因为斫柴体力消耗大,肚子饿得快,有一种饥不择食的感觉。

到斫柴的山上了,我们分散走进苍苍茫茫、起起伏伏的群山,绿树掩映里,只有此起彼伏的"冲冲冲冲"的斫柴声、"萃萃萃萃"剔除柴叶树枝的声响和伙伴们时不时的招呼声。这些个声音伴着山风、伴着小溪水,在苍苍茫茫、起起伏伏的群山里流淌着……

斫柴虽是一种苦活儿粗活儿,可是呢,从斫柴中也能反映出一个人的脾性来。比较随和的人一到了山上,就就地取柴,连枝带叶,或捡些现成的干柴、松枝等捆成一捆挑回家。而做事讲究的人呢,斫柴就像做一件艺术品,斫那些笔直、大小适中、质地坚硬的灌木。这种柴,耐烧,烧了后火炭还旺着呢。

斫柴水平最高的人他们会把柴叶劈掉,留下主干,砍成长短合适,苗对苗根对根,整齐地捆成一捆,再选小指头粗细的韧性较好的小木条(包丝柴)当绑条,苗对苗拧接好,结结实实地在柴捆的腰间箍一圈。然后把两捆柴垂直叉在柴冲两头,调整适当的角度(视线要好),就上肩挑起来,软软柔柔地回家了。

还没有呢!午饭一定要吃了,这样才有力气挑柴。就着山泉水,甜甜地咬起苞芦馃,天下的美味就在这一刻。

农民是最讲生态文明的,那个时候斫柴,村里有明文规定:不准斫活的松树、杉树、柏树,不准斫柴根,等等。

斫柴的伙伴之间都会互相照应,大的带小的,强的帮助弱的,有一种不离不弃的精神。斫柴的时候动作快的帮动作慢的砍些柴;挑柴火回家的路上,挑得快的帮挑得慢的挑一程,有些力气不足、技术差的柴担子绑得不结实,挑到半路柴担散开的,大家就一起帮忙重新绑起来!

蓝天、白云、山道、田埂上,蛇一样地游移着一串挑着柴火的队伍,那是一道纯美却有点辛酸的景色……

# 沙镰

这种收割庄稼的沙镰，淳安汪宅一带叫"夹刀"，威坪一带是叫"沙几"。

农人割稻、割麦、割苎麻离不开"沙几"。

唐白居易《观刈麦》："田家少闲月，五月人倍忙。夜来南风起，小麦覆陇黄。妇姑荷箪食,童稚携壶浆,相随饷田去,丁壮在南冈。足蒸暑土气,背灼炎天光,力尽不知热,但惜夏日长。"

白居易此诗,描写了麦收时节的农忙景象,对造成人民贫困之源的繁重租税提出了指责,对于诗人自己无功无德又不劳动却能丰衣足食而深感愧疚,表现了一个有良心的封建官吏的人道主义精神。

诗中虽然没有提到割麦工具,但从农具使用历史进程来分析,唐代刈麦用的应该是沙几。

沙几,铁制,形似一勾弯月,其弯曲部分的宽度一寸上下,顶端尖细,如鹰嘴,短木柄长度刚够一手握着,内侧剪锉出密密麻麻的锯齿,锯齿锋利无比,割物时紧贴物秆,往身边一回拉,锯齿入秆,秆顷刻即断。

我记忆最深的是六月里用沙几割稻,

淳安把整个夏天都叫成六月,叫法是:六月里。

六月里很热,也很闹。

田地里,稻谷、苞芦、番薯、桑叶闹着生长;山头间松树、柏树、香樟、合欢伸开手和脚。

六月里的早上更闹。

窗外,麻雀、燕子,还有长尾的沙鹊,天麻麻亮就在树枝间、天空上欢唱起来。它们一路唱过去,一路唱过去。

最闹的是知了(蝉)。清早和傍晚在高高低低、各种各样的树上一个劲地叫,叫得人有些烦。但它们不叫得让你烦,这还算六月里吗?

想起六月里牧(放)牛,想起六月里割稻子来。

六月里，一放暑假，生产队就安排我们几个孩子牧牛。

牛有四头：老黄牛、八角头、姆牛壳，还有一头大黑牛。

四头牛性格各异。老黄牛忠厚朴实；八角头好斗贪吃（偷吃庄稼）；姆牛壳活泼乱跳；大黑牛寡言稳健。

每个暑假，我都牧八角头。八角头有好斗贪吃的毛病，但它一下田耕耘，就慢慢耕，慢慢耕，总是那么耕去。田耕完了，又牵到后山去牧，耕了田的八角头老实多了，不斗不贪吃，到山上，老老实实啃一气草，躺到松树下嚼、嚼、嚼。身上的泥丸一块一块结粘着毛，像癫痫，一块一块抖动着。

八角头突然就老了，比老黄牛老得快，耕不动田了。

耕不动田了，生产队报公社批准，杀了卖肉，给生产队增加点收入。

牛杂留下。牛杂炖大铁锅里，牛杂的香气飘逸在老祠堂里，老祠堂里到处是八角头的身子。一家分一碗牛杂，牛杂香，牛杂很香，我吃到嘴里，鼻子酸，双眼紧，总想哭。

牛耕田，不赶上山牧了，我们又去割稻子。

割稻子的日子是六月里最热的时候，热得全身烫手。

一个大人领着，一丘田数数几路（排）稻，按人头平分。分好了开始割，弯腰一个劲朝前割。那个上进心是，谁割出头（割完分到的稻子）谁就是英雄。英雄会得到队长的表扬，在傍晚的铁皮广播筒里，队长中气十足的表扬，自己高兴，家里人高兴。

割稻用沙儿，沙儿锋锐，不小心会把左手指头割了。大都是，割了指头，弄点田里的野草放嘴里咬咬，按上去继续割。生产队里有一个女孩儿,小时候生了病,走路摇摇晃晃像小脚(旧社会妇女缠绕过的脚),头脑也不太灵便,分稻都少分几路给她。她总是割到自己的手指头,一丘田割下来,手指头血淋淋的。我帮她割一些,她会从衣裳袋里摸出来一点炒黄豆、炒苞芦籽塞给我。她自己,我没见她吃过。

后来吧,她初中二年级没读完就嫁到江西去了,父母收了人家几百块钞票。

她嫁了,我总想着一个问题,听人家说,江西的田很多很多,田多的地方稻子肯定也多。

她会去割稻子吗?要是去割稻子,手指头割进去也多了,我有些替她担心。

我们已经几十年没见过了,一年,一年,又一年,年年有六月,有六月就有稻子,不知她还割不割手指头?甚念!

六月,六月,沙几,沙几。

# 稻桶

　　明代宋应星所著《天工开物》有"攻稻"一节,配了一幅手绘图,图是一只斗形的木桶,并有记文:"凡稻刈获之后,离稿取粒。束稿于手而击取者半,聚稿于场而曳牛滚石以取者半。凡束手而击者,受击之物或用木桶,或用石板。收获之时,雨多霁少田稻交湿,不可登场者,以木桶就田击取。晴霁稻干,则用石板甚便也。"

记文所指木桶,就是淳安农村过去脱稻谷用的"稻桶"。稻桶,淳安也有人叫搭斗、稻兜、箩柜,不同r 地方,叫法各异。

淳安大地,山多田少,但勤劳聪慧的人民世世代代都在拼力播种苞芦、麦子、番薯、稻谷来养活自己,养活子孙后代,延续种族。

"春雨初晴水拍堤,村南村北鹁鸪啼。"宋方岳一首《农谣》绘出了一幅早春图,种植稻谷是淳安农民粮食播种中的一出重头戏。

牵出憩息了一个冬天的那头黄牛,背起犁耙把秧田耕细耙平,用四指锄头起沟堆垄,一条垄一条垄静静地卧在一块水田里,等待着谷芽来着床。

稻谷种已浸在生产队那只大木桶里啦,专门管理稻谷浸种的王其林一遍遍地换水注水,用手伸到桶里去试温度。他是知道的,谷籽发芽的温度要在25℃-30℃,温度不能低于10℃,浸泡3-4天,谷籽暴出白色的芽。起桶撒到秧田里。灌水、赶麻雀、择稗,秧苗由白泛绿,经一个来月,青翠遮盖了整丘秧田,三月底或四月初拔秧种植,淳安话叫种田。

治虫、灌水、施肥、耘田,到大暑时节,稻穗金黄,收获季节到了。

男人拿来稻桶杈,钻进竖立着的稻桶里,嵌入稻桶两边的孔里,肩膀一抬,稻桶离地,跟了人一步步跑到田里,远看如一只乌龟在路上慢悠悠地爬行。稻桶到田,受稻秆摔打,纳稻谷入肚。

背稻桶是个讲究技巧的活儿,有的男人一辈子不敢背稻桶,村里有个男人,平时是说师傅(吹牛、夸口的人),第一次背稻桶,一起身,竖着的稻桶往后倒了,把他掀翻进了稻桶里,四肢朝天挣扎了半天才被旁人拉起来。

一丘田里，先割出一块能放下稻桶，而后是边收割时也留出一条通道，几个人负责前面刈割，几个人负责后边笤（土语叫笤）稻，"嘭嘭嘭嘭"，田野上，到处是打稻声。你高高举起一把稻谷，使劲往稻桶板壁上摔去，"嘭"的一声响过，马上扬起手中的稻把，旁边的人紧接着扬起稻把，"嘭"的一声，摔下他手里的稻把。"嘭、嘭、嘭、嘭"是夏日丰收最美妙的音乐，热汗与金谷齐飞。

收割水稻时，男女老少搭配。妇女儿童弯腰割稻，成年人打稻。还有一个半老儿在一旁缚脱过谷粒的稻秆。捧起稻秆左一下右一下，一把稻秆就缚好了，把缚好的稻秆竖立在田里，任太阳炙晒。

稻桶里的谷子满起来了，用添箕（畚斗）把稻谷装入竹篓里。一丘田的稻子收割完，过一过筹筛（粗眼孔竹筛），然后一担一担挑到生产队屋里，然后一秤一秤分给各家各户。

稻桶是农村里最大的一样农具，呈斗形，桶身用杉树板一块块以竹榫紧密拼接，上宽下窄，有底无盖，呈倒梯形。底下装有两条两头微微上翘的木档，方便移动，稻桶口上端的左右两角有两个拉手用来拖曳。

好木匠才能做出好稻桶，一只好稻桶人钻进去背起来，有点儿倾斜，倾斜得打不到人的双脚，稻桶做不好，不倾斜或倾斜过度，就难煞背稻桶的那个人啦。

稻桶置办好之后，要请村里文化人用大毛笔写上"五谷丰登""粒粒黄金"之类的吉祥语，或在两侧写上一个大的繁体"豐"字，还署上主人姓名和添置的年份,如"王××置,道光丁酉"等。

割稻开始,随着割稻人的前进,稻桶也要跟进。前面的打稻人抓着把手,努力往前拉,后边的用力朝前推,稻桶下面有两根牛角样的木棍,犹如北方的雪橇、海边的泥橇,缩小了稻桶与稻田的接触面,可轻松地把稻桶往前移动。否则的话,装了谷子的稻桶,会陷入软泥中,就难移动了。

到七月,田畈里稻浪翻滚一片金黄,开镰收割的季节到啦。

夏日七月,亦正值学生放暑假,我们加入了生产队割稻队,同大人们一道起早摸黑地忙碌在稻田里。劳动是强身健体的,也是锻炼意志的。

有一个下午,我们正顶着烈日在割稻,突然间狂风大作,西边天空乌云翻滚,暴雨一下子从天上泄了下来。带领我们割稻的是裁缝师傅王昌财,他平时日不晒雨不淋的,皮肤白嫩,手指尖长,是一个稻桶都背不动的人,他突然就爆发出大力气来,田里的那只稻桶,被他双手一推,背着大风竖了起来。急忙吆喝我们躲进稻桶里,避风避雨,他站在外边倾斜着身体,一双手死死撑住稻桶,抗拒狂风,免得把稻桶吹倒。

他那一双白嫩的指头尖长的手,被暴雨淋得皮皱肤褶。

裁缝师傅王昌财后来得了胃癌,儿子拉他去县医院住院治疗,他拽着双轮车不肯移动一步。在家拖了半年多,死了,躺在自家那架稻桶里死的。

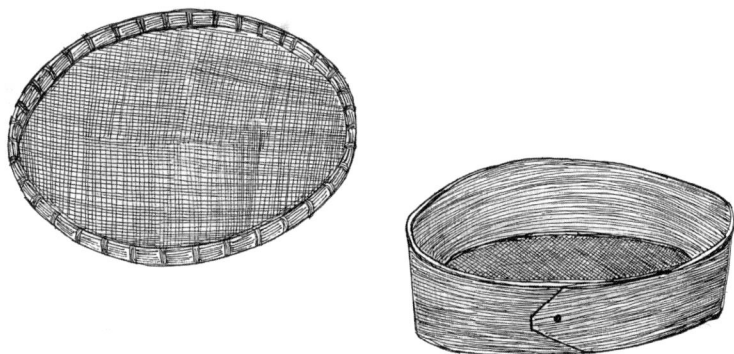

# 竹筛

田地里收获来的粮食要脱粒,干燥,扬净,还要除去沙子、泥土,杂草、陈树叶,淳安有一种去粗取精用具——竹筛。

竹筛分细筛、粉筛、箩筛。

村里的妇女都会用筛子。她们两手握筛沿,拇指伸到筛沿内框,双手虎口紧扣筛沿上端,其余四指托住筛底。开始筛粮食,妇女们发力快速往顺时针方向旋转(亦有少数朝逆时针方向转的),竹筛带动筛子里的粮食一起旋转起来,转哪转,沙子泥土扑腾扑腾落到地上。而要除去的谷叶、杂草渐渐地浮在上面,双手把留在粮食上面的杂物除掉;接着再筛,再除;再筛,再除,直到粮食纯净才罢手。

细筛亦可叫米筛,多用来筛米。昔年老家,家里一担谷子挑到加工厂去碾了,碾来的米里还杂有谷糠、沙子等,不可直接下锅煮粥、捞饭。拿来细筛,把碾来的米再筛一筛。随着细筛的旋转,米里的谷粒、粗糠慢慢聚浮出来,浮到米上面,并渐渐向细筛中央那旋涡中心聚拢,聚成一小团。妇女会暂时停止筛米,空出双手把那一小团东西捧起来,放到旁边的箩插(木质畚粮食的工具)里,聚起来喂鸡、喂猪。再筛一遍;又筛一遍,最后,用手指逐一扒翻筛里的米,把里面筛不出来的大石子,残余谷粒一一寻拣出来,直到择得筛子里的米干干净净为止。

细筛下面,筛下来的是沙子、泥土、碎米。择一择,碎米拿来喂鸡。

细筛为圆形,圆周有一寸多高的沿,筛底用篾丝编织,一孔孔筛眼如纱窗孔,可漏过沙子、泥土、碎米。细筛一身是竹,淳安还有种叫法——“竹筛”。

细筛不光用来筛米,择豆子筛豆、晒蔬菜干、盛油豆腐油馃都用得上。

箩筛。箩筛亦是竹身,比细筛大一些。筛眼比细筛筛眼大三四倍,湿谷子能直接筛过眼。每年六月割稻子,稻桶脱粒在田里,看着桶里的谷子满了,停住手,拿箩筛一筛一筛把稻谷里的稻秆、稻叶、稻穗、稗秆、稗叶、稗穗筛出来。把初步干净的谷子畚到大竹篓里面,挑回家。筛刚脱粒的麦子、油菜籽亦用箩筛。

粉筛很少,村里不太多。粉筛和蒸小笼包子的蒸笼差不多大小。筛沿高,竹片做。筛底蒙一层布纱丝或铁纱丝,筛眼很细,细到肉眼也看不清。

粉筛用来筛很细的粉,如米粉、番薯粉。药店里用来筛碾细了的药粉。

粉筛是敲打着筛粉的。右手握住筛,左手五指并拢,左右手同时分开,并拢,左手敲击筛沿,粉末纷纷扬扬落下,像下小雪。粉落到团笆里。一筛又一筛,粉筛里留下的粗粉先集着,待石臼里的粉都筛完了,把集着的粗粉重新倒到石臼里去捣,再筛,再捣再筛,最后全部捣成细粉。

要过年啦,淳安农村必做一种吃食"油馃",做油馃用糯米粉,糯米粉要细,细糯米粉要用粉筛筛,粉筛在这一段时间里最忙。

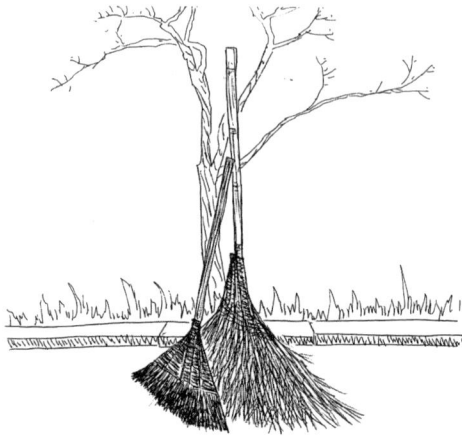

# 笤帚

"笤帚"即扫帚,淳安话,笤帚。

除竹笤帚外,淳安还有一种笤帚叫"棕笤帚",有的家里还有"蓬花笤帚"。蓬花笤帚,早先我家里就有,是外祖父扎来的,外祖父家住高山,漫山遍野生长着勃勃的茅秆,茅秆开花,开那种风一吹花瓣就飞走的花。花飞走啦，留下那一蓬花顶秆子，割来扎成笤帚，轻巧如绵纸，扫尘似布擦，这种笤帚是不轻易拿出来用的。棕笤帚拿棕丝来扎，扫地很吃灰尘，一帚过去，地净如镜。棕笤帚亦是外祖父扎来，一年一把，直到他死了。

淳安最常见，多见的扫地、扫粮食、扫积雪与积水等用的是竹笤帚。

还是说外祖父吧。外祖父房屋后有一大块毛竹园，毛竹苍翠挺立，枝叶婀娜多姿。有风有雨时，更加妩媚，似听得到枝叶之间的窃窃私语。小时候去外祖父家度暑，总依恋屋后竹园，背条小板凳，寻找一根粗壮而高大的竹子，荫在它的枝叶下。风常吹来，凉爽无比，贪一份夏日凉爽，就一世都忘记不了外祖父母。后来学中文，读到苏东坡那句："宁可食无肉，不可居无竹。"突然觉得，竹子更加美而可爱了。

抽笋成竹，一根竹子上布有密密麻麻的枝条，外祖父拿着柴刀把低处的竹枝砍下来，堆成垛，枝条摊在地上，经风雨后，叶子掉了，留下赤条条竹枝，淳安人叫"竹丝"。竹丝，是扎竹笤帚的材料。

一大堆竹丝，一根根整理出来，折掉多余旁枝，一手握得住即用棕丝扎紧，成一小捆。约莫有五捆，就可扎成一把笤帚。

外祖父砍来一根一手能握住的竹杪，或杉树杪，把小的一头削尖，插进一小支竹丝里，为笤帚柄。再把余下的几小枝竹丝，按最前一枝斜拢，后边几捆竖拢，用"银藤"（一种坚韧的野生藤蔓）一圈一圈扎拢扎紧。扎到最后，银藤尾用一竹钉扣住，不让散落。一把竹笤帚即可用来使用了。

竹笤帚约有一米五半高，底部呈不等边三角形。

粮食收获季节，竹笤帚忙得不可开交。收谷、收豆、收麦、收苞芦、收油菜籽、收油茶籽，收萝卜条、菜管、萝卜片都用竹笤帚扫。

晒粮食之前，要用竹笤帚把晒坦扫干净。然后再把粮食一担担挑到坦里，扒开摊薄，晒日头。

竹笤帚、棕笤帚、蓬花笤帚都源于自然，最后又殁于自然，淳安人赋予它们另一种形态，服务于人。等它们服务到精疲力竭时，便不声不响地归宿于自然草泽与泥土之中，不会留下一点污染和痕迹。

民国时期，淳安某村里出了一个行伍，后来当到浙江省保安大队大队长，授上校军衔，中华人民共和国成立后被人民政府镇压。他老婆是民国大学生，绍兴一资本家的女儿。后来遣返回夫家，村里看她什么农活儿亦不会干，又高度近视，就叫她扫村子里的弄堂。开始她连竹笤帚都不会用，拿到手上一扫地就打筋斗，后来亦慢慢学会了拿笤帚扫地。把整个村子扫得一尘不染，她一直扫到七十几岁才死。劳动是壮体，练身，磨励人的。

笤帚用途大而多，毛主席都拿它写到文章里去。

毛主席在《抗日战争胜利后的时局和我们的方针》(1945年8月13日)中有一句经典名言："凡是反动的东西，你不打，他就不倒。这正如地上的灰尘。扫帚不到，灰尘照例不会自己跑掉。"

表面的意思是很好理解的，地上的灰尘在那里，如果没有拿扫帚去扫，它只会越积越厚，不会自己跑掉。后来就把灰尘引申为一切反动的行为事例，扫帚不到，灰尘照例不会自己跑掉，就是说我们要积极主动地与反动势力作斗争，不能逃避，不能妥协。

在今天,这句至理名言依然有效,在社会生活中,我们遇到问题和麻烦的时候,也应该积极想办法去应对,去解决,而不是逃避。逃避解决不了问题,逃避就是掩耳盗铃,自欺欺人,我们应该结合自身实际,迎难而上,当一把竹笤帚,主动地和一些恶势力作斗争,为了实现中国梦,努力奋斗!

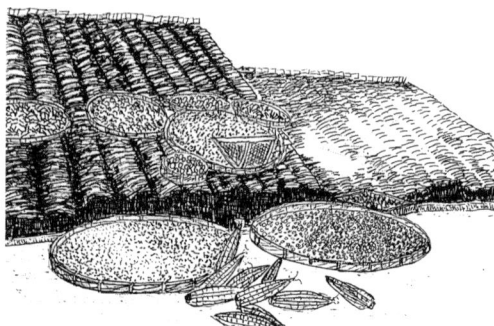

# 团箄

　　淳安农村里有一句谚语："用时挂在牝上，不用挂在壁上。"谚语指一种家用物件——团箄。谚语是有点粗鲁、暧昧，但十分的形象，亦十分贴切和生动。

　　团箄的用途比较广泛，扬谷、扇麦、净豆、选苞芦，晒酱豆、冻米、笋干、萝卜条,摊包子、米粉馃、猪肉、油豆腐。凡是扬粮食去壳、去杂物都用得上团笆;凡是晒干蔬菜都用得着团笆;凡是有物要摊放都离不开团笆。

团笆扬风净粮食,基本上是妇女操作。谷麦苞芦收回家,晒燥入粮柜,要把壳与杂物扬干净,老家叫"笆粮食"。

一担谷子分两篓,摆在两条长凳边,团笆搁在长凳子上,妇女拿木箩叉从竹篓里面畚起谷子,放到团笆里,六七箩叉一次"笆",双手握住团笆两边,团笆一头靠牢肚脐孔下,一头临空作壳、杂物的出口。笆谷子:双手使力上下摆动团笆,壳、杂物在团笆里闪动幅度大,团笆内谷子如海浪般翻滚跳跃,谷子里的壳与杂物重力轻,随着团笆的一升一落,飞出团笆,飞到地上。"起括起括"笆上三四遍,一团笆谷子壳、杂物尽去,留下黄灿灿、粒粒饱满的谷子,倒进一备用竹篓,等待入柜。一担谷子全部笆干净了,翻转团笆敲打一下,把落在团笆里的泥土弄净,然后挂到砖壁上。

扬麦子、苞芦也是这一样的程序。

团笆的直径约一米二,四周有一寸左右的帮沿,两边结有绳耳朵,便于闲时吊挂。

江西婺源有一个景区——篁岭,如今已名满天下。其中的"晒秋"闻名遐迩,吸引来中外大批摄影家为之"咔嚓"。"晒秋",是在一幢楼的大窗上并排伸出几根木棍或竹竿,团笆里摊着红的辣椒干、白的萝卜丝、黄的南瓜片,还有白菊花、黄豆籽。苞芦黄,嫩柿红,配以一层层递阶而上的徽派老屋,颜色凝聚了人间最美,赏心而悦目。按季节而言,

"晒秋"应该是秋天里的事,如今却是篁岭一年四季常有的景色,是旅游所需,应当如此。

在淳安,团笆是承载秋色的底盘,更是一个农家生活里的航船。

在淳安的每家每户,没有哪一家缺了团笆的。辣子刀可以没有,大木桶可以没有,药汤瓶可以没有,杆秤可以没有,甚至铡刀也可以没有,但团笆是万万不可缺的。起码,一户农家一只团笆是要有的,经济条件过得去的农家,有三只、四只,有的还有五只。

团笆空闲的时候不多,收获季节里它要扬尘去杂。比如说,油菜籽老了,要用团笆空出菜籽;麦子脱粒后,要放团笆里扬尘除杂;苞芦老了,苞芦籽要到团笆里掰。在这些个季节里,总能看到村里的妇女,双手捧了个团笆,靠着肚底一上一下地在那"拜"(扬)谷子、麦子、苞芦籽、油菜籽。

再比如,收获季节一过,团笆又开始晒起蔬菜、粮食来:萝卜片、长豆节、扁节、苞芦粒、六月豆、番薯粉、番薯块、番薯片,还有多种家菜、野菜,凡是要干燥储藏的,都要团笆晒出来。

还有,一到过年过节,团笆就大有用武之处:蒸包子、浮(油炸)油粿、做豆腐、包清明粿等,都要放置在团笆里凉凉,散热。

团笆还是好床铺。夏天往地上一摊,小孩坐在里边,睡在里边,玩耍在里边,既凉快又卫生。

团笆还承受过淳安的人世沧桑。旧时淳安小孩,没有疫苗接种之说,荨麻疹、牛痘常在孩子身上侵蚀,又缺少好药,往往是一染上毛病就命悬一线,老家形容孩子难养大的一句口头语是:"麻里不去,痘里去。"不是染上荨麻疹死了,就是染上牛痘死掉。

当孩子奄奄一息之时,父母亲还不忍心马上埋掉,就把病孩摆在团笆里,盖一薄被,等待奇迹发生。亦有命硬活过来的,但大部分是活不成的。

团笆也有闲着的时候,闲着的时候就往屏门上一挂或让它在墙角靠着,如是它就默默地积蓄着经验,倾听着主人们的笑和哭、闹与静,承受着白天的喧腾、黑夜的寂寞。

团笆基本上是圆形的,也有椭圆形的。

椭圆形团笆是用来养蚕的,这类团笆在20世纪70年代才出现。20世纪70年代生产队开始种桑养蚕增加经济收入,每个生产队都办起了养蚕场。

团笆用的篾来自山上的毛竹,竹师傅是各种竹类用具的制造人。竹师傅每打一件竹器都要经过破竹、分片、削篾、拉丝、编织、锁边等工序。

破竹,把整根毛竹按器物需求截段、劈开。

分片,先用竹刀在竹子上劈个口子,然后双手一扯拉,如此再劈再拉,最后劈成需要的用材——篾片。篾片削成薄如纸的,是用来打竹席的;篾片削成细如发的,是用来打筛子的。分片的功夫是竹师傅硬活。

削篾,用竹刀削去竹片上的竹肉,留下贴近竹皮的那一薄层。

拉丝,竹师傅在一条板凳头上敲进呈"八"字形的两块小铁刀,两撇刀口锋利无比,把篾片嵌入"八"字口,左手压,右手拖,"唰"一声,篾片宽窄如意,可以用来打用具了。

编织,篾片及其他配件全部准备就绪,竹师傅用手指编织起各种竹器来:粗编细编、疏编密编、正编斜编、顺编交叉编、文字编图案编,十八般武艺全使出来。

锁边,用细小、柔如发丝的竹丝、藤条、骆驼皮(淳安一种植物的皮),穿插、捆扎、拉扯、勒紧、打结,把竹器的边沿固定好,这是收尾了。一件青光可鉴的竹器打好可用,竹师傅那一双手早已伤痕累累,无一处完肤了。

淳安妇女一代又一代"亲吻"着团笆,一头青丝随团笆一天一天地笆去,不知不觉中就染成白霜,直到老去。

# 梯子

梯子在古典四大名著《红楼梦》里出现过,刘姥姥二进贾府送新鲜瓜果时,被贾母知晓留客。第二天贾母还特意带着刘姥姥游览大观园。在游览大观园首站——林黛玉的潇湘馆时,刘姥姥就发出了各种感慨。

刘姥姥念佛道："人人都说大家子住大房。昨儿见了老太太正房，配上大箱大柜大桌子大床，果然威武。那柜子比我们一间房子还大还高。怪道后院子有个梯子，我想并不上房晒东西，预备个梯子做什么？后来我想起来，定是为开顶柜收放东西，非离了那梯子，怎么能上去呢！"

从刘姥姥的感慨里，我们发现了，贾母屋里的配置都是又高又大，更重要的是，贾母屋里有很多又高又大的柜子，还预备着梯子——开顶柜收放东西时用。在刘姥姥的认知里，那柜子比她住的一间房子还高还大。

在淳安，木梯子是用来爬树摘果子斫枒枝，上屋顶翻漏，攀阁楼拿物的工具，叫法因地理而有差异，老淳安方向发音叫"tāi"，遂安方向发音叫"tē"，要是仔细寻访考察，全县每一条源在叫法上读音都会有些差别的，一方水土养一方人，一方人有那一方人的语言特色。

木梯子像一个两头没有封口的"目"字，左右两根笔直的杉木，两手合拢轻轻一握那么粗细，中间横档都是单数，九、十一、十三或十五，没见过有双数横档的木梯，不知道是出于何种戒规，何种禁忌，这也只有木匠师傅心里清楚。

一天里头用木梯的时候是很多的。猪栏里垫稻秆要用木梯爬到柴棚屋阁层一把一把掷到地上；屋梁上挂个竹篮、麦子篓什么的要用木梯；春天燕子来筑窝，养育出幼稚，幼稚是不知道世事的，它们拉屎拉尿一抬屁股就来，拉得农家的堂前白花花一片，拿个旧麦秆荫帽搬来梯子挂上去；白墙黛瓦，经风经雨经霜经雪后，瓦片酥了，漏水了，砖师傅背来梯子上屋顶翻一翻漏;寒冬来临,白露为霜,菜园里那高高壮壮的白菜该收获了,一家一家挑了畚箕,一丛丛剁来,木梯两头用凳一搁,把白菜一棵棵摆上去晒瘪,然后切细腌制起来。

一年复一年,年年过年都要杀年猪。在淳安,一个家庭从小猪崽下栏,家庭主妇一木勺一木勺舀来猪食,精心喂养,腊月二十几,北风吹来,是杀猪准备过年的好时候了。叫来杀猪师傅,烧开一铁锅水,拖出猪栏里那头猪,捅刀放血褪毛,然后三四个男人合力把一身白晃晃的猪抬起来倒挂到靠在墙上的梯子上,师傅在梯子前开膛破肚,这个时候的梯子亦享受了肉的味道,一头猪杀下来,梯子一身油光锃亮,散发着诱人的肉香味。每一年的杀猪季节,小孩儿都会东赶西赶去看,看杀猪的过程是看一种节目,娱眼更娱心,马上就有猪肉吃啦,口水在嘴里满起来。杀猪背梯子的都是男人,没有见过妇女背来梯子的,妇女都躲起来,在人家看不见的灶台前撩起围裙,偷着在抹眼泪,那头猪是她一勺一勺养起来的呀。

过年贴春联,用梯子摆在门框边,手拿红艳春联,一步一步往上爬,乡间寓意"步步高",上联贴左下联贴右,年年春色满园。

老家门前有棵杏树,树干有两只白碗粗,每年三四月间开满粉红色的花,引来蜂蝶狂欢。到五六月间,麦黄收获,杏也熟了甜了,祖父扛来梯子,肩背竹篓,爬上杏树,把杏一颗颗摘了。

杏子软绵香甜,分给隔壁邻居,这一看似简约的礼尚往来却保持住淳安民间那一种最朴素的礼仪。

小孩子是最喜欢爬木梯的,即使还在蹒跚学步,见了木梯也要试着爬一下。往往是,大一点的孩子正在爬着疯玩时,大人出现了,不声不响地走到身边,一只"栗爆子"敲得你头皮发麻。大人是怕小孩爬梯跌落下来,跌下来就不是"栗爆子"那点痛了,有可能是扭筋断骨的。儿时调皮,见自家厨房一堵墙上靠着一架木梯,爬上爬下玩耍起来,爬到最顶,一脚踩空,一只筋斗打下来掉到地上,好在是屁股落地,疼在软肉里,父亲见了老鹰捉小鸡似的把我拎起,按倒在他膝头"噼里啪啦"一气打了三四十鞋底,自此见了梯子就像见了毒蛇一样怕,远远躲开。

村子里一群男孩子里有那么一位领头人,总在夜里背着一只梯子,招呼大家跟了他去掏麻雀窝。

麻雀的窝做在屋檐下的瓦缝里,瓦缝里总会露出几根茅草、鸟羽毛,迎风招展的。领头的男孩早在白天就侦探好了,夜里熟门熟路地一个屋檐一个屋檐去掏。

他掏出来一只递给我们,我们用鞋绳捆绑住麻雀的一只脚,麻雀扑通扑通挣扎着。一只一只,掏到后来有一大串子,挣扎声响彻大小弄堂。

古代还有一种梯子叫云梯,相传云梯是春秋时的巧匠鲁班发明的,其实早在夏商周时就有了,当时取名叫"钩援"。春秋时,鲁班加以改进。

有一个关于梯子的成语是这么说的:梯山航海。梯:像爬梯而上升。翻山越岭,渡过海洋,形容长途跋涉,历经险阻。《宋书·明帝纪》:"日月所照,梯山航海;风雨所均,削衽袭带。所以业周盛汉,声溢隆周。"南朝梁元帝《职贡图序》:"梯山航海,交臂屈膝,占云望日,重译至焉。"

淳安另有一种竹制梯子,材料全是毛竹,直档横档都是青皮的竹子。竹梯子爬起来比较滑，所以用得不太多。

还有一种"蜈蚣"梯，中间一根木柱子，横档在两边，像一条多脚蜈蚣。这种梯用来爬上松树、柏树、杉树砍枒枝，轻巧，方便。

后来有了一种"人字"木梯，两梯子组合在一起，顶端用铰链固定，用的时候下端分开呈"人"字，安全，稳固。

到汾口一村里，见到一架梯子，有几个横档捆绑了粗铁丝，全身呈灰褐色，沧桑之感集于一身。这把梯子究竟使用次数有多少，使用年限有多久，不得而知。

一把梯子所见证的，是一点点累积起来的淳安人的生活历史，不去估量历史，实际上也不可估量，历史是难以估量的。

# 水桶

　　村里还没有自来水的时候，一村人煮粥、烧饭、泡滚水、洗脸、汰脚、擦身子，都是用村口那口井里的水。在村子里生活着的猪、羊、狗、鸡、鸭喝水拌食，亦靠村口那口井里的水。忘记了，还有生产队里的几头牛，牛要饮水是直接从牛栏里把它们牵出来，牵到井旁边的水塘里，让其埋头饮用,淳安叫"放牛水"。

村口的那口井很深,井内砌石上长满了青苔和小草,给井一种逼仄的环境,但也带来了净化的空气和阴凉。所以这口井的水是清洌甘甜的,亦是冬暖夏凉的。冬天的早晨,附近田野里一片冰霜,石板路上雪白一层,这口井却冒出一缕缕白气,如滚水初开;夏天的夜晚,人们围拢井口,清凉阵阵,如蒲扇摇风。

井是一口好井,水是一井好水。

鲍尔吉·原野说:"井是村庄的珠宝罐。井里不光藏着水,还藏一片锅盖大的星空和动荡的月亮。"好形象!

每家每户人畜用水得拿水桶到井里挑。

水桶,每个家庭都要有一担的,不然人与畜就没有水喝了。

杉木板,桶匠箍,高到大人膝盖,圆柱形,中间装一弓形框,框高出水桶。

水桶框有两种做法:一种是用一根杉木条刨了皮,烧烤弯曲嵌入桶身;另一种是桶身木板正中,左右相对的两块木板高出其他木板,并刨成向内弯曲,弯曲的两木板上端各凿一孔,榫卯进去一根横木板,横木板中间锯出一小圆口。水桶外打上两套铁箍,箍紧每块木板。

挑水桶有专门的扁担——"扎勾扁担",木扁担两头装有40多公分长的铁钩。挑水时铁钩钩住水桶框,人一蹲一立,一担水晃晃悠悠在肩头。

夏日傍晚,是村里人打井水的高峰期,一根长竹竿,一头留有竹杈,丫杈用来钩水桶框,桶和竹竿一起伸到井里。

空水桶贴着井水时，双手捏住竹竿用力一按，木桶即刻倾倒，井水慢慢地灌到桶里，灌到三分之二满，拎直桶，往水里上下抽动几下，水满整桶，双手握竿，一前一后往下爬，水桶一下一下往上爬，最终爬出井口。初次打水，井里的木桶总扳不倒，旁边的长辈马上悉心指点，一次两次，慢慢会用起来，直至水桶一按就倒。小时候有一件事，到如今都感觉到对不住我祖母。

祖母是小脚，可谓"三寸金莲"。祖父身强体壮，包揽了田地间的农活儿，祖母整日在家料理家务，烧饭、扫地、喂猪、养鸡。家里吃口多，养的家畜家禽亦多，用水量大。家里灶间有一口大水缸，挑满一缸水要五六担。挑水，是小脚祖母一天里最辛苦的劳动。我六岁那年夏天，天大旱，水塘里干到只剩一点泥浆水。一天早晨，祖母挑起水桶，拎着一菜筅菜往两里外的溪滩里去。我跟着她到溪滩边玩。菜洗好了，挑上一担水，祖母喊我回家。我要赖，非要祖母背。祖母好脾气，背我一段路，放下，复去挑水拎菜。如此反复，好长一段时间才到家。

祖母83岁去世，临去那几年，已腰弯背驼，走动不灵，可我从没有背过她一回，让她享受一下背的温暖和安全。

祖母不在了，她挑过的水桶亦不在了。

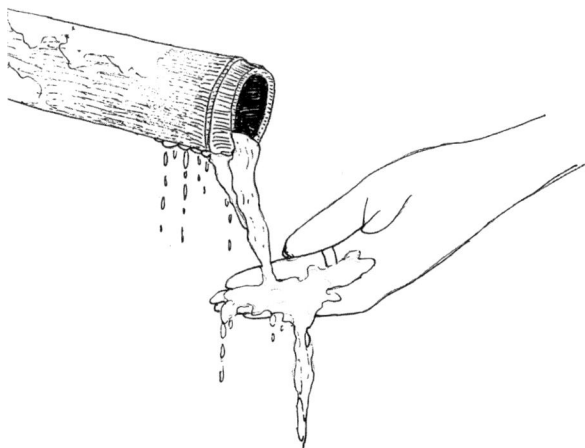

# 水笕

水笕,《现代汉语词典》解释:"引水的长竹管,安在檐下或田间。"

淳安有用长木头挖的水笕,有用毛竹剖的水笕。

一根杉木,对半着锯开,拿木工锛,锛去树木芯子,挖成槽,一头接上山泉水,一头喂在山田里。

山田里种植着水稻，山泉水冷，稻只种一季，米饭喷香。山田东一块西一块，不成片，每块田头都装有一根水笕，或竹的或木的，稻谷要喝水，只要把靠山泉那头的水笕挪动到泉水口，清冽冽的泉水"汩汩汩汩"立马朝稻田流。

竹水笕，是拿一根毛竹，拿篾刀、柴刀对半破开，敲掉竹节，引水汩汩。

外婆家的房屋筑在山坡上，屋左边一条小山沟，泉水常年流。泉水是从半山腰的一处石缝里渗出来的，外公斫来五六根毛竹，破开，一根根衔接起来，把那一股山泉直接引到房后，屋后摆着一只水缸，水缸里泉水是淘了满，满了自动外泄，外婆一家天天用着活水。

每年暑假去外婆家避暑，在家带一身痱子，到外婆家用山泉水洗澡，两三天下来，痱子全部死了。

竹水笕用久了起青苔，起了青苔的水笕，有深度，有沧桑，流过的山泉水是更甜更凉啦。

水笕用久了肯定会破损漏水，砍来毛竹、树木做新的换一换。

我家老屋有天井，天井用一块块玻璃瓦盖着，这在整个村里是少见的。天井四边安装着铁皮水笕，雨雪流水，往四根铁皮排水管里灌。

住山棚、住泥墙屋的农家，大门上方，瓦片茅草下面，吊一根水笕，雨水雪水走在屋顶，然后走到水笕里，水笕把那一股股水引向两头，倾泻到土地上，大门口干燥，屋内干燥。

幼小心灵受刺激的一个故事至今没忘。每逢雷雨天，电闪雷鸣之际祖母就给我讲一个故事："这天气，要出龙啦！"

"怎么出龙？"

"像这样打天雷，闪霍闪(闪电)，连着几天就要出龙啦。雨大，龙从山里钻出来，龙一钻出来就要发大水，要淹掉好多田和屋啦。"祖母是一脸惊恐。

"龙这么厉害，龙是什么东西呀？"我心里好怕，生怕龙从屋后的山里钻出来，把我家的房屋毁了，把村子毁了。

龙像蛇，头上生角，马脸，老鹰脚，全身生鱼鳞，能腾云驾雾。

读《尔雅翼》得知："龙者，鳞虫之长。王符言：其性有九似。头似驼，角似鹿，眼似兔，耳似牛，项似蛇，腹似蜃，鳞似鲤，爪似鹰，掌似虎是也。其背有八十一鳞，具九九阳数。"祖母不识字，肯定没有读过《尔雅翼》，她的关于龙的传说，应该是乡村的口耳相传，但与书中所记亦不离左右，民间文学自有它的生命力。

"真要出龙再怎么办？"

"亦有法子的。龙刚出来的那个时候，还是筷那样长，赶紧拿一根水笕搭起来，让它往水笕里汰(游)了去，让它汰(游)到溪滩里，再从溪滩里汰(游)到大河里，村里就不发大水啦，村子也冲不掉了。"

水笕的威力好大啊，我即刻对水笕刮目相看了起来。

# 蜂桶

　　杨朔《荔枝蜜》里这样写蜂桶的："养蜂员老梁领我走进'大厦'。叫他老梁，其实是个青年人，举动很精细。大概是老梁想叫我深入一下蜜蜂的生活，小心翼翼地揭开一个木头蜂箱，箱里隔着一排板，每块板上满是蜜蜂，蠕蠕地爬着。蜂王是黑褐色的，身量特别细长，每只蜜蜂都愿意用采来的花粉供养它。"

杨朔所写的蜂箱,淳安话叫"蜂桶"。

没见过淳安有专门养蜂的人,淳安人养蜂是一种零工,塞闲空的活儿。突然间有一窝蜂"嗡嗡嗡嗡"从屋顶飞过,村里某位勤快人会马上尾随蜂群,寻找到它们的落脚处,或在某家屋檐下,或在后山一棵山核桃树枝上,或在石壁崖上,蜜蜂是那么一大片在踊动,在翻腾。某人即刻跑步回家,拎起闲置在楼上窗户边的蜂桶,拿上一棕帚,一只白饭碗装上糖水,去把那一窝蜜蜂装进蜂桶,捧回家摆到楼上窗户口。旧时农家房屋窗户为木栅子,蜜蜂出入无阻挡,养蜂那家的窗户口整天蜂回蜂出的,嗡嗡嗡嗡,一曲乐谱不绝如缕,给平淡的乡村添了几丝热闹。

淳安人零零散散养蜂,一桶、两桶、三桶,最多超不了五桶。蜜蜂不全部养在家里,好多是就地取址养在石崖下,树杈上,贴近大地和植物,蜂能自由地劳动安息。亦不刻意去移动蜂桶,不像专门养蜂人,追逐着花源奔波千里万里的,经风淋雨,一身疲惫。淳安养蜂,是逍遥而为,季节变化,花谢花飞,开什么花蜜蜂采什么花,酿什么蜜。油菜花甜,桂花香;小麦花酣,枣花醇。取一次蜜,分些给邻居,还有蜂蜡一块块送给村里妇女,纳鞋底缝补衣服裤子时朝鞋绳上捋一捋,鞋绳捋得溜溜滑滑,缝补起来顺畅无阻。

土蜂蜜,甜蜜了淳安一辈又一辈人。

淳安蜂桶为圆柱体,中空,上细下粗,全杉木板做,桶外套上三四圈篾箍,桶底开一半月型小孔,亦有锯出多个三角形小孔的,供蜜蜂出入，桶顶盖一些棕丝压一块石板或木板。桶身上写着希望：来福、旺财、甜蜜、聚宝等。

养蜂历史悠久，早在2000万年前我国东部温带区即有蜜蜂存在。据殷商甲骨文中就有"蜜"字记载，也证明了早在3000年前我国已开始取食蜂蜜。

我国养蜂鼻祖是姜岐。

东汉时期，中华蜜蜂由野生进入人工饲养阶段。公元1世纪初，出现了文献上记载的第一位养蜂专家——姜岐，姜岐才学很高，相传汉阳太守多次邀请姜岐出山当官，姜岐都始终不从。后来家中变故，姜岐跑进深山，以养蜂牧猪为生。

根据文献记载，当时的养蜂业算是朝阳产业，教授养蜂成为一门专业学问，而姜岐也被称为中国的养蜂鼻祖。中华蜜蜂最早的饲养记载是在3世纪的书籍中。晋朝皇甫谧《高士传》中记载东汉(158-167)时人姜岐，"隐居以畜蜂豕为事，教授者满于天下，营业者三百余人"。而有关养蜂的科学记载在公元3世纪以后的书籍中，就能片断见到了。如晋朝张华的《博物志》，详细记载了蜜蜂收集方法；宋朝罗愿的《尔雅翼》(1184年前)记载了蜜蜂的种类及蜜的色、味与蜜源植物的关系。而全面介绍养蜂的著作当属清朝郝懿行的《蜂衙小记》(1819年)，书中关于蜜蜂形态、生活习性、社会组织、饲养技术、分蜂方法、蜂蜜的收取与提炼、冬粮的补充、蜂巢的清洁卫生以及天敌的驱除等都提到了。

近些年来，随着科学技术的飞速发展，开始机械化养蜂，蜂桶扁型、桶边装上电脑,由电脑控制桶内的温度和湿度。

　　而今,在淳安还能见到圆桶养蜂,但已很稀少了,和日渐消瘦的乡村一样,安静、平淡地生活在历史中。

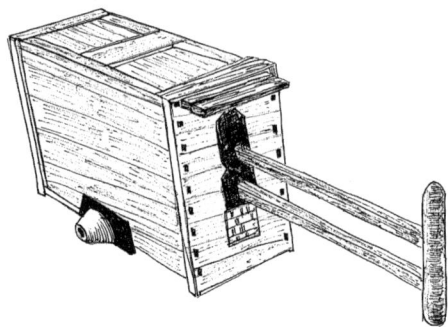

# 风箱

淳安的乡村风景,不仅在于青山绿水,还有牛哞羊咩鸡啼,还有蜂舞蝶飞燕翔。再有几道人们盼着的风景,一道是手摇小鼓,肩挑货担的货郎来到村里,另一道是挑一头风炉一头风箱的锡师傅、铜师傅进村。

锡师傅打茶壶、打酒壶、打蜡烛台,做进一家,就在这一家里"叮叮当当"敲上十天半个月的,一件件精美绝伦的锡器就摆在堂前的画桌上。茶壶如鸡,酒壶似鸟,蜡烛台如花。旧日淳安所来锡匠,都是永康人,永康五金全国闻名,由来已久。

铜师傅的活儿,补罐补碗补面盆,所补之物皆为铁皮搪瓷。亦打铜器,比如铜罐、铜茶壶、铜脸盆。家里有那么一两件铜器摆着,也表示这一家庭的小康生活,一般家庭所用器具以木、瓷、竹为主,铜器很少很少。

铁师傅打铁,亦少不了风箱。铁师傅所用风箱形状为圆筒状,与锡、铜师傅所用风箱的形状不同。

铜师傅、锡师傅做生活,风箱为主打工具,鼓风吹火,炭火鲜红,打出来的锡铜物件外美内坚,既好看又耐用。

"风箱安置墙背,合两三人力,带拽透管通风。用墙以抵炎热,鼓鞲之人方克安身。"这是明代宋应星《天工开物》里的一段风箱记载。

风吹火旺,风箱的作用是鼓风扇火。

风箱由木箱(木筒)、活塞、活门、抽推手柄组成,使用时拉动把手让活塞在箱子里前后运动而产生风。

风箱的原理追溯至古代是皮囊鼓风。《老子》第五章写道:"天地之间,其犹橐龠乎? 虚而不屈,动而愈出。""橐龠"即鼓风用的皮囊。以前的风箱使用皮囊,后来木制风箱取代了皮制风箱。拉杆活塞式木风箱发明于北宋时期,《演禽斗数三世相书》中有关于此种木风箱留图。

常来我村做锡生意的锡师傅是永康人,满脸的麻子,个矮身瘦,可他有一手好手艺,打出来的锡器是件件光彩夺目,经久耐用。他最后一次来打锡器,半途身体患病,把一副打锡工具留在村里东家家里,说待身体康复再来做。这一去就没回来,那副担子,那只风箱,在岁月如歌里至今亦没等到主人的归来。

来村里做活儿的铜师傅我们叫他"经深",正式的名字叫什么村里人一概不知。"经深"手艺纯熟,功底厚实,破碗破罐破脸盆,经他一补完好如新。"经深"是酒鬼,手艺所赚钞票,手里没捂热,就到了供销社的抽屉里,一角两角,就着柜台,酒碗一端,"咕咚"一口入胃,入胃顷刻便醉,醉了就摇摇晃晃走到风箱边睡倒。几年后,醉死在自家村子前的水潭里,那一副铜匠担子也就歇了。

炒爆米花亦用风箱。丰子恺有篇散文写道:"这工作的工具是有柄的铁球,一只炭炉,一只风箱,一只麻袋和一张小凳……右手扯风箱,左手握住铁球的柄,把它摇动,使铁球在炭炉上不绝地旋转。"

风箱入文章有许多出彩处:老舍《四世同堂》里写金三爷打呼噜,"倒在床上,登时鼾声像拉风箱似的,震动得屋檐中的家雀都患了失眠。"

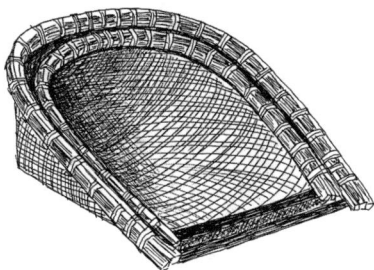

# 填箕

　　这老物件在我们淳安县各地叫法不一,汾口那片叫畚箕,威坪、青溪、临岐片是叫填箕。

　　填箕的形状,口宽背高,从填箕口开始往后徐徐抬高,为背。填箕用竹篾编制,一根开口朝下的,粗宽的"U"形竹片为骨架,箕口处安装两片宽篾,能紧贴地面,不露缝隙。底和身部用细篾片交叉编制,纹路细腻,紧致密封,畚粮食时不洒落一粒。

填箕分大小,各有其用。大填箕用来畚粗糙未加工的粮食,细填箕用来畚粉畚米。

夏收季节里用来畚稻谷的填箕最大,底部长约有二尺,后部高有一尺余,填箕的宽有一尺多。

填箕是用来收拾农作物的,诸如晒在坦里的稻谷、黄豆、苞芦、油菜子、高粱、麦子、柏子、葵花籽等。春晒麦子、油菜籽;夏晒稻谷与黄豆;秋晒高粱冬晒苞芦和柏子。一般是,早晨太阳出来时把粮食挑到坦里摊开,太阳落山之时,用扫帚把晒着的粮食扫成一堆,然后拿起填箕插进粮食堆里,低头弯腰,用双手把粮食扒拉进填箕,一填箕扒满,双手抓住端起,"哗啦"一下,倒入近旁的竹篓里。一填箕一填箕畚,还是遗留下一些粮食,再扫一扫,再畚一畚,最后几粒,一人拿扫帚往填箕里扫,一人双手握填箕往前推,须得颗粒归仓。

填箕最辛苦的时候是"双抢"季节里,又畚稻谷又畚黄豆的,不得一刻有闲时。

填箕用得最急、最紧的是大雨来临之际收粮食。

夏天里,雷阵雨冷不丁地就会来那么一下,老家农村有句古话叫:"六月雨,隔田塍",意思是夏天里的雷阵雨,落透在这一丘田,紧邻的另外一丘田里却干干燥燥,滴雨未沾,一根田塍隔阴阳。

六月里,稻谷割了,就在田里用稻桶打下谷粒,挑到晒坦里摊开晒起来;六月里,黄豆拔来了,躺晒在坦里,暴晒一阵,豆荚开裂了就用跳栅(一种敲打粮食,使之脱粒的工具)打敲,打敲完了,翻一面,坦里有一层白粒粒的豆子,很晃眼。

安静地躺睡在坦里的谷子、豆子,享受着阳光的抚摸,挺舒服爽意的。突然,天色变暗,乌云密布,雷声轰隆隆,一阵又一阵传过来,热风由某个方向呼呼地吹来,这是雷阵雨要来了。

值日的人(生产队里每天都安排一个社员值日),马上拿起广播筒(一种铁皮做的喇叭,可以用嘴呼唤),朝每个弄堂里喊开:"喂喂,要落雨啦,大家赶紧到晒坦里收生产队里的粮食。"

生产队里的粮食都晒在水塘边的大坦里,大坦是生产队的。一般情况下,私人的粮食是不好晒在大坦里的,私人家里的粮食晒在自家门口或屋边的小坦里,那个年代集体和私人是有严格区别的。

听到广播,村里的人开始大呼小叫起来,有些像《地雷战》《地道战》中放哨的儿童团传来消息,"日本鬼子进村啦"一样。这个比喻有些不妥,但记得当时的紧张场面是这样的呀。

最怕,黑云从淳安一个叫安川源方向那儿堆积起来,那个地方有黑云流动了,必定有暴雨来临,而且呢,这暴雨有时候悄悄地,不声不响地袭击晒在坦里的粮食,可恨!

大部分时候在暴雨来临前都能把谷子、豆子抢收到箩筐里,挑到队屋里去了。怕的是天上阳光灿烂,远山边躲着一二朵白云,毫无下雨的征兆却突然下起大雨来,尽管大家拼命用扫帚扫,填箕畚,但谷子、豆子还是要被雨水淋湿,这个时候,大人们都很难过。

在学校里老师教育过我们:毛泽东主席小时候就爱护贫苦人民。

有一次，毛泽东主席家里也晒了粮食，而邻居也晒了粮食，突然下雨了，毛泽东主席不收自家坦里的粮食，而去帮助邻居收粮食，自家的粮食淋湿了，父亲狠狠地骂了毛泽东主席。这样，就在我心里铭下了一个思想，要爱护集体，减少私心。所以呢，在雷阵雨要来的时候，生产队里有粮食晒在坦里，只要一声广播叫，就拿起填箕拼了命往生产队晒坦跑，家里小坦里的粮食也不顾了，留给小脚的祖母一个人收。有一次，雨是从安川源来的，一声不响，一下子就到了，收好了生产队里的谷，回到家里，小坦里自家的谷被雨冲得到处漂浮，站在雨里收谷的祖母，身上水淋淋的，脸上水淋淋的，但见到我，还是挤出一副笑脸。一副夸奖的笑脸，祖母的笑脸上淌着水，雨水？泪水？那个年代，一家人的口粮是很少，很少的。

# 独轮车　双轮车

独轮车,又叫手推车。

独轮车的历史非常悠久,据说,它的前身是三国时期蜀相诸葛亮发明的"木牛流马"。不过三国时期,车轮是木制。后来的独轮车车轮是橡胶的了。

在现代交通运输工具未普及前,独轮车是一种轻便又实用的运载工具。

独轮车由车身和车轮组成。车身大都用质地坚硬的木料做,如柏木、樟木、楸木等。

车轮高出车盘,车盘分左右,并有凸起的拱梁保护住车轮,避免车轮与货物相互摩擦。

车把成双,圆形光滑,两车把之间系着一根"车绊"(帆布或布剪搓成的绳子),驾车时套在双肩上,助力。

还记得,日头在学校后山顶树杪间沉下去的时候,"当,当,当,当"学校那位敲铃老人,敲响了挂在苦楝树上的那片铁磨片,铃声清脆,像小溪里流淌的清泉。

放学了,我饥肠辘辘地走出教室,背着书包往家走。这是个冬天,操场下边的那一大片麦田霜如白粉,路边池塘上冰凌似镜,夕阳把我蹦蹦跳跳的影子投到石板路上,影子十分夸张。隔着麦田,溪滩边那条连通深山和虹桥头码头的石板路上,此时间,会出现一支拉独轮车的队伍,"咯吱,咯吱"艰难蛇行。

独轮车两边装着粗麻袋,麻袋里或盐或米,或糖或豆;还装酒坛、酱油坛。总之,整条源里男女老幼的油盐酱醋、鞋袜衣帽几乎都是独轮车驮来的,除了雨天或雪天,这支队伍总是那样拖来拖去的,像流动在人体筋脉里的一股子血液,流动在这条源里——六都源。

那时候,拖独轮车的是些二十出头、三十不到的年轻后生家。他们鸡叫头遍就起床,夏天晨曦微露,冬日黑暗沉沉,一个一个将昨天傍晚,装上了粮站、供销社运往虹桥头的一袋袋大豆、稻谷、草药和空酒坛、醋坛的独轮车，拖到石板路上，约定好了，在学校斜对面的"安川亭"里集合，车队十几个人马，数一数，到齐了一起出发。

"安川亭"还在，但饱经了沧桑，白墙变黑，青瓦长草，旁边一棵古樟枝还繁，叶还茂。是旧时几条源走亲访友，办事做活的必经之亭，亦是独轮车队必过之亭。

黎明时分，东边凤凰山顶的朝霞，烧得像窑火。由"安川亭"通向虹桥头码头的石板路有三十多里，石板路遇亭过桥必有一段凸起的坡，有好多的坡。

一个人拖着一辆三四百斤重物的独轮车，三十多里石板路，有坎有洼，颠簸动荡，把握不住会翻车毁物。特别是过"安川亭"的那条坡，又陡又峭，须合伙拼力，独轮车才能安全地上坡下坡。

"安川亭"两边路上的石板，当中一条车辙有十几公分深，油光可鉴，这都是独轮车车轮一次一次碾压出来的。鲁迅在《故乡》里写道："希望是本无所谓有，无所谓无的。这正如地上的路：其实地上本没有路，走的人多了，也便成了路。"

石板路上本没辙，独轮车来往久了，就有了辙。

驮着重物的独轮车过"安川亭"，必须两个人搭伙互相帮衬，一个人在车头前面，肩头套上车子上的牵引带，弓起身体，往前用力拉；另一个人在车尾双手握住车把，使劲往前面推。独轮车推拉上坡，经过凉亭马下下坡。上坡时在前面拉车的那个人，收好牵引绳，面朝前，双臂往后伸，抓住车头上的木架，上半身紧贴独轮车，整个身子往后倒斜着，双脚用力蹬着石板路，一步一步慢慢移动双脚；车尾那位，双手拉紧车柄，身体上仰向后倾，力气往后使，一步一步慢慢移动双脚，一辆独轮车平安拉到平坦的石板路上，轮换着再去拉第二辆、第三辆……

独轮车一辆一辆拉到位了，个个都气喘吁吁，身上冒出腾腾热气，如雾如烟。

兄弟般的友谊，一路互助，一路帮忙，一车货从虹桥头码头拉到淳安的供销社、粮站已近傍晚了。

一辆独轮车，经年累月拖过来，柏木做成的车柄，被车手们的汗水浸润得油光锃亮，骨子里似乎积蓄着一股子拗劲，不屈不饶的。遥想，车手当年学拖车，与现在的男孩们去学滑板车、轮滑、自行车时遇到的挑战，应该是有很大区别的。

车手学成，是为生活本事，一旦成为车手，他的肩膀上就压上了沉重的生活担子，而现今学的车手，大都是舒服和享受。

后来有了公路，有了公路就有了双轮车。

双轮车，其实它的历史更悠久。

"2019年度全国十大考古新发现"之一，河南淮阳平粮台遗址发现的双轮车辙痕迹，距今至少有4200年，是我国迄今发现的年代最早车辙痕迹，对研究我国车轮的发明、车的起源具有重要学术价值。

在淳安，是公路开到家门口后才有双轮车的。

双轮车的构造不同于独轮车，它有长方形的车斗，车轮成双，横卡在车斗下。双柄尾用一木棒相连。整副车架用硬木，车斗用硬木做框，内钉竹片。

等我也能够像独轮车手那样,肩上挂着皮带,双手握紧双轮车车把,在村巷里、田野上、公路中,进退自如地拖车的时候,已经是十三四岁的少年了。农忙时,将田野里的稻捆拖回打稻场,把苞芦秆拖到牛栏旁堆起来;春蚕开养,摘下一布袋一布袋的桑叶用双轮车拖到蚕室里。夏天,割下麦子,一捆捆的麦秆穗堆上车,我光着上身在前面拖,弟弟在后面推,赤足踏着泥路上被太阳晒出来的浮土,细细的,烫烫的,汗由头发里流出来,流到眼睛里,有点痛。暑天,风云变幻,雷声鼓鼓,我们就会拖着山丘一般的稻捆飞奔。遇到路中有牛,要将板车猝然停下来,会非常辛苦,我在前面刹车磨破脚底,弟弟在后面,倒拽着车尾,半坐到地上,屁股肯定也是痛的。

还有一件拖双轮车的事情记忆犹新。有一年春上,一位堂叔从老家迁移到常山去入赘,装了一双轮车家常用品——被絮、锄头、镰刀、坛瓶、木桶。我拖着双轮车走在老家那条通往虹桥头码头的泥沙公路上,心情比车上的物品还要沉重。这么一送,四十多年的离别,一直到前几年他突患脑溢血才赶去常山送他归山。

如今,独轮车不见了,双轮车还有极少数人在用,替换它们的,是电瓶车、汽车……

# 布袋

    中国民间诸神里面有一个布袋和尚,布袋和尚名叫契此,是五代后梁的一位和尚,浙江奉化人,号长汀子。这是一位充满神秘色彩的怪和尚。他的长相奇特,身材矮胖,肚腹滚圆。他用一根破木棍,挑着一个破布袋,布袋里装着他所有的家当。他居无定所,随遇而安,还经常说出一些让人摸不着头脑的话,像个疯子,人们给他起个外号叫布袋师。冬天,他躺在冰雪里,冰雪不沾他的衣。给人家占吉凶祸福,屡占屡验。如果他脚上穿了湿草鞋,天就要落雨;足履干木屐,天就会大旱。后梁贞明二年(916)三月,布袋和尚来到奉化岳林寺东廊,端坐在一块巨石上,并偈语曰:"弥勒真弥勒,分身千百亿。时时示时人,时人自不识。"语完,布袋和尚安然而逝。人们恍然大悟,布袋和尚是弥勒佛的化身。人们把他的肉身葬在岳林寺西二里路远的山上,设立庵堂,起名弥勒庵。后人按照布袋和尚的形象雕塑成弥勒佛,置放于天王殿,供人们膜拜。

由此可见,布袋早已在民间使用,且历史很是悠久了。

淳安农村收获稻谷、苞芦、番薯、青菜、萝卜、桐籽、油茶籽都用着布袋。就连小时候我上山捡干柴都拿布袋装。农闲时,为防老鼠咬,棉絮装进布袋,吊到搁板下。村里某家拿出的布袋,补丁贴补丁的,像百衲衣,那肯定是上山烧炭,炭火燃破的。

布袋用料,是绩麻纺线织成的麻布;布袋制作,是丈量麻布剪裁缝制。

绩麻,一家一户种在自家的菜园里,绩麻老了,砍来一捆,埋到水塘、水沟的烂污泥里,埋到绩麻脱皮,捞出来洗干净,再一根根剥下皮来,剥下来的皮叫"麻皮"。

麻皮搓成线,麻皮线纺成细线然后才能织成麻布。

布袋之颜基本上是本色,一个家庭里亦有那么一担染成青色的布袋,青色布袋不轻易拿出来装粮食、挑东西,它专用于出嫁娜囡挑衣箱、面盆、脚盆、马桶。

淳安西部山区八都王阜,有古老的麻绣艺术,他们连布袋上都绣上图。绣牡丹,绣如意,绣两条鲇鱼——年年如意。

祖父膝下有五女二男,老家有种说法:"五男二女父母享福。"可祖父不同意这种说法,他说:娜因生得多,父母有的吃。

祖父给五个女儿取了都带一个"娥"的名字:金娥、银娥、有娥、富娥、香娥;给两儿子取:昌仁、昌义。昌仁是我父亲。祖父信念:仁义值千金。

祖父人高马大,手臂有小瓷碗粗,斫柴割草、耕田犁地样样精通,我们家里有一担大麻布布袋,装苞芦、装番薯比别人家的布袋多出四五十斤。一年三百六十五天,布袋几乎天天在祖父肩上,大年三十还要背上布袋到后山的菜园地里去拔萝卜、摘青菜。

七个子女在祖父肩头那担布袋滋养下不声不响地就长大了。

淳安的孩子哪个不是麻布布袋养大的呀。

祖父祖母五女二男九个人拥挤在一间房里,孩子大了,祖父用杉木板把房间隔成三块,给孩子们男女分居开来。

我父亲成亲两年后,叔父也结了婚,两兄弟有了孩子,房间太少,太小,太挤了。

叔父心里萌发起迁移搬家的念头。恰好叔父的姻弟要从淳安移民去安徽太平,叔父定下来同他一起迁移。

叔父把迁移的事告诉祖父母,祖父母惊呆后表示坚决不同意。叔父说,这一点点房屋两兄弟怎么歇呀,让昌仁一家住吧,我迁移去太平也不要这屋了。以后我天高路远的,就靠昌仁照顾你们。

祖父母听了抹着眼睛,我父亲泪流满脸的。

叔父动身迁移的日子紧迫,祖母拿出柜子里存着的一匹麻布,没日没夜地剪裁缝纫,给叔父做一担大布袋(两只),同祖父挑的一样大的布袋。

小脚的祖母,左手食指断了一节,她说是小时候生"蛇头"(痈结)烂掉的。平常日子里一家人的浆洗缝补她都利索无比,是村里不多的巧利女子。出鞋样,描扇花,她带出了不少的女徒弟。一担布袋,她一天就能缝纫好,是少有的快手。给叔父缝一担布袋,整整用了三天三夜,布袋缝好,祖母左手血痂星布,断了一节的指头成了一根红萝卜。祖母把心中的无奈、不舍和万般慈爱一针一针缝进了布袋里。

叔父起身那天,我父亲挑着那担布袋,走三十多里路,送他们一家到轮船码头。

布袋里装着锅、瓢、刀、水桶,还有三四十斤苞芦子。

船来了,叔父接过父亲肩膀上的布袋担子,一步一步上跳板。

呜——呜——,汽笛声声催人泪,叔父立在船头高声呼喊:"昌仁,靠你服侍哥和姐姐啦(叔父、父亲叫我祖父为哥,祖母为姐姐)!"

父亲泪如泉涌:"昌义,放心,到太平就写封信来。"

叔父肩挑布袋呆立船头,布袋灰白,两岸树翠,一江水绿,满眼离人泪。

树上新叶换旧叶,祖父、祖母、父亲、叔父都已作古,家族里一代一代新人在茁壮成长。

一年初冬，叔父儿子，我堂弟来电话说，做了一幢三层楼新屋，装修已毕，定好了日子乔迁新居，要我们老家的人都去看看。

新房胜别墅，独门独院，坐南朝北，内外装潢都是现代派，堂前照壁挂一幅山水画，一通电，流水喷雾，灯火闪烁。与这辉煌的装潢相悖的是，画桌上摆了一担叠着的布袋，布袋墨黑，补丁一块续一块，似百衲衣。

"这担布袋是奶奶缝的，从小父亲就吩咐过，不管布袋碎到什么样子，就是碎到几个纱筋都要留着，要一代代传下去。"堂弟说。

叔父手上做的那幢一层泥墙屋，蹲在新屋的院边，墙体斑秃，黛瓦苍桑，门前野草在残阳下摇曳不停，见证了叔父移居太平的艰难岁月。

岁月无情，风雨无意，泥墙屋终有一天会坍塌；那担布袋终有一年会烂腐。

"泥墙屋倒塌不可惜，这担布袋要烂了，心里难受，后面的子孙怎么记得住我父母的苦呢？"堂弟说。

# 窨桶

窨桶，淳安也有地方叫垢桶，是施肥、贮肥用的工具。

旧日淳安农村人文化不足，有的人甚至一个字也不识，如祖父母、母亲等，但他们有一些言语却是文雅而不粗鲁的。比如：上茅司（厕所）、窨桶、马桶等。当然也有直截了当的：浇粪、浇尿或泼粪、泼尿。"尿"，淳安人读"屎"的音,"屎"在淳安一些地方叫"哦"。

窖桶,是专门用来装尿水和大粪高而大的一种木桶。

窖桶家家户户都有一担的,就是村里的五保户也不例外。我们村里那位叫"元宝"的五保户,新中国成立时从他做长工的地主家分得一担窖桶,窖桶高过他的腰,桶身滚圆,盛得下五六十斤尿水。这担窖桶一直陪着"元宝",日在肩头,夜在床头。"元宝"死了,窖桶还硬壮着。

窖桶亦是用杉树板做的,在淳安凡是家庭用具之类,大部分材料取自杉木,杉木质轻,耐用。

窖桶的高度大都与成人的腰齐,加上窖桶耳朵上那根弯曲成虹形的"窖桶框"一起,高约胸部。窖桶形似一酒瓮,两头细,肚子粗,竖板拼接箍成。桶面箍两套铁条圈或铁线圈,桶面板凸出,桶底板缩进,以桶面板作脚立于地上。窖桶耳朵上的框,亦用小杉树做。斫来和大脚指一般粗的杉条,按需要的长度,放火上两头烧,中间烧,趁热用双手合力把它挤弯曲,两头穿进耳朵孔,拿细棕绳捆绑好,即可用扁担挑起来。

昔时的淳安,人粪和人尿是庄稼、蔬菜的主肥。给苞芦、麦、稻、油菜浇粪增肥,挑一担窖桶一个厕所一个厕所轮流舀过去。一担一担挑到田里、地里去泼、浇。尿粪到处,农作物枝繁叶茂,粗秆绿叶,一片油光熠熠。没有浇着、泼到粪尿的庄稼,枝叶发黄,弱不禁风。

窖桶白天上山下地,夜间还站立在床头侍候家人们撒尿。昔年干饭少稀粥多,夜里总要爬起来拉几次,深更半夜,尿声霍霍,如拉弓弦,一曲一曲;但也浊臭满屋,直冲鼻孔。自幼就这样熏陶,亦醉人。

父亲大人很善良,心孔与他的名字"昌仁"相符。祖母有一年从梯子上跌落下来，碎了腿骨，我父亲伺候到位。每天晚饭后，即去猪栏里，把家里那只细小的窨桶拎到祖母床前，第二天早上把窨桶拎到猪栏，倒干净祖母夜里拉过的粪尿，洗干净窨桶，备着。

夜复一夜，日复一日，一年三百六十五天，天天夜夜如此。

祖母活到八十三岁，父亲大人，窨桶一直拎到祖母仙逝才止。

如今，淳安亦还用窨桶，用那种塑料窨桶。木窨桶少见啦，夜里用窨桶拉屎拉尿不见了。家家户户都有了抽水马桶，拉好撒完，手一按开关，"哗啦"一声，桶净水清。

日子是现在好啊。

# 水车

过了夏至，天慢慢热起来，接着就是梅雨。

雨是三天两头的落，落落停停，停停又落落。

地上万物都浸在潮湿里，衣服长毛，桌椅长毛，搁在筷筒里的竹筷长出了淡绿色的毛，床上的草席呢，也长满了灰色的毛。

蜗牛背着房子慢慢悠悠地赶着路,一路走过,留下一条透明的白色痕辙。

稻谷秧苗长高了,农民们有条不紊地种起田来(插秧)。雨里风里,雨里风里,忙了一个月,田种好了。看着自己亲手插下的秧,从东倒西歪慢慢站立起脚跟,慢慢地翠绿粗壮,他们松口气:好歇一歇力了。

歇了几天,突然呢,天却把雨停了,这一停就是半个月一个月。日头,从早到晚挂在碧天上,它,大公无私地把光射向大地,晒干大溪小溪,稻田断水,稻谷根裸露出来,东跑西跑到处寻找水源,口渴得厉害,叶子瘪卷起来。

车水,这种农活儿就开始了。

车水要用水车。水车亦叫龙骨车。

水车,大约发明于汉代,是一种比较复杂的农用器械,演变过程是比较长的。唐代之后,特别是到了宋代,常见文人咏颂水车的诗作。

苏轼《无锡道中赋水车》:"翻翻联联衔尾鸦,荦荦确确[荦荦(luò luò)确确:硬瘦的样子]蜕骨蛇。分畴翠浪走云阵,刺水绿针插稻芽。"水车槽里那一条龙骨叶板,确实很像无肉只剩骨头的一条蛇。

宋代王安石很爱写农具诗,他写过耧,写过斧,亦写过水车:"取车当要津,膏润及远野。"

水车的制作在《王祯农书》里可以查到:"其车之制,除压栏木及列槛椿外,车身用板作槽,长可两丈,阔则不等,或四寸,或七寸,高约一尺。槽中驾行道板一条,随槽阔狭,比槽板两头俱短一尺,用置大、小轮轴。同行道板上下通周,以龙骨板系其在上。大轴两边各带拐木四茎,置于岸上木架之间。"用时"人凭架上踏动拐木,则龙骨板随转,循环行板刮水上岸"。

农书所述水车是安装在河岸上,用双脚踩踏的水车。淳安县农村所用的水车,是那种可肩扛移动的,有两根木车手,用双手循环拉动车手,车水入田的水车。淳安的水车构造和脚踏水车是一样的,车水的原理亦一样。

淳安农村的水车大多数是用杉木做的,杉木是一种好木材,木质轻,便于搬动,耐腐蚀,可长时间浸水。所以呢,农村做水车认定用杉木。

淳安水车,车身是长方体的木板槽,前端槽口安装一个小转轮,后端槽口处装一个大些的转轮,并嵌入一曲尺形的柄,两根车手一头呈鱼形,凿出一个洞,用来套进尺曲型的柄中,一头榫一根短木,呈"T"字形,车水时手握住短木,循环着前后拉动起来。

水车搁在猪栏楼上,农民把水车搬到地面上,再用肩扛到要车水的田里去。远路没轻担,农民挑担不怕重,最怕路途远。有种说法,一根稻草能压死一头骆驼,是这个道理吧?所以水车要用杉木做。

还有一件事没说呢,水车搬下来,先叫上一位木匠师傅修理修理。

陈封了一年的水车,肚子里的肠子断了,坏了胳膊扭了腿了,那样子是车不起水来的。木匠师傅加加竹针,固定固定松动了的胳膊腿脚,修好了,农民把水车扛上肩,去给稻田车水了。

农民把水车背到田头,卸下来。拿起三指锄头,到干涸的溪滩里寻找水迹,找到了马上动手扒,扒一个大潭,水从沙子四面八方渗透来,水溢满潭,汪汪滚动开来。农民按下水车尾巴,爬到田头,把车手勾套进水车头上那交错的凸出的双柄上,伸展开双臂,一前一后车起水来。

"吱嘎,吱嘎——哗哗哗","吱嘎,吱嘎——哗哗哗"。

水车声,流水声,很好听。农民喜欢听这种声音,听着心里舒服。

水流处,开裂的稻田"吃吃,吃吃——咕咕咕",一阵一阵的响,卷缩的稻谷即刻舒展开叶子,迎风招展起来。

水车还有脚踏的,站在水车头脚踏板上,双臂扒上横架,一脚一脚踩踏,水哗哗哗从脚底流出来。

这种水车淳安少见。

车水苦吗？苦!

车水是体力活儿,一上手,就停不下来,手酸也好,背痛也好,必须忍着。

一丘田,水车满了,农民累了,他们坐在田塍上大口气、大口气透着。

深夜车水,万籁俱寂,虫鸣蛙咕,一派山野趣味。

民国时,我们村子里出了个人物,姓王名志华,他是吃不住车水的苦才跑出去闯荡的。

头天夜里,王志华的父亲吩咐他第二日起早去一丘稻田车水,田有一亩多,车满水要晒脱一层皮。天没亮,王志华拿了家里几块铜板,乘船赶车到杭城,开始人生打拼。

他先就读于浙江省立第九师范学校讲习班,毕业后,不愿从教,投笔从戎。随即在浙江省保安司令部保安处任特务长、少尉排长。因其文化程度高，文笔流畅，于1929年秋被选送至南京军官学校深造，结业后仍回到浙江保安处。1937年7月，抗日战争爆发，担任"浙保"司令部第四大队大队长；1938年2月，浙江省抗敌自卫团总司令部，任命王志华担任浙江省第五区抗敌自卫团总队部总队长。1940年2月14日下午，日军以优势兵力强行在萧山县沿江下游登陆；15日，萧绍接壤处的瓜沥、安昌、华舍诸地先后失守；16日晚8时许，王志华率抗敌自卫团向驻守在一家酱园内的日军发起进攻，击毙鬼子40余人。

抗日战争胜利后，其任浙江省接收站站长，贪污了大量物资。

后来受到处置，命，止于四十多一点上。

当初，他能忍受住车水之苦，做一个地道的农民，或可儿孙满堂，寿可达米。

福兮？祸兮？

# 柏子刀

"日暮伯劳飞,风吹乌桕树。"这是南朝乐府民歌《西洲曲》里写乌桕树的句子。

乌桕树,是昔日淳安农村生产队里一种经济树种。田头地脚,荒山野岭都有它的身影。好像也没有见人们刻意去种植这种树,只见过人们把长在庄稼地里的乌桕树苗,用锄头给锄掉,只允许那些长在石头塝上的乌桕树苗,慢慢长大,慢慢粗壮起来,任它们开花结籽,生儿育女。

夏天,乌桕树枝长叶茂,正好遮出一大片阴凉,在田地里劳动的农民,酷热之下有一处乘凉歇息之地,"嘘——嘘——嘘——",口哨声声,呼来徐徐凉风,吹去身上汗水,吹去心里燠热,有一阵凉快。

乌桕树用处多多,还给人们带来经济价值。

桕子可以入药,可以榨油。桕子外层包着的一层白色蜡,是制造肥皂、油漆、油墨和蜡烛的好材料。过去农村灯盏里点的油是用乌桕树籽榨出来的,这种油叫清油。用清油点灯,烟少,明亮,一般人家是用不起的。桕子是码蜡烛的原材料,蜡烛燃烧发出光亮。蜡烛的用途也十分广泛:在生日宴会、宗教节日、集体哀悼、红白喜事等活动中也用得上。在文学艺术作品中,蜡烛有牺牲、奉献的象征意义。

当年,每个生产队都有十好几棵乌桕树,近的就在后山,远的却在二三十里的山坞里杵着。我所在的生产队有两棵乌桕树,长在三十多里外的一个叫刘古坞的山上。

秋风萧瑟,乌桕树叶渐渐变黄;随着冬天的到来,乌桕树叶飘零归地,落光叶后的乌桕树,满树桕子在寒风中摇曳,银光闪烁。到这个时候,农人就带上一种刀,背上柴冲去"叉"(采)桕子了。

乌桕树,淳安有些地方叫"陈(读chén)子树"。"叉"桕子用的桕子刀,就叫"陈子刀"。

桕子刀,月牙刀,刀口朝上,整把刀呈"7"字形,像沙和尚手拿的武器月牙铲。横短竖长,一根刀柄很长,三米左右,用竹竿或木棍,刨光滑装上。

叉柏子,是一种用力气又加技术的活儿。

爬到粗而高的乌柏树上,双脚踏牢树枝,身体紧靠树杈,稳定后,再用磨得锋利的"柏子刀",看准长满乌柏的树条,"嚓——嚓——嚓——",一根根叉下来,乌柏树下有妇女和年纪大些的劳动力,把叉下来的柏子一根根捡起来。

熟透了的柏子,叉动中散成粒掉到地上,舍不得丢掉,一粒一粒捡到麦子篓里。

白天叉来的柏子,当夜把籽从枝条上一粒粒捋下来,第二天挑到供销社卖掉,生产队有了一笔经济收入。

叉柏子亦是一件很危险的劳动。一年里头,总在这个季节里传来一二件有关叉柏子摔伤、摔死人的坏消息。乌柏树材质松脆,吃不住重,稍有不慎,就会断裂。

有一年,天已入冬,雪花早已飘起在淳安大地。生产队远在刘古坞的那两棵乌柏树,轮在最后才叉。我领着两位女青年,背上柴冲,带上柏子刀,顶风冒雪走在弯弯曲曲的山路上。

那天,我是两只赤脚穿草鞋,一条薄裤套两腿,朔风吹,寒气侵,人站在乌柏树上,冻得手麻脚僵,两棵乌柏树叉好,远山近山已青丝变白头了。

远远近近的柏子叉完,隆冬到了。

乌柏树上还留有东东西西几粒柏子,柏子白得馋人,白得耀眼,这些柏子是鸟的向往,也是小孩子的向往,鸟把柏子当粮食,我们把柏子当钱看。

放学后,背上麦子篓,前山后山地去拾大人们没有捡干净的柏子,拾来了卖到供销社,买来自己急需的铅笔、削笔刀、橡皮、蓝墨水。

后来经济好了,淳安田野上的乌柏树陆陆续续倒在锋利的斧头之下。过年回老家,后山上有一棵孤零零的乌柏树,挂满雪白的柏子,立在寒风中,孤独而寂寞。只有叽叽喳喳的鸟儿,偶尔光顾一下它们,啄几粒,"扑"一声又展翅飞走了。

"乌臼赤于枫,园林九月中。天寒山惨淡,云薄日曈昽。旋摘分猿果,宽编养鹤笼。身闲足幽事,归卧莫从容。"

这首词出自宋朝陆游的《明日又来天微阴再赋·乌臼赤于枫》,早在宋代,乌柏树亦为园林一员。

如今,乌柏树在城镇的大小公园里,供人们遮阳、观赏、拍照,入冬,雪白的柏子挂在树上,直到老死沃土,化身春泥。

今天,在公园里看惯了乌柏树的孩子,肯定没有我们小时候背着麦子篓拾柏子的那份感受。

柏子刀呢?

已经看不到了。

# 大二指锄　月削

　　大二指锄、月削,淳安农民生产劳动工具中的组合配置。农民生产劳动工具是一个系列,一个系列的。刀有刀系,锄有锄系,篓有篓系。各系列农具用途殊异,各有功能。一个系列里若缺了某一样,犹如人的十指断了一指,做起农活,就相当别扭。比如,板子锄头是用来开荒、挖柴根、断树桩、挖田用的;三指锄、四指锄拿来筑田塍、挪烂泥。大二指锄用途可大啦:锄地,挖泥,打坎,除草,都用得上。月削,有些地方叫削齿、阔子锄,只能是用来削草。给农作物除草,月削为冠军。假如拿月削来挖地,那等于是,"写字不在行里——出了格"。如果用板子锄头打坎下种,那是"乌龟垫床脚——硬撑"。

孟春风和,百卉萌发,柔雨荷锄,播种撒籽。

淳安农村人背上大二指锄,背上月削,把去年留下来的北瓜籽,从团瓶里拿出来,装进麦子篓里,趁了雨,一路走去,先用月削削除杂草,再拿二指锄翻挖一通,把杂草抖落堆在一处,二指锄打坎点种,点种坎穴疏密适度,间距四五尺一穴。两粒一坎或三粒一坎,播到自家菜园地里。北瓜籽大都埋在地头、地塝边上,这样不占菜地。菜地里还要种辣子、扁节。

一些勤劳的村人,把菜园地里种剩下的北瓜籽,随手(有心)埋到道路旁、田沟边、荒草滩上,生来的北瓜就是他们家的了。

淳安的"北瓜"就是"南瓜"。

淳安对一些蔬果瓜菜的叫法,有些让人莫名其妙。把"茄子"叫成"陆薮"、"黄瓜"叫成"胡瓜"、"四季豆"叫"扁节"、"刀豆"叫"老虎扁节";把"枇杷"叫成"时麻",把"马玲薯"叫成"洋芋"。还把"南瓜"叫成"北瓜",要是有哪位村里人叫南瓜,那他肯定不是本村的人。

淳安的夏天要是没有北瓜,就不称其为夏天了。

北瓜极易种,处处可下种,根根能繁衍。你下了几粒籽,它就长出几根苗。省力又省肥,猪粪牛粪弄那么一垛,盖上些杂草,它疯狂地生长。靠了北瓜杈的，攀着北瓜杈一路长过去，一边开花一边长；匍匐在荒地上的，长过来又长过去，郁郁葱葱遮出三四个团箕那么一大块。北瓜花盛开，招来蜜蜂、黄蜂，还招来各色各样的虫豸，它们各忙各的，这朵花钻一下那朵花钻一下，不吵架也不打架。突然，有一朵北瓜花下面，长出来一颗小小的、圆嘟嘟的北瓜来，北瓜，一天一天膨胀着大起来，北瓜屁股上的花掉了，留下个疤，大到和吃饭碗差不多，就可以摘来炒了吃了。

青皮的北瓜叫嫩北瓜，可以炒了吃，可以包北瓜馃，煮北瓜粥。

留几个做种的北瓜，北瓜养到皮黄，皮上一层白，薄如霜。

北瓜粥最好拿嫩北瓜煮。

去菜园，拨开北瓜藤，双手捧了北瓜，"啪"一下，摘一个小客碗一般大的嫩北瓜，赶紧撕块北瓜叶贴到北瓜蒂上，北瓜蒂已经流出了黏胶一样的水了。

嫩北瓜放水里洗洗，切成丝放进早已煮着的白米粥里。煮一段时间，放点盐再煮，煮成不稠也不稀，冷一冷，盛一大碗，"呼噜呼噜"一口气喝下。不要油，不要菜，就那么吃，好吃。

老家隔壁有一位入赘的男子，北瓜粥煮得特别好吃，他是女人性格，他老婆是男人性格也有男人般的力气。夏天里劳动一回家，他就开始煮北瓜粥，老婆做杂事。北瓜粥熟了，他老婆拿起"碎肌碗"（烧有裂纹的粗大瓷碗）盛上，"呼噜呼噜"一口气喝三碗。剩下的是他和两孩子的。有一天，老婆斫柴回来，一气喝了四"碎肌碗"北瓜粥，丈夫说：儿子女儿还没有吃，粥又没有了。为此妻子同他吵了起来。男人使上了女人性子,躲到柴间房稻秆堆里,两天两夜不显身。一村人寻了两天两夜,从稻秆堆里把他拽出来,他身体晃荡,东倒西歪的,像一条醉汉。老婆见过,从菜橱里捧出一"碎肌碗"北瓜粥塞到男人手里:"以后,你吃'碎肌碗',我吃白碗,你吃四碗,我吃三碗。"

村子里没有哪一家不种北瓜。住在村里的"长年侬"也种北瓜。"长年侬"应该姓唐,真正的名字无人知道,他是七都唐村人,来六都我们村里一地主家做长工(旧社会叫"长年侬")。"长年侬"在地主家做了二十多年长工,地主给他起了个名叫"元宝"。主要是地主图吉利,图进财。有人养狗,给狗取名"来福""旺财"。

"长年侬"双亲早死,无妻无子无女,新中国成立时,他就成了我们村的"五保户"。

村里让"长年侬"住在后山脚下的那个菩萨庙里。

乡间菩萨庙,简陋且小,有佛祖、观音、罗汉等画在三面墙壁上。画亦是出自乡野油漆匠之手,粗糙,色次,但也不失乡土气,佛是会入乡随俗的。

春天里,"长年侬"把北瓜种在小庙两边的排水沟里,小庙后边的排水沟里也种。靠着庙墙,斜着搭上几根木棍。

北瓜籽吃上几场春雨,北瓜秧就挣扎着钻出了泥土,过几天,北瓜藤窜出来,藤分杈的位置,会伸出棉线一样粗细的须,须一沾着木棍就迅速绕几圈,缠住,催北瓜藤顺着木棍往上爬。爬呀爬的,爬到小庙顶,到了小庙顶,又蛮不讲理地,爬满了整个庙顶,密密匝匝地盖住鱼鳞黑瓦。

"长年侬"种北瓜种得好,嫩北瓜绿油油,摘一个来切丝切片,放锅里煸、炒,味道滑、酥;老北瓜皮黄肉红,剁块焖,味道甜、糯。

　　一个夏天里,"长年侬"三天两头煮嫩北瓜粥喝;一个秋天里,"长年侬"也是三天两头煮北瓜粥喝,煮的是老北瓜粥。

　　小庙坍塌已久。每年,总有那几颗躲在瓦砾堆里不死心的北瓜籽,经春风春雨,长秧、开花又结果。嫩的、老的北瓜,一只一只很委屈地卧在杂草丛里,自生又自灭。

　　"长年侬"种北瓜,只用一把二指锄,月削从来没用过。他给北瓜藤除草,用手抓,东一抓,西一抓,一大捧草压到北瓜藤根头。死了杂草,肥了北瓜藤。"长年侬"有一把月削,常年靠在佛祖像边,是佛祖的一柱锡杖。

　　"长年侬"种北瓜用过的二指锄,和常年靠在佛祖像边的那把月削,今何在?

　　"长年侬"都早已不在,休提它们。

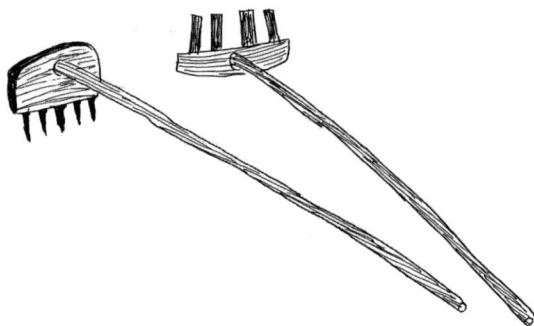

# 耘田耙

耘田耙,亦叫耘田耙钩、田圈。生产队那个时候,社员出工统一由生产队长安排。生产队长心里有一本劳动力的账,哪个能犁田,哪个会耙地,谁能割稻子,谁可插稻秧,第二天的派工,当夜里早在腹内打了稿。第二天天一亮(大都还是朦朦胧胧的亮),队长拿起铁皮喇叭,在村里那一条大路上，朝东朝西复朝南朝北，然后走到每条弄堂口大声地喊："喂，喂，社员同志们听着，今天午前(上午)出工这么安排：赤牛，到新城畈耕田；吾侬，陪赤牛筑田塍；麻子，领男劳力挑猪粪；妇女由凤梅带着到大皮降翻番薯藤；的的脚(小脚)妇女全部到桑叶后刮苞芦草。传塘坞早种下去那两丘田好耘田啦，志秋，一个侬去耘一下。"志秋是男后生，可脚有点拐，是三岁时跌了没及时医治骨头坏了。生产队长把一些轻工派给他，耘田属于轻工，不挑不背，只拿一把耘田耙，往稻田里一站，落耙入水，一排排耘过去。

耘田耙，是一种古老的农业生产工具，连《辞源》《辞海》都找不出它的词条，但在我国元代农学家王祯《王祯农书·钱镈门》一书中这样写道："耘耥，江浙之间新制也。形如木屐，而实长尺余，阔约三寸，底列短钉二十余枚，篾其上，以贯竹柄。柄长五尺余。耘田之际，农人执之，推荡禾垄间草泥，使之涵溺，则田可精熟……"就是说，这种耘耥形似木屐，木框上有耙齿，木框连着竹柄。农人手拿竹柄，让耘耥在禾垄间来回移动，就可达到给稻禾除草松土的目的。

明代徐光启的《农政全书》里亦有记载"耘耥"的，文如下："形如木屐而实，长尺余，阔三寸，底列短钉二十余枚，其上安竹柄，柄长五尺余，此种农具用于江浙一带水田的中耕除草。"可以肯定，这就是淳安农村所用稻田除草松土农具"耘田耙"。

"伏天不耘田，秋后要懊恼。"初夏，刚插下的秧苗在水肥的作用下由黄转绿，青绿一片，显得生机盎然。杂草也偷吸水、肥，潜滋暗长。有一种叫"稗"的杂草，形状和颜色跟稻禾极像，夹在秧苗里，贪婪地吸收着土壤中的营养。还有一种潜伏在水底，匍匐在泥土上的"针尖草"，叶如针，根发达，疯狂地和稻禾争肥，争水，争地盘。

为了使禾苗茁壮成长，要给禾苗除草和松土——耘田。

早晨，晨光初现，农人就到了田里。田野像一片绿色的海洋，晨风吹来，绿浪翻滚。一行行禾苗整整齐齐，就像绿色的诗行。青绿的叶子上，还带着晶莹的露珠。稍一触及禾苗，露珠便顺着叶子滚落田里。美丽的景色让人神清气爽。

耘田，用耘田耙钩在稻行间来回拉动，耘过一行，换一行，四五行一排耘过，往前挪动脚，继续耘。

耘田要技术：一是耘田耙钩要入土；二是用暗力把杂草连根拔起；三是不伤稻根。

一丘稻田，最少要耘田两遍，多的可耘三遍。耘过田的稻禾，枝叶发达，稻禾分蘖壮实。

我耘了好几年田，祖父专门叫人给我做了把"耘田耙钩"，耙头耙杆全是杉木，耙钉是铁钉去掉屁股，钉成一排齿牙，整齐划一。

每次耘田，时近中午，太阳越来越猛烈，弓腰耘作，汗水顺着头发、额角、眉毛、鼻子、腮帮、颈项往下流，模糊了双眼，湿透了衣衫；当汗水流至被禾叶划破之处，一阵焦辣辣的痛，是十分难受的。想停下来休息，但生产队长分配的任务是一人耘一丘田。只好咬咬牙，继续耘下去……

# 摊耙

写这件老物件时，绞尽脑汁亦回忆不起它叫什么名，无奈，只得打电话给老家住着的母亲大人。母亲大人已九十多岁，一生的岁月都在田地里度过，对各种生活、生产、劳动用具都熟悉，也基本上使用过，除了犁耙耖。电话里我形容说："木棍做的，一根短木棍上上着一根长木棍,做秧田的时候拿出来用的。"

母亲一点就明:"哦,那个东西叫摊耙。"

做秧田,四指锄开沟、撩泥,摊耙把稀泥摊平,把秧沟里的稀泥往秧田板上撩。

摊耙,我们家里还有,吊在柴间屋里。

我说:"那个东西现在没有用了,现在又不做秧田。"

"我是不舍得扔掉,有人专门来收老物件,出价60块要收那根摊耙,我不同意卖。家里的老物件,我手上一件也不卖,我死了,你们要卖就卖掉吧。"

乡下人重情感,母亲一年养那么一头猪,过年杀了,杀猪那天都要抹眼泪,偷偷地抹。

摊耙是件十分简易的农具,两根手刚能握住的木棍,杉树木棍,长的一根2米左右,短的那根1米不到。两根木棍刨光滑,短的木棍正中凿卯,长木棍一头做榫,两木棍一结合,就是一个大大的"T"字母。

摊耙,淳安有些地方也叫秧筒、秧夹、板耙。

淳安山区水田少旱地多,每年的粮食收入,苞芦、番薯、小麦占着大头,稻谷收入只占少许,所以米在农人心里是金贵金贵的。几乎是,一年里只在过年的正月初一到初五,才真正煮上一饭甑白米饭,一家人才放开肚皮吃上白米饭。

水田少,更加努力地耕作,努力地培育那水稻。每年的清明节前后,春雨绵绵,水雾蒙蒙,稻种浸泡在生产队那两只大木桶里,生产队长亲自管理。换水,测温,测温,换水,稻种暴出黄色的嫩芽,再培育几天,捞出来撒到秧田里,开始野外培育秧苗。

秧田提前几天做好,一丘水田,起三四个垄,一个垄两边开沟,垄做成一米五宽,垄面上淤泥摊平整。摊平垄面靠的是摊耙,男人握住耙柄,斜着,从一头开始,捣鼓一下淤泥,弯腰放低摊耙,推平淤泥。活儿做得好的,垄面平滑如镜,光可照人。

淳安人做秧田,每块秧田淤泥里要埋上"布谷柴",布谷柴的学名叫什么亦不得而知,从前辈们那儿传下来,布谷柴很肥,那一层柴皮烂了,比人粪还肥,特别肥稻秧。

"布谷柴",深山里才有,男人去斫布谷柴,一斫斫到了安徽歙县的高山上,一天一担,带着几个苞芦馃当午饭。邻居长善,斫的布谷柴又粗又长,根根出彩,每一担重在150斤以上。

谷芽撒下田,用摊耙拖一遍,把谷芽埋进垄面的淤泥里。还有道工序,挑来焦木灰,一添箕(竹编用具)一添箕撒向秧田垄。焦木灰亦是育稻秧的好肥。

焦木灰要烧。上山割来"杨柳丝"(此杨柳丝不是彼杨柳树上的枝),"杨柳丝"是一种蕨类植物,易燃但不经烧。

在闲田里或晒坦里,码一层"杨柳丝",压一层泥土,一层一层码成碉堡一样,中间空心,点燃明火往里一抛,"杨柳丝"燃起来,慢慢地燃着。

村里有一位朋友叫王玉明,块头大,力气足,田地里的农活儿做得有声有色。那年,过了清明的第二天,雨哗啦啦地落,我俩一人背了根摊耙,去做秧田,秧田快做好时,玉明告诉我,那天是他娘舅讨舅妈,晚饭要摆几桌席,他早一点收工去娘舅家。

玉明把摊耙交给我,帮他带回家。他汰一下一双泥脚,起身走了。

玉明娘舅村和我们村隔一条溪滩,很近。

那夜八点多钟,玉明弟弟哭着跑来叫我,说他哥哥上吊死了。

玉明上吊的原因是,他到娘舅家迟了点,酒桌上包子、米粿都吃光了,他只好到灶间向外婆要了几个米粉粿,偷着吃。玉明的父亲看到玉明一个人躲在灶间吃米粿,不分青红皂白,给儿子一顿骂。骂玉明是"饿煞鬼投胎"。

我心里难过,把玉明的那根摊耙砍成五段,塞进灶堂烧啦。

# 连枷

淳安把连枷叫跳栅、跳铲。

连枷是从原始农业中使用的敲打谷穗使之脱粒发展而来的。连枷又称"枷",《说文解字》:"枷,击禾连枷也。"可见连枷还有打击禾苗的用途。

汉代刘熙在《释名·释器用》中指出："枷,加也。加杖于柄头,以挝(zhuà,敲打)穗,而出谷也。或曰鹿罗枷三杖而用之也。"

连枷,各地的做法不尽相同,有用植物藤条做的,有用小竹子做的。淳安的"跳栅",是将硬木(槠木)锯刨成长约二尺,厚与宽为三四寸的扁木条,五根或六根扁木条平排拢到一起,一头打孔穿一铁条固定着,另一头插在定了型的铁套子里,铁套有一短柄,短柄有孔,孔里装一根一米六七的木棍,整个"跳栅"可以实现三百六十度纵向旋转,人双手一前一后握据木棍,微弓步,上身前倾,举起"跳栅"一扬一落,一板扁木条随之甩落拍打在收获的庄稼上,使籽粒脱落。

淳安农村,拿"跳栅"来打稻谷倒是不多见的,稻谷脱粒有稻桶,后来还有打稻机,无须"跳栅"。"跳栅"用得最多的是打豆籽,这与明代宋应星《天工开物》里面的记录相符:"凡豆菽刈获,少者用枷,多而省力者仍铺场,烈日晒干,牛曳石赶而压落之。凡打豆枷,竹木杆为柄,其端锥圆眼,拴木一条长三尺许,铺豆于场,执柄而击之。"

酷热的夏天,东边群山一脉,刚露一点鱼肚白,野地上的杂草含着露珠,农人趁着凉爽去山地里拔六月豆。六月豆一担一担拔回来,摊开晒到水泥坦里,烈日暴晒半天,晒到正午时光,背了"跳栅"去坦里打豆籽。六七个人一字横排,举起"跳栅"噼啪噼啪敲打起来,声震烈日。

打"跳栅"各人有各样,有人举得老高,有人按得矮低,有人速度快有激情,有人频率低显含蓄,犹如一出演着的戏,角色有异。

打"跳栅",不仅仅是一项力气活儿,还需要人与栅彼此之间的默契,做到心神合一,才能运用自如,最好是视其为自己生命的一部分。

反之,"跳栅"根本就不听使唤,栅柄与栅板会闹别扭"打架",甚至还会往后打到自己头上,我是吃过这个亏的。

"跳栅"的使用总是跟粮食的收获连在一起,使用中常伴随着欢乐和喜悦。宋代范成大《秋日田园杂兴》说出了这份心情:"笑歌声里轻雷动,一夜连枷响到明。"

记得淳安还用跳栅打击田里的麦苗,麦苗经"跳栅"打击后,倒伏、分蘖、粗壮,放眼田野一派绿色,来年金黄色的麦浪,一浪高过一浪。

洒满阳光的晒坦上,豆箕上的豆荚裂开着,豆荚里豆籽探头探脑不肯离开,农人娴熟地挥动着"跳栅",噼啪噼啪,声声是沧桑,是古歌谣。

"跳栅"为木竹制工具,易虫蛀腐烂难保存。现在农村里也很少用到它,再过些年头亦会遁迹消失了,到那时只能去敦煌莫高窟看那幅打连枷的壁画过过瘾。

# 牛筜　牛鼻串　牛绳

　　牛筜、牛鼻串、牛绳这三样物件，是淳安乡村耕牛头部的用物。牛仔成年，母牛扎掉输卵管，公牛割掉或敲掉睾丸，不让其生儿育女，只准它耕田耙地。怎样才能驾驭它们呢？人是聪明的，想出一样一样的办法，做出一种一种的工具套牢其身，使唤它们给人类服务。

牛笼，有点像现在建筑工地上人戴的安全帽，用竹篾或者是粗紫藤编织，留出半寸左右的许多孔洞，两边各穿一根绳子。牵牛出栏耕田，先拿只牛笼，套住牛嘴巴，两根绳朝牛头上一系，牛笼紧紧罩住整个牛嘴巴，能呼吸，能吸水，但吃不了山上的草和田地的苗。犁田耕田，牛从绿油油的庄稼边走过，伸头吐舌想吃一口，是根本吃不到的，对着心仪的食料，牛们只能空流出一串串黏稠的涎水。

当年，一放暑假，生产队就安排我们小孩子牧牛。生产队里有四头牛，三公一母。一头叫"黄牛"，毛色纯黄，一头叫"八角头"，亦毛色纯黄，一头叫嫩牛，母牛叫"母牛壳"。我最喜欢牧"八角头"，此牛双角笔直老长粗壮，性好斗，走路慢，亦好偷吃庄稼。它的优点亦突出，耕田不偷懒，放牧吃草不乱窜，有定力。每天早上牵"八角头"出栏放牧，先给它戴上牛笼，然后扬起巴掌朝它屁股上拍，手里捏着牛绳，赶它到后山上去吃草。村子到后山有二三里路，山路两边都是苞芦地，苞芦枝长叶肥，迎风招展，"八角头"走一段路，停下来，用戴着牛笼的嘴巴触摸触摸伸到路边的苞芦叶，过过瘾。赶到山，解下牛笼，"八角头"就低头吃起草来，专心致志，心无旁骛，它嘴巴到处，草如刀剪。

牛成年了要穿牛鼻串，牛鼻串有竹削的、有铁打的。竹削牛鼻串两头有铁丝圈，铁牛鼻串两头锉出孔。

穿牛鼻串是，拿牛鼻串硬生生把牛鼻孔内的那一层隔肉捅破，然后两头穿进绳子，系上牛头角。牛穿了牛鼻串，一生的命运就捏在了人的手中啦。《西游记》里齐天大圣孙悟空降服了牛魔王，拿牛鼻串往牛魔王鼻孔一穿，牛魔王就服服帖帖了。

牛绳就系在牛头左边那根牛鼻串绳上,牛绳有棕绳、有麻绳,后来还有了尼龙绳。牛绳从牛头算起,一直到牛屁股后,长出牛身一米半左右。牵牛、赶牛、牧牛、耕田、耙地,牛绳的作用是掌握牛的行动方向,人的思想通过牛绳传给牛。

牧牛到山时,我把牛绳往"八角头"一对长角上一圈一圈盘好,装饰了一种美,装饰了"八角头"。

"若知牛乎? 牛之为物,魁形巨首。垂耳抱角,毛革疏厚。牟然而鸣,黄钟满腔。抵触隆曦,日耕百亩……"唐柳宗元曾写《牛赋》赞美牛。

"八角头"耕田耙地,一板一眼从不偷懒,双抢(夏季抢收抢种)季节,生产队里三四十亩水田,它要犁一大半。双抢完了,牵"八角头"上山去放牧,它只吃几口草,马上四腿一缩躺在那里了,我亦不去赶它,让它睡,它想睡多久就睡多久,它累了。

又过了五六年,"八角头"老了,拉不动犁了,连上山吃草都爬不起来,生产队里决定杀了它。

杀"八角头"是在社屋门口晒坦里,人们杀它已经不需要多少气力,它真的老了。

尖刀捅进它的脖子,鲜血染红了一大片晒坦。

残阳夕照,夕照残阳。

那一夜,我是无眠。

# 竹筢

寒风吹来,万物萧条,那常年翠绿的松树也在这个季节里将头顶上的毛发慢慢地更新着,在更新的过程中,原来绿的松针(松树叶)渐渐变黄,最后变成金黄,悄然地飘落到大地上。这个季节是我们乡下孩子的喜悦季节,也是淳安乡下妇女的喜悦季节,为什么呢?因为,松针落到地上后,可以收集来当柴火烧,添补家里柴火的不足。

　　落在地上的松针,我们叫"松毛线",上山去捡集松毛线,我们叫"筢松毛线"。筢松毛线是星期天农村孩子的劳动课程,这课程是自觉的,不需要大人催促逼迫去上的,《红灯记》里有句台词叫"穷人的孩子早当家"就是这个道理。那时候,虽说没有穷人啦,但生活并不是很富裕。特别是在燃料这方面,没有充足的电源可用,更没见过有煤气烧饭做菜的,所以山上的野柴火是唯一的家庭燃料。男性大人们都上山砍粗一些的柴火,而儿童则在近的山上捡集一些枯树叶、死树根来充实家里的燃料,松毛线是这类燃料的首选。生活的艰苦会锻炼人,会让人从小就懂得顾家。

　　上山筢松毛线,要背上竹箩,这种竹箩是椭圆形的,靠背部的地方有两种绳索,一左一右,刚好是孩子们双肩可套的。筢松毛线用到一种工具,在淳安的方言里,叫筢钩、钉筢。

　　筢钩其大头一端像一只手指弯曲的人手,一尺来长。筢钩弯曲的筢指爪,八九根、十来根不等,全部用竹篾拧弯而成。用篾刀把竹片剖削成半寸左右宽的篾条,筢钩指爪弯曲的部分的顶端,一律留下竹节,竹节厚实耐用。拧扭筢钩指爪,把削好的篾条头端,用凿子挖薄,放明火上熏烤,篾条烤软,双手把它扭曲,扭曲到一根根都像弯曲的手指头。再用细篾丝,把削好、弯曲好的篾条编连成一片,编得如一只手掌,前端篾条张开,后尾收拢用绳子固定到"筢钩"柄上。"筢钩"柄有竹柄,亦有木柄,竹柄轻巧滑溜,夏天用最舒服。

　　筢钩,既是筢柴、搂叶的工具,也有扁担的功能。上山筢柴,一头一竹箩,另一头一捆柴草,箃钩穿越过去,蹲下来往肩上一挑,省去了拿一条扁担。我们上山用"箃钩"往地上一箃,松毛线便集拢到"箃钩"底下,有些箃松毛线的老手,专门选择那些山石缝边、矮柴丛里,这些地方松毛线躲藏较多,不多会儿工夫就能箃上一大箩筐。

每当我们大家都有一箩筐松毛线时,就把它倒在背风的地方,再去箃,这样箃上一个上午或一个下午,松毛线成堆了,用"箃钩"一下一下把松毛线卷起来,压到竹箩上打陀。陀,是用绳子捆成大枕头一样,压竹箩上,一大垛金黄的松毛,在我们的背上徐徐移动,到村头,队伍分散各自回家。

在箃松毛线的劳动中,我们获得了快乐,懂得了艰辛,练就了一种同情和善良,懂得了一种感恩和付出,这几笔财富也许是一辈子也享用不尽的。

怀念箃松毛线,更怀念一位终身箃松毛线的女人。这女人有些弱智,被父母遗弃后,我们村里一对老夫妇收养了她。因弱智,她只知道做两件事,一件事是烧开水,另一件事是箃松毛线。其他什么事也做不来。

她箃松毛线,专注去村后一座叫桑叶后的山上。每天吃了早饭,她便背上箩筐、"箃钩"上山,也不见她吃中饭,到傍晚才背回来一箩筐松毛线。她的形像也不雅,黑乎乎的脸,乱糟糟的头发,破烂的衣裤,走路慢慢腾腾,她叫"梅兰",因为是这副样子,所以我们附近几村的人都把做事不利索的人骂成"你是梅兰"。在她五十岁左右的时候,不知生了场什么病,就死了。她死了,收养她的父母还在,时不时望着"箃钩",怀念起她来："没有梅兰了,松毛线也没得烧了。"如今,收养她的父母也已作古,村里人也换了好几茬,人家也不会记起她来,只有我,想起儿时"箍松毛线"的事来,还会想起有过"梅兰"这个人。

# 铡刀

京剧《铡美案》中，包拯有一段唱词是这样的：

驸马爷近前看端详，

上写着秦香莲她三十二岁，

状告当朝驸马郎，

欺君王，藐皇上，

悔婚男儿招东床，

杀妻灭子良心丧，

逼死韩琪在庙堂。

将状纸押至在了爷的大堂上，

咬定了牙关你为哪桩？

陈世美进京赶考得中状元，殿试时隐瞒自己已经有妻室、儿女的真相，被皇上招为驸马。

结发妻子秦香莲家中遭饥荒，便携一双儿女进京寻夫。丧尽天良的陈世美拒不相认，秦香莲含悲携儿女回转老家。陈世美暗中指派亲信韩琪去杀秦香莲和孩子灭口，韩琪追母子三人到一庙后，听了秦香莲的哭诉，不忍杀害他们娘仨，但又怕自己无法跟陈世美交差，就放走了秦香莲母子，自己拔剑自刎。

秦香莲到开封府包拯处状告陈世美，包拯审案后，抬出铡刀将陈世美处以极刑，为秦香莲申了冤，为韩琪报了仇。

包公处决犯人用三种铡刀：狗头铡、虎头铡、龙头铡。

龙头铡是对付权贵最高等级的铡刀，是专门用来对付皇亲国戚的，铡陈世美的铡刀是龙头铡。

三口铡刀中的第二把是虎头铡，虎头铡是用来对付高官的，用来斩杀犯了死罪的权臣。

狗头铡——斩流氓恶霸。如果说龙头铡和虎头铡的警醒作用大于实际的效用,那狗头铡就恰恰相反,狗头铡的存在就是为了让那些地痞恶霸受到应有的惩罚。

淳安农村的铡刀,没有包拯的三种铡刀那么有法律意识的装饰,但同包拯用的三种铡刀主体构造是一样的。

淳安铡刀,木马式的架构,顶端由两部分组成,横木中间装一片铁刀,铁刀大约一米长,铁刀头端开一孔洞,用一条铁轴和上片铁刀固定住,上片铁刀可以上下运动。上片铁刀装一木短柄,切割草料时握住木柄往上拉,把草料平铺到下边的铁刀上后,用力一按,草料就齐刷刷被切断了。

在淳安的农具中,铡刀不像锄头、柴刀、镰刀等使用那么频繁,但每户农家,每个农人对铡刀却心怀敬意,顶礼膜拜。这是为什么呢? 这是因为铡刀在农事、畜事当中有多种用途,比如,铡稻草打蚕簇,铡番薯藤喂养猪,铡苞芦秆给牛当食料。

淳安农人背了铡刀,走向五月的田野,把收割后留下来的油菜籽秆,一段一段铡成寸把长,均匀撒到田间,通过黄牛的翻耕把它们压到泥土里,让它们发酵、腐烂,给下一季的庄稼增添肥力。

村里办过业余剧团,唱越剧,排过《秦香莲》,我扮演负心汉陈世美,剧终,我被包公的龙头铡铡了。

那是一把纸糊的铡刀,照着我们家里的铡刀模样糊的。

老家的那把铡刀还在,但已骨架歪塌,刀片铁锈斑驳,就像一位苍老的农夫,寂寞地守望着日渐空寞的故乡。

# 麦子篓

有许多许多农村劳动用的工具已经消失了。

许多制造劳动用具的师傅、工匠,伴随着城镇化的大潮,亦渐渐湮没于历史的河流中。

麦子篓,淳安有些地方又叫笕篓、扁篓,是农村每家每户都拥有、都用得着的一种小型农用工具。

在淳安,一户农家里有几个劳动力,就会有几只麦子篓。家道殷实一点的,连家里的小孩儿都给他打一只麦子篓。和大人用的麦子篓相比,小孩用的麦子篓秀气、轻巧、玲珑。谁叫他们还没有生力气呢,谁叫他们腰还那么窄窄细细呢。没力气就背不动豆呀、麦呀;腰窄窄细细就系不住大的麦子篓。什么时候才有力气? 又什么时候腰才结实粗壮? 大人们会对他们揶揄着说:"再吃几茅司(茅厕)饭,腰就粗啦,腰粗了就有力气啦。"

大人用的麦子篓粗粗壮壮,麦子篓上那两股绳子亦粗粗壮壮的。一定要粗粗壮壮,一家人的生活全靠他们支撑,粗壮才承受得住农村生活的重量和压力。

麦子篓曾伴随着我度过了童年、少年和青年。篓系在腰,却铭在心,这份亲近绝不会随着它们的老去而湮灭。

在这繁华而忙乱的世界里,在这熙熙攘攘的人世间,有多少物件,多少人情都会是过眼云烟,而我心里的麦子篓不会。

诗人艾青在《我爱这土地》里写道:

假如我是一只鸟,

我也应该用嘶哑的喉咙歌唱:

这被暴风雨所打击着的土地,

这永远汹涌着我们的悲愤的河流,

这无止息地吹刮着的激怒的风,

和那来自林间的无比温柔的黎明……

——然后我死了，

连羽毛也腐烂在土地里面。

为什么我的眼里常含泪水？

因为我对这土地爱得深沉。


大人物和小人物那颗爱土地和淳安，爱淳安的泥土沙石，爱淳安草木虫鱼的那份心是差不多的。

淳安的麦子篓，尺把长，半尺来高，长方体，中间空，像现在寄快递用的纸盒。

打（编）麦子篓是竹匠手艺里必学的技艺，淳安农村家家都要打麦子篓的，竹匠不学这门技艺，是吃不了手艺这碗饭的。

打麦子篓的材料是毛竹。

淳安雨量充足，空气湿润，适合竹子生长。竹子是除木材之外另一种重要的农具加工材料，能打各种各样的劳动用工具和生活用具。如畚箕、竹篓、簸箕、柴夹、团笆、筛子、饭筅、菜筅、粿托、竹篮、竹箩等。

村里有好几个竹师傅，大家请得最勤的是王金树。王金树是外村入赘来到我们村子的。金树手艺不是很出色，可他为人善良诚实，给人做工，肯吃苦不偷懒。

我小时候最喜欢看狗打架、鸡搏斗、蚂蚁搬苍蝇；高层次的，看木匠做桌椅、针匠踏缝纫机、竹匠破篾打麦子篓。

王金树拿一根毛竹平躺在堂前天井里，拿篾刀削平竹节处的节疤，然后扶起毛竹,斜插在地面上,左手握住毛竹,右手握着篾刀压在毛竹尖端,握毛竹的左手迅速离开,伸到篾刀背上狠劲一敲,篾刀"咔嚓"一声劈进毛竹。双手再离开篾刀,分左右掰住已裂开的毛竹,咬紧牙关,两手向相背方向一扯,"咯咯咯"一阵竹子断裂的脆响,如一阵炮仗爆炸,一根毛竹转眼就一分为二了,是"势如破竹"这成语最权威的注释。

接着用同样的工艺,把竹子再一次次劈开细分,最后加工成篾片。根据竹器用料的需要,还要劈出宽一些、厚一些的竹篾,用来做麦子篓上下左右固定用的竹框。

破篾片是竹匠手艺的精华。

拿篾刀削去竹片上的黄竹肉,留下贴近竹皮薄薄的那一层,这就是编竹器的篾片。打麦子篓的篾片大约半厘米宽,用一字刨刮一刮篾片上的毛刺,使之光滑不扎手,留下竹青——这种竹篾叫青竹篾。破篾片时,左手拇指和食指夹住竹片,右手握篾刀往下削,削一下,用嘴咬住破开的黄篾往左拉扯一下,一削一扯,两根篾片柔软地分开,并柔软扭动到地上。

破开的篾片再加工削边。

一条木长凳面上,一端钉着一个呈"八"字形的两边有刀刃的小铁刀,两片锋利的刀是八字的"尖",将篾片嵌入稍宽的八字那"尾"里,左手压制住,右手用力一拉,篾片两边的毛刺一下子削得无影无踪,滑溜滑溜。按竹器用篾片的宽与窄,调整"八"字刀片,削出宽窄合适的篾片。

打麦子篓的篾片已经破好,王金树把十几根细长柔软的篾片挽成圆圈,拿到村口水塘里浸入水中。浸冷水是为了增加篾片的韧劲,防止在编麦子篓的时候篾片断裂。

材料全部准备齐全,王金树动手编麦子篓。

先打麦子篓底。将浸过冷水的篾片整支放在身旁,蹲下身来,用脚踩住使之不移动散开。抽出几片篾,交叉、穿插、扭扎、套合……其间还要添加插入篾片,补短缺。篾片,在竹匠金树手上扭曲、摇摆,犹如蛇行。

麦子篓的底打好,师傅手里的篾片有意识地弯曲,起角,往上编织篓身。

金树师傅将已经初具规模的篓子用双膝夹住,继续编,编一阵换个方向,编成两边长、两头短的长方形篓坯。

整只麦子篓形状已成,再开始装底框、边框、口框。

框子用一寸左右宽、一厘米左右厚的青竹篾。竹框子拐弯处,拿一铁凿子,把篾片肉挖薄,放火上烧一下,烤一下,用力给它拧弯曲,弯曲处正好包了篓底四只角。

麦子篓收口,锁边。

锁边的活,比较细腻:篾刀把冒着的篾片割掉,口子上的长方形竹框套好后,拿细小、滚圆如头发丝般粗的篾丝,沿框穿插、捆绑、拉扯、勒紧,最后打结。

再拿一种淳安叫"骆驼皮"的植物皮,在麦子篓口子两长边上,各匀称结上半月形的绳框,绳框用来拎麦子篓、挑麦子篓用。还在麦子篓一内侧竹框上结上两股绳子,用来系腰。

青篾麦子篓光滑牢固,经久耐用,用得时间久了,吸吮了人的汗水、天的雨水,慢慢就变得油光发亮,呈现出古铜色来。

在淳安，麦子篓用处很多：盛苞芦籽、黄豆、麦子、谷子；择稗、摘桃、摘苦梨、摘枇杷，钳泥鳅、撩虾公公、翻螃蟹、摸螺蛳等。

还有，我们年幼时上山挖半夏、拾柏子、摘金樱子亦用到麦子篓。

淳安农村，播豆点种，种子都用麦子篓装。麦子篓装种子，安全、不丢失。

在淳安，农民出门做活儿，腰里都要系上麦子篓。劳动收工还要顺手抓几把猪草、拔几丛羊草兔草，放到麦子篓里，带回家。麦收稻收季节，田间地头路上，有丢失的麦穗、豆秆、稻穗，弯腰捡起来，剥了、捋了粒放到麦子篓里亦带回家。麦子篓是农家的宝器，贮藏起来希望和盼头，让贫困的生活一点一点好起来，好起来。

有一年，长久无雨，天气特别的干燥，松毛虫肆虐，淳安满山满垄，郁郁葱葱的松林，几天就叫它们吃了个遍，如篦篦头，虫到之山，松树顷刻之间像烈焰烧过一样，树叶啃秃，树枝发黄变枯，速度之快，令人瞠目。

淳安每个大队迅速行动，发动社员上山捉虫，学校学生回村跟着大人一同上山捉虫。

大人手拿一只木头做的锤头，挨个儿击打松树身躯，一锤一锤又一锤，"嘭，嘭，嘭，嘭"，击打声响彻山野，松毛虫受到惊吓，一条条掉落到地上，掉落在地上的松毛虫，四散逃窜，我们赶紧跑过去抓，用竹夹子一条条夹住，丢进麦子篓里。

松毛虫太多，三五棵松树一敲，就能夹半麦子篓。就近挖个坑，把它们埋了。

人心是慈软的,给了它们一个高山的墓地。

麦子箩内虫身翻滚,我们手上身上脖子上痒得翻江倒海,似百虫噬心、万蚁咬肉。这里抓一下,那儿挠一把,越抓越挠越痒。松毛虫满身毛刺,毛刺里都是毒素,接触到松毛虫毒素后会刺痒。

我跟着邻居昌财伯捉虫,在松树下敲打,松毛虫毒素刺得他难忍。但见我痒,他停下手里挥动着的木锤子,到柴丛里寻来"包丝柴"(野红花继木)捋下叶子,放嘴里嚼一嚼,拿出来往我身上发痒的地方搽。这么一搽,会缓解一小段时间,我们继续捉虫。"包丝柴"叶,又糙又涩,不似菜园里的青菜萝卜,细腻而甘。

有一天上山,匆忙中我忘记了戴荫帽。戴一顶荫帽可以遮挡一下松毛虫的直接侵袭。昌财伯见了,就把他那顶麦秆荫帽给我戴了,他裸着头在松树下敲击,松毛虫掉到他头上、脖子里,痒得他大声骂起娘来:"插杀娘姆,好死不死的虫!"

昌财后来得了胃癌,五十出头就死了。但他对我的好,至今我还念着,记着。

正月饭吃完,村脚"新成畈"(新中国成立后砌塝围溪滩改出来的田畈)那一丘丘油菜就蹦出来了细细的花苞,后山上的杜鹃花也在悄无声息地培养着苞儿。清明前后,暖风拂脸,百花齐发,淳安开始播种六月豆了。种六月豆是赶季节的农活儿,趁着天晴,避开落雨,紧赶慢赶,三四天工夫一定要把六月豆(黄豆)种下去。

春雨贵如油,实际上,淳安的春天落雨是一件叫人有些烦的事。天公不会和你商量,落还是不落,它想落就落,而且总是那么滴滴答答地落个不歇。

生产队里的那些地，六月豆要种三四天，种到第四天傍晚，还剩下块把地，天突然又落起雨啦，大人赶紧打坎点种，稀稀拉拉的雨点里，我们小孩子一垄一垄，跑上跑下撒炉灰盖豆籽。

种六月豆撒炉灰，我们小孩儿都用着麦子篓。往豆籽上撒炉灰，一麦子篓一麦子篓地撒，炉灰飞扬，白了我们的眉毛、头发、衣服和裤子，一对鼻孔亦白了，嘴巴里还有一层炉灰，不甜不酸亦不苦，百卉千草凝结在炉灰里边，是淳安大地的味道。

还有关于麦子篓的记忆吗？有啊。

有一年，祖母大人集了一蒲团鸡蛋，一个一个小心翼翼地从蒲团搬到麦子篓里，叫我拿到供销社收购站卖掉，再买回来火柴、煤油、肥皂。我们家住村头，供销社在村脚，相距1500米。我也是小心翼翼地拎着一麦子篓鸡蛋，小心翼翼地走向供销社。快走到供销社时，弄堂里跳出一条灰狗直冲我吠，其声如豹，我急忙躲闪，脚底滑动，麦子篓砸到地上，鸡蛋打碎了一半。抱起麦子篓哭着回家。祖母大人把碎了的鸡蛋弄到碗里，拿筷子一搅拌，放锅里加六月酱一炒，那餐午饭吃得我额头冒油。

初中毕业，我成了生产队里的小劳动力，混迹于一堆皮肤酱油色、衣裳破旧的大劳动力之间，戴一顶荫帽，荷一柄锄头，一件对襟衣服一遍一遍被汗水雨水浸透，硬得像铠甲在身。夏收过后，田地间苞芦苗壮成长，每棵都舒开叶子迎风招展，像一双双手在讨要肥力。这节点给苞芦施加化肥是最佳之时。我用畚箕挑上两袋"碳酸氢铵"，扁担头上挂一麦子箩,一步一喘地往村后山路上爬,骄阳似火,汗如雨下。我要施化肥的那块苞芦地在"大皮降"的山顶上。

打开塑料袋,麦子箩往里一奋,一麦子箩满满的、雪白的"碳酸氢铵"系上腰,往苞芦林里一钻,弯腰沉腹,左手短柄小二指锄贴着一棵苞芦打个坎,右手伸进麦子箩,抓一大把"碳酸氢铵",撒三分之一,小二指锄扒过泥盖上。一把"碳酸氢铵"施三棵苞芦,一垄一垄,一棵一棵施过,汗珠摔在泥土上,没有一丝声响,只听见苞芦带锯齿的叶子,哗啦啦哗啦啦割在脸上、手臂上,焦辣辣地痛。

我们村里有两位男青年,一位住村头,另一位居村脚,人高马大,英俊帅气。他俩的名字都叫麦子箩,一个村两个麦子箩,怎么分辨呢?村里人有法子,年纪大一点的叫"大麦子箩",年纪小一点叫"小麦子箩"。

好像我们村对面杨家畈亦有一位叫麦子箩的后生家,也一表人才的。

淳安人对他们使用的农具都倾注着朴素、深重的情感,这情感会潜移默化、悄无声息地转移到他们的孩子身上:麦子箩、水桶、窖桶(粪桶)、铜壶;还有农家那忠诚护家的狗,亦配置给孩子作名字:嫩狗、花狗、灰狗、黄狗、黑狗、烈狗。淳安的父母亲,连农村里的一些丑,都拿来给孩子取名:疤子、麻子、癫痫等,从他们嘴里呼唤起来,是多么地踏实而贴心。

这是一种对淳安深沉的爱恋,如今这种爱恋已经被日渐衰竭的村庄,排挤出来抛向了城镇。

今天,还有几只麦子篓挂在淳安老屋的屋柱上呢?

不多了。

# 风舞

　　我说的"风舞",是淳安农村过去常用的"风车"。

　　"风舞"是用来扬谷物粮食的,扬浊沉清,把豆子里、稻谷里、苞芦里、高粱里、麦子里轻的壳、瘦的籽、烂的种(粒)从出口处扬出去;壮实的、饱满的种粒从"风舞"腰里通过下滑的口子流注到竹箩筐、竹篓里。

"风舞"像什么呢？哦，像一条大大的蚱蜢，只不过"风舞"的肚皮大，圆鼓鼓的。这圆鼓鼓的里面，是一叶一叶的木板扇，转动外面的木柄就有风吹起来。

　　"风舞"用木头做，大多用杉树，杉木木质轻巧，易下刨子、锯子，省木工的力气。

　　好木师傅才能做出好"风舞"，怎么个好法呢？这么说吧，好"风舞"摇起来轻，风力大，在壳和实粒分开的地方尺寸恰当，结构合理。该扬出去的扬出去，扬出去的谷壳麦麸像雪舞；该落到箩筐里的落到箩筐里，落下来的如金坠。工作起来响声如唱歌，而且是优美动听的歌："哐——咿呀！哐——咿呀……"有锣、有鼓、有琴，还有人声呢。"风舞"上还有文化，楷书、隶书精彩纷呈，如"吞银吐金""吐故纳新"，黄板黑字，字字珠玉。

　　那个年代，全村人吃的干净粮食都是从"风舞"里舞出来的。按理说老百姓的生活用具是没有阶级性的，这是唯物主义的理论。可是呢，用具一旦落到剥削阶级的手里，就是另外一回事啦。影响最深的是泥塑《收租院》，大地主刘文彩大斗收租小斗出租，他家里的"风舞"有很大的猫腻，解说词中说，这"风舞"在风扇和摇柄之间装上了齿轮，齿轮里抹上了黄油，而摇"风舞"的人是地主家的走狗，收农民地租时，他拼命摇，用力摇，把贫苦农民已经舞过的一担粮食，摇得只剩三分之一，这就是剥削。

　　"风舞"也有诗描写它吗？查了一下，查不到。

　　查呀查，查到一首广东民谣："广东来匹马，走到槐树下。肚里抛抛转,口里吐棉花。"亦十分形象。

如今,"风舞"在淳安农村不多见了,倒是在一些饭店里能见到它:一架斑驳苍老的"风舞"摆放在大堂显眼处,左、右、上、下还摆着一辆水车,一袭蓑衣,一顶笠帽,一把犁什么的,都是从农村里刻意寻找到的,好像这么一摆一放就有乡村风味,正宗土菜似的。我看不见得,物件是旧的,是土的,但锅里的菜是用农药化肥伺候出来的,还有什么乡村风味可言呢?

那些老物件上的文字及主人的姓和名,也不知道是清朝的还是民国的,还是新中国成立以后的人的。

# 木杠

    怎么说呢,过去做过的好多事情,看起来很是平常的,但总叫人记住它,而且永远忘不了,这也是一件奇怪的事。比如说,过去农民干的一种活——"抬猪"。

    淳安的农家,都会在年底或开春的时候,抓一只嫩猪(小猪),"下栏"(老家农村的叫法,意思是小猪放到猪栏饲养)。嫩猪一"下栏"呢,农家妇女就有几分希望和盼头在心中了:一天三餐,人不吃不要紧,猪一定要喂饱,从田地里收工回家,顺路拔来一把"苣叶",一杆"奶尼草"丢到猪栏里,看着猪们"哼哼唧唧"吃起来,感觉比自己吃了还舒服,这就是农民。他们对家里的一切都倾注着浓厚的情感,特别是活着的,如猪啊、羊啊、鸡啊、鸭啊(鸭子是靠近溪滩边的人家养的,别的人家不太养)。

大概吧,农妇们这样把猪养上大半年或一年,就可以"出栏"卖钱。

猪"出栏"卖钱有两种途径:一种是杀了猪把肉卖到供销社;另一种是把整只的猪抬到供销社卖掉。抬到供销社去卖叫"抬猪",这是淳安统一的叫法。

淳安"抬猪"要用到一种老物件——木杠,也有人叫石头杠。

木杠用杉树做,用吃饭碗那么粗的整根杉树做。木匠或不是木匠的男人,背了斧头上山寻找一根笔直的杉树,斫倒。背回家刮去杉树皮,裸露着阴干。

拿阴干了的杉树,用锯裁成二米六左右长,然后刨光滑,把两头刨扁,在木杠正中凿一凹槽,凹槽用来兜绳索,杠后一头往前四五十厘米处,插一圆木梢,木梢高出杠面十公分左右,抬重时手握住用力前推。

淳安抬猪,是一种既辛苦又高兴还担心思的事。高兴呢,猪卖了有钱了,劳动有了收获。辛苦呢?抬猪是件体力活儿,还要抬到区供销社去过磅。老家的区供销社在七都唐村(现在的威坪镇唐村)、五六都(横双、叶家等地方),要抬好远的路,翻一座松茂岭才到。担心思呢,就是抬猪那天,一大早妇女就把头几天准备的苞芦粉、米糠,有的农家用平时人都舍不得吃的大米煮起猪食来。为什么这样慷慨大方呢? 这里头有他们的小算盘子,猪吃得越多,猪的重量就上涨,多吃下一斤猪食,就等于多了一斤猪的重量,这是一件划算的事。还有呢,一些讲感情的妇女,养了大半年或一年的猪,在这一天里就要离开自己了,心想,这么一别也就永远都见不上面了,心里头酸酸的。所以,妇女们拼了命地煮出猪喜欢吃的食物来,从天漆漆黑就喂起,一直喂到猪肚滚圆不愿吃为止。猪也没有思想啊,平常都是吃些草啊、秆啊的,突然这么一天,伙食这么好,它们还以为是"过年"了呢。

猪吃饱了,四五个男人,就从栏里把它拖出来,抬浮,四脚朝天放倒,背子底下垫块麻布,麻布把猪身包起来,猪的四脚用棕绳捆紧,再从猪的头部空隙处伸进一根杠,一头一个男人蹲下去,抬起来就上路了。

上路了,担心的事就来了,担什么心呢? 怕猪在路上拉屎撒尿。

要是抬上一只不太争气的猪,在路上拉屎撒尿,那抬猪的主人心在割肉,所以呢,抬猪的时候,总在心里念叨:"千万别拉屎撒尿哦,求求你了,猪爷猪奶。"我见到一个抬猪人,在松茂岭顶凉亭歇力时,那头猪竟"哗哗哗哗"撒开尿来,尿好了又"扑多扑多"拉开屎,急得那位主人眼睛都红了。

最让农民们可惜的是,猪抬到了供销社收购站,排长队过磅,一头猪一头猪过磅去,轮到自己的猪过磅了,就在要上磅秤那一刻,猪开始拉屎撒尿了。

猪卖了,钱到手了,就去面店吃上一碗好的面条——肉丝面,那些家里男劳动力少的,抬猪要雇一个人,不能让别人吃了苦却没有一顿饱饭哪。

　　记得那年我家里抬猪,我一头,隔壁一位叫昌准的男人一头。猪卖了,我在面店给他买了两个馒头、一碗肉丝面,而我却看中了供销社柜台里一本书——《首届全国短篇小说获奖作品集》,价格两元八角,我忍住不吃肉丝面,买了一个麻球充了饥。

　　那本书,红红的封面,耀我眼睛,精彩的故事,慰我心灵,使我忘记了劳动的疲惫和一些心思。这本书,至今我还保存着……

# 莞箩

　　有一年，清明过后，我邀上朋友，背上老家带来的一只莞箩坐车去文昌一个叫安垄里的深山坞里摘茶叶。这个地方有好多好多荒废的茶园，茶园里已经杂草萋萋，一棵棵茶树在草丛里自由生活着，没有了化肥、没有了农药的侵蚀，真正算得上是有机茶叶。"有机"二字现在很吃香,但要名副其实,恐怕也不多吧。

莛箩很老,黄竹篾发暗,箩底有虫屑,一串串挂着,这是一只我母亲背过,摘过不少茶叶的莛箩,地老和天荒都表现在每一根篾片上。

清明前后,县城里的茶叶市场已经闹哄哄了,而这一片高山上嫩茸茸的茶芽,还没有争先恐后地冒出来,只是断断续续地,东东西西生长着,有那么一股清清的茶香,弥漫在晴朗的空气中,洗心洗肺。树林里,有好几种鸟在叫,叫得最出力的是布谷鸟,一首接一首唱着,不停不歇。在林荫的深处,有一幢泥墙屋,墙黄瓦黑,可惜已显示出风烛残年的样子。这是一幢生产队茶厂屋,曾经的辉煌已不在,留下来的是一天一天的辛酸,一天一天的消失。唉! 不说这些吧,开始摘茶叶。

小时候也摘过茶叶,现在重新拾起这一门手艺,不是很生疏,手不停地摘起来。一边摘一边又想起茶叶的一些事情来:茶叶的性格,甜、解口干,那个时候,在外面爬过、走过,回到家里捧起茶壶,仰起头"咕咚咕咚"灌一场,不是品茶,是解渴。

好像我们农家里喝的茶是那种叫"老壳蓬"的茶叶泡的,也就是茶叶摘到没有的摘了,再过几天,把茶树上那种大片的、嫩的茶叶,摘下来晒干。用的时候,抓一把放茶水桶,滚水一泡,甜丝丝的茶水就可以喝了。这种茶水夏天喝最好,凉凉爽爽,杀瘾!

爱上喝茶,好像是参加工作之后吧。一天上好几节课,口干舌燥,火气渐升,坐下来,用茶杯泡茶叶喝,开始感觉苦,慢慢地就上瘾了,要的就是那份苦味。现在已经离不开那种苦味了,每天要"苦"上四五杯才能感觉到生活的丰富多彩。一杯茶水相伴,香气袅袅,润口舒心,先苦后甜,生津止渴,回味悠长,好似眼前满是春天的绿野,小鸟啁啾,心归宁静,人生之美不过如此。

也喝过普洱、铁观音、龙井、黄山毛峰等名茶。喝了就忘记了!

实际上,淳安也是生产名茶的地方。

唐代陆羽《茶经》中已提到鸠坑产茶。据《雉山邑志》及《严陵志》记载:"淳安茶旧产鸠坑者佳,唐时称贡物,宋朝罢贡。"可见鸠坑产茶,早负盛名。"潇洒桐庐郡,春山半是茶。轻雷何好事,惊起雨前芽。"这是北宋文学家范仲淹为鸠坑茶写的诗篇。诗中的桐庐郡是指今浙江淳安县。范仲淹当时任睦州(淳安古称睦州)刺史,亲眼见过这些茶树,整个"春山""半是茶",可见远在宋代,淳安县已是茶树遍山岗了。鸠坑毛尖在唐代时就享有盛誉。据唐代文学家、翰林学士李肇的《唐国史补》记载:"……风俗贵茶,茶之名品益众。湖州有顾渚之紫笋……常州有义兴之紫笋,婺州有东白,睦州有鸠坑……"茶圣陆羽的《茶经》中亦有关于睦州鸠坑茶的记载。元代的《新编事文类聚翰墨全书》亦载:"……鸠坑地产茶,以其水蒸之,色香味俱臻妙境。"新中国成立后,20世纪80年代初,经过当地人的努力,鸠坑毛尖重新研制成功,并被评为全国名茶。"云山苍苍,江水泱泱",这是韩愈对千岛湖的赞美,千岛湖自古以来就被誉为"茶的故乡"。鸠坑毛尖在唐朝就被列为贡品了,已有2000余年的生产历史。宋人陈晔品尝了鸠坑毛尖后,情不自禁地写下了"我爱淳安好,溪山壮县居,锦文光灿烂,雉羽泄轻徐"的诗句,他将鸠坑毛尖比喻成"雉羽",将喝了"雉羽"后的那般清心爽神之感用"泄轻徐"来形容,更是恰当不过。

怎么说呢？可能是水土关系吧，也可能是流淌在血管里的那份乡情吧，我最喜欢喝的，还是淳安的普通绿茶，亲切，实在，实惠。不知不觉，莞箩里的茶叶也满了。好！下山炒茶叶去。

# 脚打箩

脚打箩是过去水碓里加工粮食的一种工具。

水碓里，一只大舞头带着一爿石磨，吱吱呀呀地转，又吱吱呀呀把麦呀、米呀、苞芦等磨碎，接下来就是脚打箩的事情啦。

水碓里的箩有两种用法，一种是用人力打的，另一种是用水的冲力打的。

笭用来筛粉，将石磨磨碎后的粮食畚到笭里，通过击打把细粉筛到下面长木盒里，搁在笭筛上的粗粉重新刷集起继续上磨碾磨。一遍又一遍的，一直磨到剩下那一点点磨不碎的粮食皮才停歇。

磨出的头遍粉，细腻雪白，过年过节才舍得拿来用一用，娶亲嫁姑时撑起肚皮亦要拿出来烧给亲戚朋友吃的。平常日子，头遍粉要拌进二遍三遍甚至四遍粉里去，搅在一起，拿来做粿煮汤。磨麦粉，连皮带芯，粉赤如铁，拿这种粉做成的粿，淳安叫"赤粉粿"。延伸出去，村里人把皮肤生得黑的男人女人形容成"赤粉粿"，如"那个后生是个赤粉粿""那一个娜因家是个赤粉粿"。

水碓里面的笭，古代用马尾织成具有一定大小的孔眼，后来用纱丝织成，叫笭筛布。笭框为长方体，四边各有木板围着，笭筛布钉在框底，整个笭筛由两条平行木条装成悬空，笭框下有一长方木盒用来装筛下来的粮食粉末。磨碎的米、麦、苞芦装到筛里，用人力或水力急剧地往复推拉，细粉便从孔眼筛下，落到下面的木盒里。

脚力打笭。用一根绳子把笭筛悬着，笭筛两边各装一杆子，通到长盒外，连着一摇杆，摇杆装在踏板上方。为减轻人的劳累程度，踏板上面还装着一横木板，打笭人可两肘俯上。打笭开始，人站在笭踏板上，左脚在前右脚在后，或反之。踏板有一中轴，能活动，利用身体的重力，发力于脚，踏动踏板"咣当咣当"，响声清奇，声转寥廓。

水打笭，原理和脚打笭一样。只是动力由人力改为水力。《王祯农书》云："水击面罗，随水磨用之。其机与水排俱同……罗因水力，互击桩柱，筛面甚速，倍于人力。又有就磨轮轴作机击罗，亦为捷巧。"

在淳安，用水力打箩的水碓很少，所见的几乎都是脚力打箩。

村里有爿水碓，建在村脚溪滩边，水碓屋后有一棵大樟树，冠盖如伞，紧紧罩着整幢水碓房屋。一条水渠引来溪水推动水舞头，舞头带动水磨，两齿咬合，整天吱吱嘎嘎磨着整个村子里的粮食。

我六七岁后，每次家里磨粉，母亲都要带上我。一进入水碓，母亲对我开始一场吩咐：舞头不要乱摸，舞头会把人卷进去，卷进去就出不来了；箩不要乱打，乱打肚里要痛的。

后来，母亲教会了我打箩。母亲看磨我打箩，只因体小力弱，打不了几下气就粗起来。

如今，淳安乡间水碓已罕见，箩声不再有，但记忆还有。

# 纺车

　　"纺车"一名,淳安有的地方叫"牵桑",至于这么叫是哪层意思,或是哪一位淳安先人取出此名,也不需要去追探和深究了。

　　先贤有句话说得好:"家有三声不会穷,读书、纺线、婴儿啼。"读书声、纺织声、孩子的哭声,三种声音汇集成一个生机勃勃的家,就是穷一点,心里亦舒畅。

纺车,是过去淳安农民家庭的一种必备之物。而且,每个家庭里的妇女都会使用,都会纺织。

物资匮乏的年代,穿衣着裤用布,要凭布票供应。淳安农人,便自己动手纺线、织布,缝成麻布衣服穿。

麻布原料为苎麻皮,淳安人叫"苎皮",还有一种积麻,积麻秆高,皮多。积麻是麻布衣服的主打材料。

麻布衣服都是夏天穿,古代叫"夏服"。

织布需要先把麻皮搓成绳,绳很细,把绳绕成一个大空心球,再拿纺车纺成线。

纺车,最早见于西汉扬雄的《方言》里,记有"繀车"和"道轨"。兽锭纺车最早的图像见于山东临沂银雀、山西汉帛画和汉画像石。到目前为止,已经发现的有关纺织图不下八块,其中刻有纺车图的有四块。1956年江苏铜山洪楼出土的画像石上面刻有几个形态生动的人物正在织布、纺纱和调丝操作的图像,它展示了一幅汉代纺织生产活动的情景。这就可以看出,纺车在汉代已经成为普遍的纺纱工具。因此也不难推测,纺车的出现应该是比这早的。

中国古代纺纱工具分手摇纺车、脚踏纺车、大纺车等几种类型。

淳安所用的都是卧式手摇纺车。

手摇纺车,据推测约出现在战国时期,也称轩车、纬车和繀车。常见的由木架、锭子、绳轮和手柄四部分组成,另有一种是锭子装在绳轮上的手摇多锭纺车。

明代《天工开物》上记载的纺车已经很进步了,这种纺车的结构虽然比较简单,但是纺纱功效已经提高大约二十倍。这种纺车,基本上已经使用绳轮传动,证明我国早在两千年前就在工具机上使用绳轮传动了。使用这种纺车,还可以加拈、并合比较均匀一致、不同粗细的丝或弦线。1972年长沙马王堆汉墓出土叫作"汉瑟"的乐器,它的弦是用十六根单丝合股加拈成的,每一根都纺得非常均匀,能发出协调的音律,大概就是用这种纺车加工的。

汉、唐以来,我国绚丽的丝绸,通过"丝绸之路"向西方输出,博得了极高的声誉。今天在当年丝绸之路的古道上,仍然可以发现当时的锦、罗、绫、绮等水平相当高的丝织品。生产这些高水平的丝织品也是和纺车的使用分不开的。

有幅《纺车图》,乃北宋大书画家王居正所绘。画中布局手段很是巧妙,他把地位让给了两条飘摇着的细线。环绕二线,画面出现了众多人物。右边一村妇坐在小凳上,怀抱婴儿哺乳,身旁放置一架纺车,左手正摇轮。哺乳理应身向后靠,而村妇由于身兼二事,只能身向前俯,并微微拔腰。作者在处理这一形象时表现出了自己丰富的生活经验。前面一老媪,双手引着线团,脸上体现出体量和爱抚。在这个主题展示的同时,作者又引入了另一情节。村妇身后有一个席地而坐的儿童,手中拿着木杆,牵着一只蟾蜍,似乎在等着婴儿下地玩耍。此图勾线细劲,纺车等都据实描绘,体现了北宋风俗画的较高水准。

宋代陆游有诗写纺车:"村北村南数十家,陂池重复谷谽谺。荻丛缺处见渔火,蓬户闭时闻纺车。浅濑水清双立鹭,横林叶尽万栖鸦。是中佳兴无穷极,懒着青鞋上若耶。"

现代吴伯箫1962年发表的散文《记一辆纺车》,通过回忆在延安时代用过的一辆纺车,描绘当年纺线比赛的欢快场面,叙写艰苦岁月中劳动生活的乐趣,颂扬了抗日军民的革命乐观主义精神。

纺车由轮子、摇柄、锭杆儿、支架、底座等构成。木方制成的纺车底座长70厘米左右,呈"工"字形。"工"的上横处有一小支架安锭杆儿;"工"的下横处有两根方立柱(大支架),柱距50厘米左右,柱上端有安主动轮轴的圆孔,距底座35厘米左右。轴的一端有摇柄。主动轮的辐条是中间带圆孔的条状薄板,长55~65厘米,中间宽约8厘米,两端宽6厘米左右,共六片,轴两端各穿三片。线绳固定的辐条间隔60度,呈张开的伞骨状。轴的两"肩"卡住轴两边的两组辐条,使其不能会合。线绳把两组辐条呈"之"字形相间张紧,辐条略向内弯曲。张紧的"之"字形的线绳是轮的"辋(wǎng)",辋上挂着传动绳。锭杆儿是长30厘米、直径0.5厘米,两端尖锐的铁棒。直径2厘米的木传动轮套在锭杆儿中间固定。主动轮与锭杆轮之间由张紧的线绳传动。轴部加少量润滑油。

纺线时,一手(左手)持两股纱把端头蘸水粘在锭杆上,另一手(右手)摇动摇柄,主动轮带动锭杆迅速旋转,持纱手(左手)的高度与锭杆一平时就把两股纱纺在了一起,一边放纱一边向后移动,纺好的线达到最长时将手抬高,把线贮(缠)在锭杆上。然后,持纱手降回到与锭杆一平的高度纺下一段线……

这样的操作要反复地进行才能纺完一条线。

"嗡嗡嗡嗡",往年淳安农村,家家都有一幅动态纺线图。

# 油榨

有些事,要用历史的眼光看。比方说过去榨油和榨油师傅,那个时候榨油师傅是很吃香的一种职业,榨油厂是一个神圣而又庄严的地方。

先说榨油师傅吧,榨油师傅的手艺是勤学苦练得来的。要想成为出众的榨油师傅必须具备两个条件:一是喜欢榨油这件事;二是淳安土话讲的"骨子里就是这块料"。我们村出了个榨油师傅,名叫忠喜,当年是呼风唤雨的角色,他身高马大,体壮骨坚,一副"武松"相,就是他的那双胳膊,我总感觉到有抬石头的木杠那么粗,胳膊上的肌肉一块一块的,像田里隆起的石头块。他的榨油技术在当地是一流的,榨油的石槌抡得龙飞凤舞,金黄的油就从他的一槌一槌的击打中,一股股很畅快地流到木槽里,滴到油桶里。

再说榨油吧,过去农村大部分是榨两种油,一种是油菜结籽后的菜油;一种是六月黄豆熟的豆油。而那种喷香喷香的茶籽油,很少有榨的,只有住在深山里的农家才榨点,那也是从不成片的茶树上采来的。至于麻油,就更少了。

榨油有几道工序:一是筛选原料。菜籽、黄豆,要清除里面的沙泥、草梗等杂物。因为菜籽、黄豆在榨油的晾晒中不免要混杂进沙泥。二是碾坯。把菜籽、黄豆烘干变脆再把它们碾细,粗细要均匀。三是炒蒸。把碾过的菜籽粉、黄豆粉放到大食锅里去炒,或放到蒸笼里蒸,灶膛里烧起松柴,火旺旺的。四是踩饼。在干净油亮的地上(经常使用过的地面)摆上圆形的铁箍,铁箍内先铺一层薄薄的稻秆,稻秆要经过选择去掉杂质,稻秆要有一部分伸出铁箍外。用木勺把炒(蒸)熟的,滚烫的菜籽粉、黄豆粉畚到稻秆上,畚满铁箍了,就把伸出铁箍外的稻秆折盖到粉上,再盖上少量的稻秆,榨油师傅赤脚站上去用力踩踏,感觉到踏实了,再添上粉又盖点稻秆,再踏,如此三番五次,踩踏到用手拎起铁箍,粉饼不掉出来就成功了。五是把粉饼装上榨油床的肚子里,一饼饼靠着,排队似的。六是开始榨油。用吊在一根粗梁上垂下来的石槌,石槌上按着两根木柄，榨油师傅握住两个木柄，身体先向后迅速退去，再快速向前冲去，瞄准油床上伸出来的长木针，"嗨哦，嗨哦"捶起来。也有用长木头，好几个人一起去撞的榨油法，这样呢，金黄的油就流出来了。

"油榨"，在宋应星《天工开物》里的《法具》篇章有详细记录：

"凡榨木巨者围必合抱，而中空之。其木樟为上，檀与杞次之。杞木为者，防地湿，则速朽。此三木者脉理循环结长，非有纵直文。故竭力挥椎，实尖其中，而两头无璺拆之患，他木有纵文者不可为也。中土江北少合抱木者，则取四根合并为之。铁箍裹定，横栓串合而空其中，以受诸质，则散木有完木之用也。

凡开榨，空中其量随木大小。大者受一石有余，小者受五斗不足。凡开榨，辟中凿划平槽一条，以宛凿入中，削圆上下，下沿凿一小孔，剧一小槽，使油出之时流入承藉器中。其平槽约长三四尺，阔三四寸，视其身而为之，无定式也。实槽尖与枋唯檀木、柞子木两者宜为之，他木无望焉。其尖过斤斧而不过刨，盖欲其涩，不欲其滑，惧报转也。撞木与受撞之尖，皆以铁圈裹首，惧披散也。

榨具已整理，则取诸麻菜子入釜，文火慢炒，凡柏、桐之类属树木生者，皆不炒而碾蒸，透出香气，然后碾碎受蒸。凡炒诸麻菜子，宜铸平底锅，深止六寸者，投子仁于内，翻拌最勤。若釜底太深，翻拌疏慢，则火候交伤，减丧油质。炒锅亦斜安灶上，与蒸锅大异。凡碾埋槽土内，木为者以铁片掩之。其上以木竿衔铁陀，两人对举而椎之。资本广者则砌石为牛碾，一牛之力可敌十人。亦有不受碾而受磨者，则棉子之类是也。既碾而筛，择粗者再碾，细者则入釜甑受蒸。蒸气腾足，取出以稻秸与

166 ｜ 淳安老物件

麦秸包裹如饼形。其饼外圈箍，或用铁打成，或破篾绞刺而成，与榨中则寸相稳合。

凡油原因气取，有生于无。出甑之时，包裹怠缓，则水火郁蒸之气游走，为此损油。能者疾倾，疾裹而疾箍之，得油之多，诀由于此，榨工有自少至老而不知者。包裹既定，装入榨中，随其量满，挥撞挤轧，而流泉出焉矣。包内油出滓存，名曰枯饼。凡胡麻、莱菔、芸苔诸饼，皆重新碾碎，筛去秸芒，再蒸、再裹而再榨之。初次得油二分，二次得油一分。若柏、桐诸物，则一榨已尽流出，不必再也。"

在淳安，手工榨油坊活了几百年或上千年，突然有了电，它们就叫电榨油机给淘汰了。电榨油机，省力、省时，出油率又高。但总感到榨出来的油不是那么香。在如今喧闹的电榨机榨油声里，又有人复原了手工榨油，躲在乡村，打出"原生态油"的牌子，招揽客人，一股股油香诉说着那逝去的岁月……

# 水碓

昔时淳安乡村，水碓随处可见，一条源都有几爿转着。

旧时淳安的一爿爿"水碓"，与生息在此的父老乡亲有着千丝万缕的联系，维系着他们的生存与继传，生生不息，炊烟不断。

有一个村子叫水碓山，整个村子分别建筑在大山的东西两边。一条山溪由北朝南穿村而过,溪水终年不涸,清澈澄碧,可见鱼虾。

鱼是石斑鱼,摇摇摆摆总往上游,像是在趟街;虾是清水虾,噼噼啪啪总往后退,似乎在跳舞。溪水流到村脚,突然冲下那二十几丈高的石崖,白浪一柱,泄入崖底深潭,潭难见底,深不可测,唯见水浪翻滚。

从水潭旁边,筑渠引水到一爿水碓。

水碓,管着整个水碓山村的磨粉和舂米。

粉有苞芦粉、麦粉、米粉;米有稻谷米、粟米。

水碓里那个石臼还常用来褪山核桃壳,褪栗刺。

水碓是幢小泥屋,开一扇天窗。阳光透过天窗,照在水碓里那高大的木辘轳上,湿漉漉,发了黑的辘轳亮亮堂堂,阳气十足。

拔起水渠口的木闸,"哗啦啦",溪水冲到木辘轳那一格一格木板上,"吱嘎——吱嘎——吱嘎",辘轳转动起来,辘轳边上的木齿轮咬动石磨上的木齿轮,石磨"轰隆隆轰隆隆"转起圈来,像夏天里的雷声。石磨上的苞芦籽呀、麦子呀往磨孔里钻,一圈一圈转过去,磨槽里纷纷扬扬撒下粉来,这些粉还是粗细混合的粉。用棕刷刷一刷,放到箩筛里过筛。

箩柜呈长方形,筛悬在中央可前后晃动。

双脚一前一后踏上箩柜踏板,倾斜身体"呛咚哐,呛咚哐", 箩筛一进一退晃动起来,细的粉一次次落到柜底。

几遍晃动,箩筛里剩下些粗粉,"哐哐哐"双脚踏出半步,粗的粉从筛尾出口处颠到装着的竹篓里,把竹篓里的粉倒上石磨,接着磨。磨,磨,磨,直磨到剩下点苞芦籽皮、麦皮。

苞芦籽皮、麦皮拿回家,用细粉拌拌做成馃,吃了。

噢,还挺熬饥的。

水碓里筛粉叫打箩。

淳安还有一个歌谣和着个游戏来说打箩的。

大人一双手捏住婴儿一双手,把婴儿拉起来一下,又放到地上一下,拉起来一下,放到地上一下,一拉一放中唱开:"磨磨麦,呛咚哐,隔应(将来之意还是什么意思,不知道)碓里打磨麦,要磨赶紧磨,不磨开(站)一边,呛咚哐。"

舂米不用磨,用石臼。

稻谷盛到石臼里,木辘轳转动,木齿轮压到石锤长柄上,石锤一头翘高,落下,翘高,落下,"噗,噗,噗"一下,一下,有节奏地舂着。

好像每一个村子都有一爿水碓。

水碓,整个村子的农家轮流着磨粮食和舂粮食。

轮到白天好些。

轮到黑夜就有些瘆人。

一灯如豆,摇曳不定,有风吹过,明明灭灭,自己的身躯映在那沾满白粉的墙壁上,如鬼如魔,自己吓煞自己。

外婆还告诉我,路过村脚山崖下那爿水碓,千万千万不要走进去玩,水碓里有鬼。

"夜里磨粉的人看到过,深更半夜,有一只手从石磨上伸下来,抓粉吃。"外婆说得很瘆人!

吓死我啦!

我从来没去过那爿水碓,不敢去那爿水碓。

在县城工作的舅舅对我说:"骗你的,外婆是怕你去水碓里玩,咬(绞)进木舞头(木辘轳)里去。"

外婆怎么可以这样骗人呢?

我家也有爿水碓,水碓建在一条小源里,这条源叫安川源,源里有两个村庄。

水碓是在曾祖父手上建起来的。祖上在水溪边有一丘田,田有一亩半左右,一大家子米饭稀粥都取于此。

大家庭里有二十多口,祖父五姊妹四兄弟。五姊妹出嫁四兄弟成家,吃口有增无减。

兄弟成家一个分出去一个。曾祖父手上的财产也就少去一份。到四祖父成家,曾祖父把那爿水碓分给了他。水碓是家庭里一大财产,分给家庭里最小的儿子几位兄长也无异议。

水碓在四祖父手上只经营了三年就抵债给了别人。

四祖父接手水碓后,家里殷实起来,殷实起来是好事情,可他迷上了赌博,一赌二赌,把曾祖父创建起来的水碓输给了人家。

水碓交手那天,四祖父逃避去了一位姐夫家。曾祖父拄着拐去看水碓,曾祖父老了。

看着自己艰辛劳动创下的家业,眨眼就成了他人的,曾祖父一时心急倒进了水碓的水潭。三个月后,曾祖父死了。

水碓继续转动着,可这已是别人的水碓了。

水碓,这器具曾浸透着曾祖父对米饭之必然需求的无怨无艾的忧虑,浸透着克服饥饿之后的无言的喜悦,喜悦在前进中突然转为悲凉,天意乎? 天意乎?

水碓现在还在,碓屋已坍塌,歪在小溪边,像咽了气的老人,整个身体瘫了。屋里屋外杂草丛生,一抹夕阳孤寂地照在孤寂的碎瓦片上。

今日,有水碓"吱嘎吱嘎"在某一景区转动,这样的转动不是磨粉捣米,是博取游客眼球。功能的替换,是时代进步之必然,一种老物件消失了,随之定会有一件新物件诞生,川流不息,不息川流。

# 蚕架　蚕笆　蚕簇

## 一

　　《天工开物·乃服第二》云："宋子曰：人为万物之灵，五官百体，赅
而存焉。贵者垂衣裳，煌煌山龙，以治天下。贱者裋褐、枲裳，冬以御寒，

夏以蔽体……"

"天孙机杼,传巧人间。从本质而见花,因绣濯而得锦。乃杼柚遍天下,而得见花机之巧者,能几人哉?'治乱''经纶'字义,学者童而习之,而终身不见其形象,岂非缺憾也! 先列饲蚕之法,以知丝源之所自。盖人物相丽,贵贱有章,天实为之矣。"

人脱离了茹毛饮血的岁月,就有羞耻感产生,就想方设法用树叶、兽皮来遮体。村人志勤,四十多年前通过远迁宁夏的叔父买来一本《圣经》有事没事就翻开读一读。志勤读《圣经》是因为叔父一家信奉基督,一次去宁夏经叔父一番解说,感觉这基督教里还有许多做人行事的道理,特想读一读这本书,就托叔父买过来。叔父一家因信基督教,为之付出了惨重的代价,连志勤祖父母都不认他们一家。叔父是教主,政府以反革命罪论处,把他抓进监狱关了三年。

志勤收到《圣经》,读《创世纪》了解到,当时上帝认为,应该有人类在地上为他掌管万物,于是他用地上的尘土照着自己的样子,创造了人类的祖先,第一个男人亚当,把他安置在东方的伊甸园,后来取出他身上的肋骨为他造了女人夏娃,做他的搭档和伴侣,让他们生养众生。

上帝在委派人类祖先做园丁的时候,明确地告诉他:分辨善恶树上的果子,你不可吃,因为你吃的日子必定死。他警告人类不要接近邪恶的东西。那背叛上帝的撒旦,为了把人类拉到自己的阵营,变成蛇的样子,去引诱人类……

显然,撒旦的游说取得了成功,女人仔细地观看了分辨善恶树,发现果子美丽动人,摘下了一个来吃,果然很可口,又给她丈夫亚当吃。

吃完了眼睛亮了，发现自己是光着身子，便觉得羞耻，于是为自己做了遮挡的衣物。

志勤似乎明白，人穿衣服就是这样来的。

一位哲人说过：人，生而平等。这是从哲学层面上讲的。

人，生而平等吗？村里养了大半辈子蚕的志勤，一拿起碗就讲：人，一只筋斗从娘姆肚子里打出来就是不平等的！有人当官，有人教书，有人做老板，我就是镰刀刮屁股的料。旁边有人没人，落雨落雪，天晴天阴，他都自言自语重复着讲，像和尚念经，一天三餐，餐餐都念。

志勤一到桑园摘桑叶，便又开始念：我种桑养蚕，养成的蚕结成了茧，缫出的丝搓成绳子能捆千人万人啦。他们缫丝织布，穿绫罗绸缎，我连一寸绸缎都没用过，没投着胎啊。

人，身体发肤受之父母，外穿一层衣裳本该一视同仁，可人是一种势利动物，等级森严，衣着因等级而穿戴。开篇所录《天工开物》说得清楚："人是万物的灵长，五官和全身各个部位都长得很齐备。尊贵的人穿着绣有明亮华丽的山、龙图案的袍裳而治理天下，穷苦的百姓穿着粗麻布衣服，冬天用来御寒，夏天借以遮掩身体……"

养蚕缫丝是江南柔软的地理所至。淳安，20世纪70年代末才有种桑养蚕传入。志勤十七岁那年，生产队派他去桐乡学养蚕。一同去的有十个人，六女四男，分别从五个生产队选调出来，一个生产队两人。志勤属第五生产队，同志勤搭配一起去的叫菊花。菊花矮小个子，眼睛大，额头凸，因额头凸出村里人叫她"石岩头"。

桐乡，是江南养蚕的发祥地，有着近五千年的种桑养蚕史。在这里，家家户户都养蚕，家家户户都盖蚕丝被。当地流传着一句话：蚕丝被盖得好，容颜不易老！茅盾的《春蚕》写的是旧社会桐乡农村养蚕经历，蚕茧丰收了，可收入反而减少的社会现实。志勤上过初中，读过《春蚕》，他希望自己学成归家后，养蚕不要碰到"老通宝"一家同样的遭遇，希冀蚕茧季季涨价，季季丰收。

在桐乡学养了一季春蚕，志勤和菊花及其他八位同去的青年，赶车乘船，回到老家。

生产队的桑树种在村后"里家亩"的旱地里。头一年，成型的桑树一捆捆从虹桥头轮船上卸下来，一担担挑到旱地，一根根种下去。志勤和菊花带头去挑了。种下桑树施上碳酸氢钠，压上猪粪牛粪，桑树活了。一场又一场春雨催绿了桑树叶，桑叶阔大，肥厚，碧绿，发光。

春蚕已过，夏蚕开养。五生产队的蚕养在政府没收地主的一幢房子里。

地主的这幢房子老大老大，堂前可摆二十桌酒，天井盖着玻璃瓦，雨天淋不进雨，光明透亮。

蚕架做了十二架，每架三层，每层能容两只蚕箪。

蚕架长方体，全松木。靠三面墙壁摆，堂中空出堆放桑叶，蚕网，杀菌、消毒的药水药粉。

做蚕架的是本生产队木师傅老郎。老郎三代单传，三代木匠手艺。老郎的祖父木匠手艺精湛，细墨做得出神入化，他那一辈，一条源里新婚所睡五扇床多出自他手。老郎祖父忠实，不刁钻。传到老郎父亲，手艺还是不差的，细墨在一条源里还数一数二，可他心孔变歪，刁钻刻薄，寿过四十六,即生一种怪病,不痛不痒的,但浑身无名的难受,寻医问药,终日与药汤瓶为伍,五十出头即殒了性命。那年,老郎已经跟了他父亲学过五六年手艺,但手艺总不见有长进,他父亲那些本事,没学到半。比如,给一东家做一条长板凳,凳子一做好,东家男人屁股朝凳子上一坐,长板凳四只脚往外一趴,塌了。害得东家仰面跌倒,两手两脚朝天,真是哭笑不得。

好手艺都叫生产队派出去挣钱了,老郎是木师傅,做蚕架的任务只有落到他的头上。

蚕架构造简单,松木锯成四方的木棍,竖三根,横三根,两头各三根。竖横木棍约长两米,两头木棍长一米一二。老郎开做,交接处不打孔,不做榫卯,用几把铁钉"咚咚咚"钉死,木棍表面刨个三刨两刨,粗糙如砂。十二架蚕架足足做了两个来月才完工。

蚕笆,形状不同于淳安的团笆。蚕笆椭圆,团笆圆。团笆高贵编青竹篾,团笆用来扇苞芦、稻谷、麦子;蚕笆卑微编黄竹篾,只养蚕,盛蚕砂。蚕砂即蚕大粪,粒粒如砂,小蚕蚕砂可入药。《本草纲目》里说:"肠鸣,热中消渴,风痹瘾疹,皮肤顽痹,腹内宿冷,脚软,皮肤顽痹(藏器)。治消渴症结,及妇人血崩,头风、风赤眼,去风除。"《本草拾遗》里说:"炒黄,袋盛浸酒,去风缓诸节不随,皮肤顽痹,腹内宿冷,冷血,疯血,腰脚疼冷;炒令热,袋盛热熨之,主偏风筋骨瘫缓,手足不随,及腰脚软,皮肤顽痹。"

蚕砂还能装枕头,蚕砂枕能保持头部温度均衡,真正达到凉头热脚、健康安睡的作用。淳安有句俗话:"头要冷,脚要暖。"尤其是新生儿肺火旺盛,使用蚕砂枕可醒脑,凉爽止汗,祛暑退火。志勤自养蚕起就枕蚕砂枕,夜夜睡不醒。

蚕笆的编制全出于生产队社员金树之手。金树是邻村入赘来的竹师傅,手艺不太好,属村里人讲的"半桶基"——没出师。打蚕笆的毛竹从威坪七都黄金里,新安江水库头背来。背上一根竹,翻一条岭。岭叫"松茂岭",连通六七都。"松茂岭"上,一块块石板从一边的岭脚层层辅垫到岭顶,穿过岭顶那座石拱亭,复层层叠叠辅垫到另一边岭脚。远眺,如苍龙腾跃在松涛柏海间。

志勤亦去背竹,背了根很粗的竹子。菊花瘦弱,背了根细竹。菊花一路紧跟着志勤,形影不离的。背竹的队伍里议论纷纷。

竹子背来,堆在社屋边晒坦里,金树每天早饭后,夹了把篾刀把竹破出大片大片的,再破,再破,破成打蚕笆用的篾片。取好青篾留起来,青篾用来打粮食篓、添箕、箩筛。黄篾打蚕笆。

# 二

《天工开物·蚕种》:"凡蛹变蚕蛾,旬日破茧而出,雌雄均等。雌者伏而不动,雄者两翅飞扑,遇雌即交,交一日、半日方解。解脱之后,雄者中枯而死,雌者即时生卵。承藉卵生者,或纸或布,随方所用(嘉、湖用桑皮厚纸,来年尚可再用)。一蛾计生卵二百余粒,自然粘于纸上,粒粒匀铺,天然无一堆积。蚕主收贮,以待来年。"

夏季蚕开养,蚕种统一到蚕站领取,蚕站在区所在地威坪七都唐村。接到通知，志勤清早起床，吃了六七个苞芦馃，翻过松茂岭去领种。蚕种是一张黑纸，蚕子密密麻麻如芝麻撒在黑纸上。夏蚕养一张，亦是试养的意思。蚕种不可见光，见光即孵化。领到蚕种，志勤小心翼翼地把它塞进衣服里面一只特意缝好的袋里，拔脚就行将起来。

三

《天工开物·抱养》："凡清明逝三日，蚕少即不偎衣衾暖气，自然生出。蚕室宜向东南，周围用纸糊风隙，上无棚板者宜顶格，值寒冷则用炭火于室内助暖。凡初乳蚕，将桑叶切为细条。切叶不束稻麦镐为之，则不损刀。摘叶用瓮坛盛，不欲风吹枯悴。"

"二眠以前，腾筐方法皆用尖圆小竹筷提过。二眠以后则不用箸，而手指可拈矣。凡腾筐勤苦，皆视人工。怠于腾者，厚叶与粪湿蒸，多致压死。凡眠齐时，皆吐丝而后眠。若腾过，须将旧叶些微拣净。若粘带丝缠叶在中，眠起之时，恐其即食一口，则其病为胀死。三眠已过，若天气炎热，急宜搬出宽凉所，亦忌风吹。凡大眠后，计上叶十二飡食方腾，太勤则丝糙。"

蚕种拿到蚕室，菊花早摆放好了"又"字架，架上搁着一只蚕笆，蚕笆上方吊着一只25瓦灯泡，灯泡发出黄黄暗暗的光。志勤把蚕种摊开来，灯泡黄黄暗暗的光照在黑纸上，志勤、菊花四只眼睛睁开，炯炯有神地盯着。

蚕室墙壁挂着两只温度计,志勤、菊花在桐乡学过的,蚕卵孵化要保证25℃室温。初夏一场雨,温度下降,他们马上上一盆木炭火升温;连日天晴,他就打几桶井水泼地降温。志勤、菊花交替盯着蚕笆,久了,连蚕笆编的横篾直篾都数了个清清楚楚。两个星期后,如灰蚂蚁般大小的蚕在黑纸上蠕动起来,志勤拿着一根鸡翅毛,把小蚕一条条吊起来,移放到另一个蚕笆里。蚕笆里,菊花切碎的桑叶摆成了一个"心"字,小蚕在心的中间艰辛地爬动起来。

唐王维说:"斜阳照墟落,穷巷牛羊归。野老念牧童,倚杖候荆扉。雉雊麦苗秀,蚕眠桑叶稀……"

孵化出来的幼蚕称一龄蚕,约吃三天桑叶后开始一眠,约眠一天,一眠起来后为二龄蚕。二龄约经两天半,开始二眠,约眠一天,二眠后为三龄蚕。三龄约经三天半,开始三眠,约眠一天,三眠后为四龄蚕。蚕眠不吃桑叶,所以有王维的"蚕眠桑叶稀"的诗句。

三龄后,蚕的食量是一天比一天大了,志勤、菊花背着竹箩,挑着蚕叶篓、布袋,不论晴天雨天都忙碌在桑园、蚕室里。三龄后的蚕,咬叶有声,一担桑叶饲向蚕笆,转眼就剩下了断梗残筋。只听见蚕室内"唰唰唰唰",如雨打瓦,此起彼落,似日日雨,夜夜雨。

取砂,消毒,饲叶;饲叶,消毒,取砂。

某夜,雨大雷炸,菊花、志勤给蚕取砂。一个闪电从蚕室天井窜入,灯炮瞬间一暗,菊花尖叫一声抱住志勤。菊花体矮,胸部却异常地丰满。夏日衣单,丰满的胸部紧贴住志勤身体,志勤是一腔热血直冲脑腔,全身顿时麻醉,双手不由自主地紧揽起菊花。俩人越抱越紧,意要崩溃。

呼吸急促中,志勤一下就想起读过的《春蚕》,《春蚕》内中的一些禁忌叫他醒过神来。

志勤想,生产队第一次养蚕可不能塌场,亦不敢塌场。

志勤松开手,轻轻把菊花箍住自己的手掰开,轻声细语说:取砂,清毒吧,生产队派我们俩学了养蚕,不能塌台啊。

# 四

《天工开物·食忌》:"凡蚕大眠以后,径食湿叶。雨天摘来者,任从铺地加餐;晴日摘来者,以水洒湿而饲之,则丝有光泽。未大眠时,雨天摘叶用绳悬挂透风檐下,时振其绳,待风吹干。若用手掌拍干,则叶焦而不滋润,他时丝亦枯色。凡食叶,眠前必令饱足而眠,眠起即迟半日上叶无妨也。雾天湿叶甚坏蚕,其晨有雾,切勿摘叶。待雾收时,或晴或雨,方剪伐也。露珠水亦待旴干而后剪摘。"

菊花摘桑喂蚕,心细如婴儿母。大雨天气,俩人摘来桑叶,菊花一定要倒出来摊开到蚕笆里,待日出,捧起蚕笆到蚕室外照晒一阵。晴天桑叶,必摊到蚕笆里,拿洒水壶淋上一些水,真正是待蚕如子。如此操作,劳体劳心,亦不言辛苦。志勤看在眼中,记在心里。

# 五

《天工开物·老足》:"凡蚕食叶足候,只争时刻。自卵出蚋多在辰巳二时,故老足结茧亦多辰巳二时。老足者,喉下两唊通明,捉时嫩一分则丝少。过老一分,又吐去丝,茧壳必薄。捉者眼法高,一只不差方妙。黑色蚕不见身中透光,最难捉。"

四眠后醒来,喂六七天桑叶,白蚕体渐渐透明发亮起来,蚕开始摇头摆脑,见碧绿肥厚的桑叶亦侧身爬过,它是要吐丝结茧啦。有几只急于结茧的,就着蚕架角落,一夜间把茧结好,白鹑蛋一枚,挂着。一只蚕笆里,透明蚕有三分之一时,蚕熟了。蚕熟了,可上簇了。

# 六

《天工开物·结茧》:"凡结茧必如嘉、湖,方尽其法。他国不知用火烘,听蚕结出,甚至丛杆之内,箱匣之中,火不经,风不透。故所为屯、漳等绢,豫、蜀等绸,皆易朽烂。若嘉、湖产丝成衣,即入水浣濯百余度,其质尚存。其法析竹编箔,其下横架料木约六尺高,地下摆列炭火(炭忌爆炸),方圆去四五尺即列火一盆。初上山时,火分两略轻少,引他成绪,蚕恋火意,即时造茧,不复缘走。"

蚕簇早在小蚕期抽空打好了。

麦秆铡成三十厘米长,稻秆一钩钩住,铁钩穿过一竹片孔,竹片固定在木梯上,志勤转钩,菊花添稻秆、麦秆,边添边退,不紧不慢,配合默契,打出一根根四五米大毛毛虫般的簇,黄灿灿地趴在地上。志勤、菊花拣蚕上簇。开始拣时,捏一只蚕朝电灯光下照照,拣多了,瞄一眼即认得蚕熟与不熟。一夜之间,簇簇雪白,似白龙卧地,发光耀眼。志勤、菊花舒出一口长气,笑了。

# 七

《天工开物·取茧》:"凡茧造三日,则下箔而取之。其壳外浮丝一名丝匡者,湖郡老妇贱价买去(每斤百文。),用铜钱坠打成线,织成湖绸。去浮之后,其茧必用大盘摊开架上,以听治丝、扩绵。若用厨箱掩盖,则浥郁而丝绪断绝矣。"

结茧三四天,把一蚕簇上的茧摘下来,粒粒蚕茧白亮丰盈,志勤、菊花四眼不时相碰,心生甜蜜。茧摘干净,拿来杆秤一称,一张蚕种结了68斤茧,初养即高产,生产队长决定秋季养两张。

蚕架拆卸下来消毒,蚕笆清洗干净,蚕簇杀毒暴晒,志勤、菊花准备着第二场养蚕。

秋季蚕茧又丰收,俩人感情亦丰盈起来。一年后,他们结婚生了子。三四年后,生产队解散,他俩还养蚕。十三四年后,上面要求粮田全部退粮种桑养蚕,志勤、菊花夫妇把蚕养得肥肥的,茧结得大大的,大蚕屋一幢平地起。存折有了,拿钱到镇上买了栋房子,他俩瘦成了鬼精。

儿子高中毕业,没有考上大学在镇上游荡,在镇上嬉。

他们的儿子不喜欢养蚕,喜欢赌博。一次网上赌博,输掉两百多万元,屁股一拍离家外出——躲债要紧。

菊花一惊之下瘫到医院,人事不知,靠输营养液活着。

志勤变得自言自语,端碗亦言,上山亦语。

后来,上面又说要退桑还粮,要大家把田里的桑树挖掉,种粮食。志勤蒙了,蒙了就把蚕架劈成柴,一堆堆码在蚕室里,把蚕笆叠在蚕屋门口,让它们吃水啃雪。

志勤的头发一下全白起来,如落了一头雪。话语重复且密集起来,像一位男"祥林嫂"。

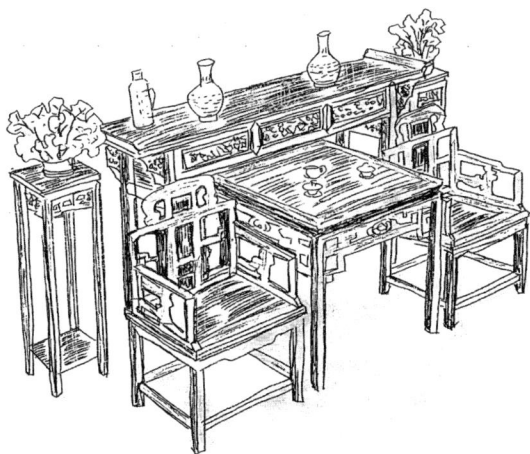

# 八仙桌

　　在淳安,农家的堂前几乎都有一套摆设:一张长画桌紧靠屏门板,一只大木桌子紧靠画桌,两把靠背椅左右分立于大木桌两边,四条长木凳摆在堂前空闲处。那一张大的四方四正木桌,不论男女老幼都一个叫法"八仙桌"。家境不一样的农家,"八仙桌"的简陋与豪华泾渭分明,一目了然。不管生活困顿与丰盛,一个家庭里的那张八仙桌,必须具备并一定要摆在堂前,这样才是一个像样的家。

一张四方四正的木桌能供八个人吃饭、饮酒、喝茶、聊天,冠名八仙桌是有渊源的。流传,八仙遍览人间美景,每到名山大川,或看到乡间野趣,乃至村姑采桑、渔樵问答,情之所至,莫不找个居高临下之地,聚石为桌,饮酒啖果,逍遥之极。现在散落在各地的"八仙石""八仙坪""八仙台"之类就是八仙所遗,人们出于敬仰和祈福的心理,仿效其样式做成桌子,取八仙名,故称为八仙桌。

还有一种流传说法是与画圣吴道子有关:相传吴道子运笔如神,其画名满天下,千金难求,八仙慕其美名特来拜访。吴道子见八仙翩然而至,美不胜收,挽留饮宴,苦于没有可同时招待八仙的桌子,便挥笔立就,画得一桌,经八仙点化成为实物。此桌可坐八人,肯定是八仙了,故名八仙桌。

八仙桌坐八人,那么这八人怎么坐呢?我们祖先在历史长河中,总结并推广出很深的礼仪规矩,八仙桌上人的座次依照:坐北朝南的房子,北为上,左为上,就是主宾是坐在北面东侧的座位,主陪坐在主宾的右侧。如果有两位贵客,就都坐在上席位置,主人坐在背对着门的任意一个位置。老家规矩,隔省朋友最大,坐八仙桌靠画桌方的左手位置;婆亲嫁姑,娘舅最大,坐上方左手位置。也见过吃喜酒掀八仙桌的事,那肯定是坐的位置安排不妥。

"八仙桌"的取料用柏树,用杉树做那肯定是一户苦农家。

取"八仙桌"木料,要请木师傅到山上去择好,斫到家里来。请木师傅很隆重，开门接师傅，头一天早上鸡子滚酒，酒是甜糟酿，鸡子是家里有三个敲三个，有五个敲五个，鸡子下肚再吃麦粉菜馃，油顿顿的。在我老家，煮鸡子是一件很高规格的吃食：须是贵客临门，师傅进门，家人生病，妇人坐床姆（坐月子）才吃得着。鸡子来之不易，淳安人往年养鸡，一家也只养那么三只五只的，三五只里边还有鸡公，鸡公是只会打鸣报晓不会下蛋孵鸡。

母鸡生了蛋，蛋拿到供销社去卖，换成钞票，拿来买盐、肥皂、火柴、煤油。煤油拿来做啥？煤油拿来点灯，一盏煤油灯照亮过老家几十代人的黑暗。

吃过鸡子的师傅，肩膀背起斧头，腰里系上刀栅，刀栅插进去一把柴刀，朝山上走，去寻找他心里那根合格的柏树。一座山一座山的，终会寻到那根躯干粗壮、笔直，树杈稀疏的柏树，这根柏树，锯出的木板细腻、光溜，做成八仙桌子，油漆师傅一上手，桌面通体一色，无疤无痕，油光锃亮，映像如镜。

师傅站在一根粗壮笔直的柏树下，嘴对着双手手心"扑扑"吐几口唾沫，双手一搓，抡起斧头"啪、啪、啪"，一下一下地斫起树来。

斫树声声，飞鸟乱窜，空旷的山野里多了几分热闹。

吱吱嘎嘎一阵呻吟，柏树伟岸的身体沉重地砸向大地，师傅就地急速拔起一把杂草，盖住斧痕鲜艳、流着泪汁的树桩，仪式庄重，形态肃穆，视树桩如先祖。

歇一下，师傅用木尺就着树身丈量出"八仙桌"需要的板材，一段一段锯了，又一段一段背到东家家里。

我村里圣字辈一户，兄弟姐妹十个，四男六女，男丁取名圣强、圣全、圣权、圣力；女子取名是不安辈分的，菊花、稻花、杏花、桃女、葱花、梨花，花团锦簇地一路取下来。

一年一年过去，娶的娶嫁的嫁，兄弟姐妹十个都成了家立了业。

老二圣全，娶来洞源里徐氏，头胎生了女儿，也是一刻心里不快，但又反过来一想："先开花后结籽"，这也是好兆头，女儿先来，儿子后来吧，心里就舒服多了。

女儿生得长手长脚，身体粗壮，可皮肤却生得漆黑，像是用烟灶灰全身涂过一样。

圣全感觉到女儿皮肤黑，以后的路好像也不太明亮，就给她叫了个小名"雪花"，雪花飘飘，又白又亮。

女儿周岁，圣全托了村里行医的圣金，给女儿取一个正式名字。

圣金和圣全在村里同是圣字辈。圣金读了几年私塾，十八岁那年娶来河村一位清末秀才的女儿，秀才岳父也行中医，嫁女儿时嫁妆箱里放了几本医书：《伤寒论》《金匮要略》《黄帝内经》《难经》《温病条辨》《汤头歌诀》《神农本草经》《千金方》《濒湖脉学》《药性赋》。圣金是何等聪明人，拿了药书自学起来，不识得的地方去河村问岳父，一学用的，在村里行起医来。岳父中意女婿聪明，把他领到贤墓村一位老中医朋友那里去，托他收女婿为徒，提升医术。圣金拜在老中医门下，系统地学起把脉，专走杏林之路。拜师那天，老中医闭眼掐指一算，要他把"圣"改成"海"，大海藏金，光芒四射。从此圣金变成了海金，但他的圣字辈分在家谱上是改不掉的。

老中医非等闲之辈,他把脉坐诊,名满方圆百里。给病人把脉诊治,常常是用药三帖,药到病即除,乡间赞称他为"郑三帖",老中医姓郑。

郑老中医医道精深,文学功底也深厚,古典诗文戏曲样样通晓。郑医生读《三国演义》《水浒传》《西游记》《红楼梦》四大名著,还读《西厢记》。

《红楼梦》既读其人物故事的悲欢聚散,更读书中给各色人物治病的药方。

收徒第一课,便开说《红楼梦》,他问徒弟海金:薛宝钗生来就带一股热毒,须常服"冷香丸",这"冷香丸"的药方你晓不晓得?

不晓得吧? 我告诉你,这个方子,要春天开的白牡丹花蕊十二两,夏天开的白荷花蕊十二两,秋天的白芙蓉花蕊十二两,冬天的白梅花蕊十二两。将这四样花蕊,于次年春分这一天晒干,和在末药一处,一齐研好。又要雨水这日的雨水十二钱……还要白露这日的露水十二钱,霜降这日的霜十二钱,小雪这日的雪十二钱。把这四样水调匀了,再加蜂蜜、白糖等,和了龙眼大的丸子,盛在旧瓷坛里,埋在花根底下。若发病了的时候,拿出来吃一丸,用一钱二分黄柏煎汤送下。

药方里蜂蜜、白糖是个"甘","黄柏煎汤"是个"苦",薛宝钗是要阅尽世态炎凉,更需遍尝人间甘苦的人,是人都差不多。

郑老中医讲着讲着,嗓子有些干燥,海金急忙从长凳上起身,沏茶端到坐在"八仙桌"左边太师椅子上的郑老中医面前。

"要学好中医治人病,《红楼梦》须不离你身,读着读着你就会通了,人的病,书里讲尽了。"

郑老中医端起"八仙桌"上的茶,吹开浮在上面的几片茶叶,慢慢悠悠地喝着。

再说一下那林黛玉,仙女一样漂亮,可她自小就得吃一种"人参养荣丸"。你听一下这药方子:人参、白术(土炒)、茯苓、炙甘草、当归、熟地黄、白芍(麸炒)、炙黄芪、陈皮、远志(制)、肉桂、五味子(酒蒸)、鲜姜、大枣。这丸了是气血双补啊。

我说,林黛玉是一根行走的人参,正因此,林黛玉服用人参养荣丸,应称"自养"。

"人参养荣丸"中的荣,除了指荣卫,在《红楼梦》中,还多被默认为是荣国府,这里面就很有意思了,林黛玉初进府,"人参养荣丸"就露脸了,意味着什么呢?意味着林黛玉这株人参啊,要来滋养荣国府了。

海金被郑老中医引进了如幻如梦的知识世界里,自此潜心跟师傅研修,五年后便自成一家,独当一面。

海金把脉医病,一有空就读书,遵师傅命《红楼梦》是随身携着,此外他还读《康熙字典》。

圣全托他给女儿取名,海金相了一下圣全女儿的脸,从书橱里拿来《康熙字典》,摆到堂前的"八仙桌"上,一页一页翻查起来,查到"赤部",眼睛一亮:赤,古文烾,昌石切,音尺。《说文》,南方色。

"南方色多红,黄色见者少。"

女孩子皮肤黑,该让红光照一照,映一映,染成红艳的货——"赤娥"。

圣全女儿"赤娥"在全村叫开了,不过圣全还是"雪花、雪花"地挂在嘴上。

我们这一支王姓，祖上是从安徽婺源迁徙来的，说迁徙，不是举家而迁。

祖上叫王元万，在婺源有三兄弟，他排行老三，一家兄弟姐妹里头，老三老四都比较滑头聪明。老三有经商头脑，一年隆冬，田地山川被白雪压得昏天黑地，这年雪落得紧而久。田地里活儿闲了，元万公挑了两竹篓茶叶、笋干等山货，过休宁，经屯溪，渡歙县，沿新安江直下往钱塘走。走到威坪，见四面青山环抱着千顷良田，踏进永平街，布店盐铺南北杂货应有尽有，街道上行人川流，不息不歇。他一边卖山货一边打听，有人告诉他北面有个始新源，地肥水美。他一路往北，来到威坪六都凤凰山脚黄畈，见此地四面环山，田野开阔，脚下田畈像一大船，内心不觉感叹起来，好地方啊！天也茫茫，地也茫茫，雪还在纷纷扬扬地落。元万公突然听到一阵木鱼敲击声，诵经声传来，循声寻去，凤凰山山脚有一古寺，门楣上写着"神景寺"三个金字，古寺四周翠竹晃白。元万公饥肠辘辘跌入古寺，寺内和尚见了，烧水供斋饭，出家人慈悲为怀。

元万公在古寺里住了三天，三天时间里，他只在寺外转悠，望凤凰山，看黄畈，觉得这里风水好，便生起久住此地之心。

他把心事和寺内和尚一讲，和尚双手合十，念声阿弥陀佛，答应他在寺庙空着后厢房安居，并让其租种本寺祭田。

元万公勤劳向善，精心播种，不久娶吕氏为妻，生下一子取名俞抱，是为始新王氏一世祖。

自此血脉传承，代代有后。

居住在神景寺六年，第七年开春，元万公雇人挖土填石在古寺边上建房子，房子坐北朝南，一层，两个房间一厅堂。新屋起梁盖瓦，祖家安徽婺源派了老二元灼公，肩挑木工工具，来为老三新屋里添置家具。

元灼公学了木匠，是一位好木匠师傅，在老三家里做了大半年木工，粮食橱、菜橱、衣柜、四方凳、碗搁橱、床边桌，最后做画桌一只、长条凳四只、太师椅两只、八仙桌一张。

开始做八仙桌，开始雕花，四条桌腿上部雕暗八仙。

扇子——汉钟离，宝剑——吕洞宾，葫芦加拐杖——铁拐李，玉板——曹国舅，花篮——蓝采和，渔鼓或拂尘——张果老，笛子——韩湘子，荷花——何仙姑。

四条腿踏地雕马蹄。

桌面下边牙板雕吉祥云。

攒框打槽，做面心板。面心板用三块柏树板拼起来，桌面心下面装托垫木条，桌面牢固，不裂痕缝。这一张八仙桌，耗了老二满腔心血。

八仙桌经漆师傅一油漆，镜光洒亮，暗红端庄，摆在老三新屋堂前，如大儒般儒雅。

老二元灼公要回安徽婺源了，那夜晚饭过后，牵了老三到古寺内，兄弟俩跪下燃香拜了佛，老二嘱咐老三，堂前八仙桌面板用三拼的，是我们兄弟仨啊，你在外立家，一定要记住王氏祖训：以忠事君，以廉为吏，以德修身；以孝事亲，以学立志，以俭为本。若违犯祖训，你堂前的那只八仙桌一夜之间会板面裂开，三块板分散离开。

兄弟切记！这不是我做下机关，是祖德使然。

元万公泣别老二，即给儿子立下规矩，凡以后百代千秋，我王氏子孙堂前所立八仙桌，都要照元灼公所做八仙桌为样本，桌面板一律为三块。自己百年之后，这张八仙桌只传给遵祖训、不犯法的后代子孙。

这张八仙桌传过三十多世传到了三十四世孙圣全手上，八仙桌还硬朗无比地立在堂前，油光烁烁，桌上八仙陪伴王氏家族走过了几百年，桌面板缝紧密，毫发也嵌不进。

圣全跟师傅学手艺，先学拉大锯锯板。柏树、松树、杉树、樟树捆绑在桌马上，师傅站在大木头上边，圣全蹲在下面，锯子吃着墨线，"齐卡齐卡"一拉一送，木香扑鼻，木屑纷飞。第一天拉下来，腰酸背痛腿抽筋。不停地拉上两三个月，筋骨才慢慢硬起来。开始拉那把大锯，拉着拉着锯齿就离开墨线，师傅停下手，教他法子，慢慢地锯齿开始走正路，贴了墨线走着。

接着学刨木板，接着学凿孔，接着学拼物件。

老家俗话讲，木匠师傅就是一个人、一把锯、一支尺、一条线、一段木，其实是没这么简单的。圣全学木师傅后才知道，木师傅用的工具多，每件都有不同的功能，每件都要学得得心应手。

比如锯子，有二人抬大锯、二锯、开锯、手锯。大锯：用以切割大型木料；手锯：切割小型木料，锯条窄，灵活。

刨有拼缝刨、平刨、二刨、净刨、裁口刨、坡棱刨、单线刨、清口刨、单槽刨、清槽刨、双刃槽刨，一把刨一把刨学过来。

还有斧头、小锛、麻花钻、牵钻、手拉钻。小方尺、大方尺、活角尺、墨斗。

打木孔的凿子有一分凿、三分凿、四分凿、五分凿、六分凿。

少不了一块磨刀石。

三年徒弟,三年伙计,圣全出师了。

圣全的手艺炉火纯青,大墨小墨样样精通,做出来的八仙桌,外形内质都胜过一世伯元灼那张,仅凭这一件活儿他就响遍了五六七八都,后来九都也来请他。

圣全老婆生了女儿赤娥后,再没生育。

赤娥十五岁,媒婆上门说合,招高山棚里村一木师傅入赘,做圣全的儿子。儿子姓叶名大梁,屋脊顶上木梁的梁。

入赘儿子大梁的手艺还是"半桶基(手艺粗糙)",细墨不懂,只做做大墨———造屋劈梁,锯椽,搁板。

圣全带着大梁去五都横塘做八仙桌,嘱咐他做四条与八仙桌配套的长板凳,板凳完工,圣全拖过来一坐,四条凳塌了三条。

圣全脸色瞬间灰暗起来,没来由地想起女儿赤娥来,唉! 面孔好黑,好黑。

大梁的手艺是跟了安徽杞梓里一师傅学的。师傅不识得做小墨,橱、桌、凳、椅一样也做不了,大墨做得还好,可每幢新屋上大梁前,总支开大梁,他自个围着梁转一圈又一圈的,嘴巴里念叨念叨的,神秘兮兮。凡大梁师傅上过屋梁的那幢屋,过几年后,家里人一睡觉就有一只似野猫的来压身,厉害时白天打个盹儿也来压,压得人精疲力竭,身体软塌塌,整个人像丢了魂。

大梁的师傅不到四十岁就死了。生了一种隔症病,吃不了饭,吞不下水,活活饿死,短命鬼。

木匠这一行不知出于哪一邪宗,做大墨时在屋脊梁上暗暗画上符,算计这一家人,睡觉时有种像野猫一样的牲畜来压身,久而久之会压死人。

画符的木匠也活不久,大都短命。

圣全儿子大梁,入赘后第一次给人做屋,起屋梁那天,圣全家堂前那张祖传八仙桌,三块面板突然就裂开了,裂缝掉得下整粒的黄豆。

圣全那张脸唰地墨黑下来。

# 太师椅

　　学者陈增弼所著《太师椅考》中写道："我国古典家具多数是按使用功能或结构特征来命名的。家具以官阶命名并与具体的历史人物相联系的并不多，'太师椅'是一个特例。"事实的确如此，淳安各家的堂前都摆着一只"汉文桌"、两只"汉文椅"。其"汉文椅"有的做得简陋，有的做得豪华。豪华者亦不过是"太师椅"的模仿,显得单薄而纤弱。村子里真正拥有"太师椅"的家庭很少,很少。

"太师"一名为中国古代的官职名称,又名太宰,与太傅、太保为三公,正一品。顾名思义,"太师椅"就是太师坐的椅子。"太师椅"底座宽大,靠背较高,两边有扶手。其木材取千年柏木,贵重的取楠木。木材厚重,椅架宽裕,显示出雍容华贵,人坐上去有一种稳于泰山之感。

中国古代人们起居方式分为席地而坐与垂足坐两种,家具品类与形制围绕着这两种方式变化而制作,椅是一种坐具。

古代是没有椅子的,古人席地而坐。但很早却有"椅"字出现,《诗经》记载:"其才同其椅","椅"即"梓",是一种树木,材可做家具。

到唐朝,古人的坐姿有了较大的改变,改席地而坐为立身而坐,椅子便出现啦。据说,椅子是从北方游牧民族传到汉族区的。

太师椅的出现与大奸臣秦桧有关。当时的椅子是胡床,后靠背低矮,时任"太师"的秦桧坐上椅子,头一抬背一靠,不想头巾往后掉了。京伊吴渊便命人制作了一种荷叶托首,安装在椅圈上——太师椅便由此得名。到明清时,太师椅的式样并无固定形态,形体大,做工精致。但清式太师椅的特征是造型宽大,后背做成屏风式,椅背后有托首,两侧有站牙,或雕或刻,或镶嵌大理石、玉片、彩瓷片等。

古代,上朝或聚会,人的座次十分讲究。这是中国历朝历代统治者规定下来的等级秩序,官本位造成的。座次之道即为官道,"位子"等同于"权力",所以说中国自古以来不断有人为"位子"争斗得你死我活。太师是六卿之首,太师所坐的椅子亦跟着光彩开来。

随着时代的变迁，"太师椅"亦渐入寻常百姓家。读《梁实秋散文集》其中一篇《书房》里写到闻一多："唯一的一把木根雕制的太师椅上，全是书。那把太师椅玲珑梆硬，可以入画，不宜坐人，其实亦不宜于堆书，却是他书斋中最惹眼的一个点缀。"

民国时，村里出了个当官的，回老家造了一幢大房子，天井盖玻璃瓦，窗户装铁栅子，屋柱乃一人合抱之柏木，屋墙底围一圈茶园石。堂厅上，红木八仙桌配两只红木太师椅，气派辉煌。可是，做这些所用去的钱是贪污受贿来的，新中国成立后，便被人民政府没收充公，八仙桌、太师椅作为公社办公桌椅，为人民服务了。

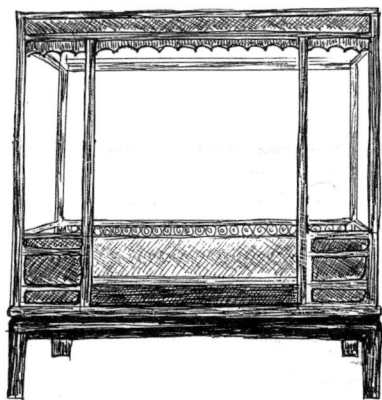

# 五扇床

　　村人王某,祖父辈有九兄弟姐妹,四男五女,2019年立冬那天,最小的嫁在七都的那位姑奶去世了,享年99岁。按农村里的算法,姑奶应该是100多岁啦,闰年闰月加起来是有的,要照旧时的习俗办,村里应该给她建一个"百岁坊",用以表彰她的高寿,每个人都是吃五谷杂粮的,寿命的长短却相差甚远,长寿的人一个最好的习惯就是与人善良,"好人不留种"这一句话是不太妥当的。

王某的祖父是长子,四兄弟里老二最活头(圆滑),生得一表人才,黑发白肤,颀长身材,完全不是做活儿(当农民)的料。曾祖父母对他宠爱,十二岁就送到祠堂上私塾,识文断字,希望他给家里带来荣耀。二祖父脑子灵活,读书也乖巧,只是对铜钱特别关心,算盘子拨得精。私塾读到十五六岁,他向曾祖父母提出要娶媳妇。十五六岁讨老婆嫁老公属正常事,有句老话讲"歙南真荒唐,十三爹来十四娘"。淳安的文化根基是新安文化,有许多习俗跟安徽歙县一样,徽文化根深蒂固地烙印在身体里。很多家庭为了把孩子从小送出去,十三四岁就会让孩子结婚。搁到现在,除了违法,思想上也是难以理解的。

王某的曾祖父母重视家族观念,儿子走读书当官之路不成,早点结婚成家,也意味着立业了,儿子立业也是家庭里的一种荣耀,何况要讨老婆是老二自己提出来的,再好不过的事。

祖父是老大,比老二大两个年头,身体魁梧,手里胛(手臂)比老二的脚络管还要粗,牧牛割草,犁田耙地,斫柴烧炭,件件都精。力气大,一担苞芦二百多斤,从苞芦山上挑到家只要半天工夫,人家吱吱嘎嘎要挑一整天。春播耕麦田种稻,他一个人能筑三头牛同时耕的三丘田的田塍,牛耕得扑哧扑哧大口吐白沫,祖父悠悠然在蹲在田塍上抽旱烟。

二祖父急着要讨老婆,按旧时规矩老大讨了后再老二讨,曾祖父托人到七都后屏村,给祖父问了个女子,两家拿了"八字",祖父母两人

"八字"相合，亲事就定了。

定了亲，择日迎娶，曾祖父动手准备起儿子的结婚家具，第一等要事是请木师傅来做结婚用床，淳安叫"五扇床"。

五扇床几乎家家户户都有。五扇床的大小、长宽如同一般的床，亦呈长方形，但不同的是这种床的正面有一敞口，专供人们坐着休息、入床睡觉之用。敞口的两边拼起两扇屏风，加上床后，床两头用木板做三面屏风，合起来正好是五扇屏风，"五扇床"之名可能由此而来。

五扇床，淳安有的地方也叫架子床、两亭架。

五扇床有几种档次，好的五扇床的五扇屏风全部是雕刻的，图案有"龙凤吉祥""鲤鱼跳龙门""马上封侯"。

"马上封侯"：一只戴冠猢狲骑在一匹马上，寓意子孙后代有人马上要当官出仕。这类床在选料上很讲究，选红木、樟木等。不雕刻的五扇床，是油漆匠在屏风上画"丹凤朝阳""五子登科""红梅闹春"等图案。好油漆匠绘画逼真，令人赏心悦目；而"半桶基"（手艺不精，没有出师）油漆匠画的那尾喜鹊像只鸡，凤凰像一只老鸦。

床是供人躺在上面睡觉的家具。经过千百年的演化不仅是睡觉的工具，也是家庭的装饰品之一。床本是一种坐具，《说文解字》说："床，安身之坐者。"郦道元的《水经注》也说："（井）旁有一脚石床，才容一人坐。"从郦道元的说法来看，这种床的面积很小，只能坐下一个人。显然，这不是用来睡觉的床。汉代刘熙的《释名》中说："人所坐卧曰床。床，装也，所以自装载也。"这意思是说，不管是坐还是卧，只要能把人装进去的器具就叫床。

床是纯静态休息的寝居，也是用来在夜间睡觉的家具。目前，床的发展已到了一个相当繁荣的时期，无论从设计、工艺还是在选料上，都有了很大的变化，种类有单人床、双人床、木板床、棕绷床、席梦思床、沙发床以及铜床、铁床、铝合金床等，可谓五花八门。但任其如何变来变去，我家曾经的那张五扇床始终是床中之王，因为我就在那张床上生下，它不仅伴随我度过美好的童年，还带给我无限的温暖，所以我特别留恋那张床。

王某祖父的结婚床，曾祖父只请来村里刚出师不久的，一位叫吾子的木匠师傅来做，他是跟师傅学大墨的，做屋起梁，锯板摊搁板是他的拿手戏。吾子细墨做得少，村里没有人请他做细墨打家具。

淳安有句俗话，粗墨的斧和线，细墨的锯和料。

传统木工手艺一般分为三个种类：有造房子的粗木工，淳安行内话叫"粗墨"；有做家具的细木工叫"细墨"；还有箍桶做盆的叫桶师傅，亦叫圆木匠。

做"粗墨"，要把圆木劈出梁、枋柱、檩、椽，斧头及用斧的技能最重要。"粗墨"取料弹线更为重要，线有中线、水平线和尺寸线等。梁、枋柱、檩、椽都要先弹出中线，根据中线操作。施工放样、大木料构件画线，要弹出水平线和其他尺寸线，弹墨线是"大墨"手艺最重要的技术。

"细墨"师傅大都做家具，每一件家具要做到榫卯正确、拼缝严密，光滑漂亮，经久耐用。"细墨"做家具，在刨、凿、锯、削等多项操作工序中，锯显得相当重要。刨料是"细墨"最为重要的基本功，刨料要直、方、平，刨好一块料，闭住一只眼，从料一端望向另一端，直线一条溜到头，这块料才算做合格了。

吾子是学"粗墨"的，人做得好，三年徒弟三年伙计，一天一天起早摸黑跟着师傅一心一意学徒，对师傅、师傅一家人很孝敬，出师那天，师傅悄悄地传给他一本《鲁班经》，嘱咐他："做木师傅时时刻刻要敬鲁班先师，给人家做事，心一定要正，千万不要弄算（算计）人家啊。"

师傅要吾子好好读读《鲁班经》，遵守祖师爷的训诫，时时敬之奉之，祈求祖师爷保佑。

《鲁班经》是木匠的一本经典书，记有做屋上梁时，举行祭祀先师鲁班的仪式祝文。卷一《起造立木上梁式》云："凡造作立木梁，候吉日良辰，可立一香案于中亭，设安普庵仙师香火，备列五色钱、香花、灯烛、三牲、果酒供养之仪，匠师拜请三界地主、五坊宅神、鲁班三郎、十极高真，其匠人称丈竿、墨斗、曲尺，系放香桌米桶上，并巡官罗金安顿，照官符、三煞凶神，打退神杀，居住者永远吉昌也。"

作为师傅，《鲁班经》是不轻易传给徒弟的，吾子能得到师傅的《鲁班经》，是他心地纯正，忠孝厚道。

吾子出师了，每到一家动手做手艺前，都要默念一下《鲁班经》："手拿金斧照四方，墨斗曲尺在中央，一副墙牺日月样，鲁班弟子来行墙。"

"行墙"是做屋起屏，先前做屋要先竖起木柱子，然后围基砌墙。上大梁时默念《请梁进语》："此木原来身姓梁，生在山中万丈长，是我鲁班弟子亲手造，造主请尔入中堂。"

吾子的"粗墨"慢慢地在本村本乡出了名，后来，带出徒弟一大班。

王某的祖父忠厚老实，又是天生的"嘎子"（口吃），一句话断断续续，很长一段工夫才讲得清，遇到急事，就要跺脚画手讲上个半天。祖父平时也不知道讨好卖巧，曾祖父不太中意他。

祖父结婚的家具也就将就着，面子上过得去就行。

吾子父母亲死得早，世事艰辛，人情冷暖，造就了他一副厚道心肠，给人家做木匠活儿扎扎实实，尽力而为。

木师傅吾子进门，尽心尽力打起婚床来，取好柏树木料，锯、刨、凿、钻、合榫卯，做得一丝不苟。

床，虽然不及"细墨"木师傅做得精致，也没有雕花镂鸟，但结实大方，显示出劳动本色。

王某的祖父母在这张床上，生育了五女二男，个个壮实聪明。

王某兄弟姐妹四个，在这张床上挨着祖父母睡过了整个的童年和少年，平平安安健健康康。

祖父七十五岁老死在这张床上，祖母八十四岁老死在这张床上。

后来，这张床小祖父拿去睡了，小祖父七十九岁亦老死在这张床上。

小祖母今年一百零一岁还睡着这张床。

床结实如故。

过去，手艺群里有一种黑道技艺，他们挨家挨户做手艺，东家招待周到热情，伙食丰富，师傅就不下黑手、做机关，建筑的房屋，打的家俱不出现怪异。要是东家刻薄小气，师傅在房梁上、家具榫卯的地方下黑手，做上一"机关"，叫东家往后不得安宁。隔壁邻村有个木匠，手艺好，可心孔歪，他给人家做的房屋、打的床，一年以后这户人家准出事。

"床"字最早出现在甲骨文里，《诗经》里也曾提到床。《释名》解释说："人坐、卧曰床。"早在汉代，床是陈于堂上显著位置的家具，尊贵者坐床，与如今卧室里的眠床是不同的。李白的"床前明月光"中的床，指的是这类床。李白看到的是床前即堂前地面上的月光，而不是在院中望月。以宋元断纹小漆床为第一，次则内府所制独眠床，又次则小木出高手匠作者亦自可用。永嘉、粤东有折叠者，舟中携置亦便。若竹床及飘檐、拔步、彩漆、卍字、回纹等式，俱俗。近有以柏木琢细如竹者，甚精，宜闺阁及小斋中。

床在古代是坐卧之具，非今天的卧具。《说文解字》云："床，安身之坐也。"《孔雀东南飞》中焦仲卿的母亲曾"捶床便大怒"，李白《长干行》诗云："郎骑竹马来，绕床弄青梅。"床，均为坐具，而非卧具。而《古诗十九首》里却有："昔为倡家女，今为荡子妇，荡子行不归，空床难独守。"床又是卧具。沧海桑田，到唐宋时期，桌椅普遍使用，床才独立成为专供卧具。供卧眠，而辗转其上难以入眠，所以床在古典诗词中就有一种孤独寂寞的意境，李商隐《端居》："远书归梦两悠悠，只有空床敌素秋。"在满怀心事的夜晚，听秋风渐起，陪伴自己的只有一张空床。在人生的悲欢离合中，在四季的时光转换中，有多少孤独的不眠之夜，陪伴不眠之人的也只是一张床而已。

床有床神，且分公母。

床神是乡间礼拜的吉祥神。人的一生，从母亲受孕开始，到呱呱坠地，到滚爬摔打，由幼年到少年到青年到中年最后到老死床头那天，有一半的日子都是在床上度过的。男女之欢,养儿育女,全离不了床,对床就产生了一种敬畏。敬畏之心产生后,就产造出一种崇拜——床神。床神有公母,床公喜欢喝茶,床母喜欢喝酒,这与凡间不同,凡间是男的喜酒,女的喜茶。祭祀时要分别待之。

祭祀床神保佑小孩儿平安。小孩儿出生,小孩出麻疹,都得祭拜床神。小孩儿生下第三天,家人即用糕点祭拜,叫"洗三"。七夕是女儿节,从前乡间传说,树有树神,床神是儿童的保护神。女孩子在七夕这天,要拜床神,拜了床神就会有一双巧手,有一双巧手,纺线扎花、纳鞋补衣灵灵巧巧。

床神能保佑全家安寝。把茶酒供奉于卧室,以祈求床神保佑全家终年安寝。祭拜床神大多在年底,也有在阴历每月初一、十五祭拜。平时祭拜不需要大鱼大肉,摆点瓜果糕点即可,甚至在吃饭碗里插上三炷香祭拜也行,床神好说话,要求不高。

祭祀床神保佑夫妻和美。乡间,一对新人入洞房时,都要祭拜床神。祭拜时,有一套仪式。祈求床神保佑夫妻和美,子孙满堂,族属兴旺。祭祀床神的风俗在宋代已十分流行。宋杨循吉《除夜杂咏》诗曰:"买糖迎灶帝,酌水祀床公。"给灶神买糖果,使其上天言好话,下界保平安。给床神上茶水,让其提神醒脑时刻保佑夫妻恩爱。后来,祭床神从民间逐渐传入皇宫内廷。宋曾三异《同话录》记载,翰林崔大雅有一夜在翰林院值班,突然接到皇上圣旨,让他马上写一篇《祭床婆子文》。崔大雅虽然满腹经纶,但对祭床婆之文却不知所以,"惘然不知格式",这种祭文的格式他从未见过,也没有从《四书》《五经》里读得。老练的周丞相告诉他,可以套用民间祭床神的格式来写。你就这样写吧：皇上遣某人致祭于床婆子之神曰,汝司床簀,云云。崔大雅如释重负,赶忙起草祭文了了事。

床公床母本不见有塑像的,后来有一种剪纸床神,剪纸正中一男一女,构图简洁；剪纸上方有"床公床母"四个字,下方有"金神床"三字；床公床母身体前标题着"永兴隆"三个大字；剪纸四角,各有一句吉言："姻缘美满""安床大吉""儿孙昌盛""长命富贵"；剪纸左右两边有对联云：上联"酒敬床婆茶敬床公",下联"高枕无忧康宁快乐"。贴在床上,保佑平安。

时光荏苒,床神也有了供奉的对象,一是真君和元君；二是周文王夫妇。北京朝阳门外东岳庙,正院西配殿广嗣殿,里面供奉是送子娘娘、子孙爷,主神叫九天监生明素真君和九天卫房圣母元君。这男女两神就是床公床母。

周文王叫姬昌,为周族首领五十年,是西周王朝的奠定者。周文王活到九十七岁。明许仲琳所著《封神演义》第十四回说,姬昌本身生有九十九个儿子,后又于燕山收养了雷震子,成了百子之数。活脱脱一位"多子多福"的楷模,夫妇俩受到祈求多子之人的顶礼膜拜。

王某的二祖父急着要讨老婆,曾祖父托人请来了河村一位做"细墨"的徐姓木师傅。徐姓师傅"细墨"做通五六七八九都,翻过六都门岭做到徽州府歙县,确实一身好手艺。

徐师傅身价高,工钱贵,请进门时,曾祖父叮嘱他：用尽全身本事,把老二的婚床做好,要慢慢做,慢工做出细活来,做一张全村都少见的床出来。工钱多少不计较。

徐师傅手艺确实好，做出来的那张床结实不用说，床的前两扇围屏，雕花镂鸟，一派喜庆富贵气。再经油漆师傅漆刷，描红嵌绿，这一张床惊艳了好几个村坊。

二祖父娶了一位清末秀才的女儿，夫妻俩在这张赫赫有名的床笫上生下了二男一女后，就停滞不生了，像夏天的阵雨一样说停就停。

二祖父完婚后，曾祖父把手上经营的一爿水碓全手交给了他。过了三四年，二祖父到六都松茂岭脚开起了一爿杂货铺，做起轻松生意。村里人传话到王某祖父耳朵里：你们老二管那爿水碓，私下扣住不少钞票啦，自己的店都开起来了。

王某祖父憨厚地笑笑：自家兄弟不要紧的。

二祖父四十多一点突然就得了一种病，寻医问药，终是无救。

二祖母带着儿女改了嫁，那张床也随了嫁。

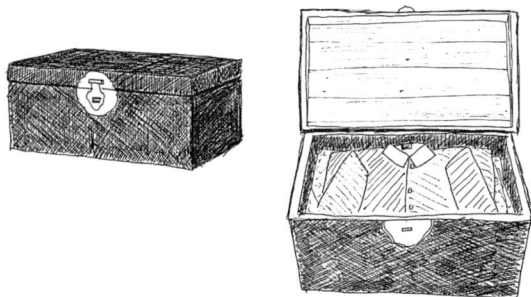

# 箱子

　　读明代冯梦龙《警世通言》中的《杜十娘怒沉百宝箱》,我记住了那个价值连城的百宝箱。一只箱子竟然装得下那么多的金银珠宝,真正的奇了。也让我对杜十娘心生惋惜、遗憾,感慨杜十娘的贞烈,憎恨李甲的负心。亏得明代程岫有《故妇叹》:"妾心如箱奁,内好难自承。"那孤独的个体在内心有多少言说，多少悲愁，却无从表达，只能像宝物一样将这些藏于箱子，深深地埋藏起来。

还是明代的文震亨，他先把日本人的箱子拿来说事，也不知出于何种缘由和目的。《长物志·箱》："倭箱黑漆嵌金银片，大者盈尺，其铰钉锁钥，俱奇巧绝伦，以置古玉重器或晋、唐小卷最宜。又有一种差大，式亦古雅，作方胜、缨络等花者，其轻如纸，亦可置卷轴、香药、杂玩，斋中宜多畜以备用。又有一种古断纹者，上圆下方，乃古人经箱，以置佛座间，亦不俗。"

文震亨所说的箱子，以放古玉重器及书画佛经为要，其实旧时淳安家庭里所置箱子，皆用来贮放衣裤床单被面，很少有人拿来放金银珠宝、书画经卷。

我家有四只箱子。祖父母大人房间里一担（两只），许是年世久远，箱子已成黑色；父母亲大人房间里一担，红漆还发着光。老家风俗，嫁女儿的嫁妆里头必要一担箱子，漆成红彤彤的色，如火在床前燃烧。箱子取材杉木，质轻体香。

记得父亲大人有一只小竹箱，小竹箱分两层，打开盖子是一层，把里面又一层像抽屉一样拿起来下面还有一层。上面一层放纸，下面一层放砚台笔墨，感觉是古时考生上京赶考的考篮。父亲大人有这么一只小竹箱，是因了他那一年考上了义乌简易师范，要去义乌读书，要随带笔墨纸砚。家里请来了竹匠，编了这么一只竹箱。

父亲从简易师范毕业后，分到淳安教书，小竹箱是随身携带，一直带到20世纪70年代末，才弃了不用，放在一只橱顶上。

有年清明回老家上坟,突然想起家里的这件旧物,楼上楼下寻遍,这只小竹箱已不知去了哪里。

# 马桶

梁实秋在一篇散文里写过马桶："我在上海住几年,黎明即起,弄堂里到处是哗啦哗啦地刷马桶的声音,满街的秽水四溢……"所写是旧上海,不单一个旧上海是这样的生活方式,京城北京、南京亦如此。几十年前,我去杭州还见过拎了马桶去厕所倒秽物的。南宋吴自牧《梦梁录》说:"杭城户口繁伙,街巷小民之家多无坑厕,只用马桶。"

城市里的马桶与淳安样子不同,城市马桶矮矮的,高不过两尺,桶底和桶口一样粗,有圆盖,圆盖上凿着凹的提孔,桶口两边钉有一铁拎手。而淳安的马桶长长的,有三尺来高,底细口粗形似石臼,亦有圆盖,圆盖上做一木质凸提手。后来,乡村里的马桶亦学了城市样式,矮敦敦似一矮冬瓜。

马桶是坐便器,在淳安每个家庭里都有,常摆在卧室门后。

马桶,在中国是历史悠久的一种生活用具,起源可追溯到上古。

周朝时称马桶为:"褒器。"郑玄注《周礼·天官·玉府》里面有"虎子""清器"。这是什么意思呢? 段玉裁所注《说文解字》说:"……虎子所以小便也;行清所以大便。""虎子"被制成野兽的形状,主体是一大兽、把手为一小兽,供男人用。"清器"就是坐便器,最早是用一段圆木把其掏空,供家里女人使用,这就是马桶的雏形。

那么这种坐便器为什么叫"马桶"呢? 这也是有历史演变过程的。

"马桶"名源于"马子"或"马子桶"。清代钱大昕考证得出:"或以铜,为马形,便于骑以溲也,俗曰马子。"还有一种说法,马桶虽然由"清器"演变而来,但名字可能与"虎子"有关。"马子"用木板箍成圆形,后来渐渐地叫"马子"为"马桶"。

淳安的马桶,请来桶匠用杉木箍成,杉木板比较厚,一只马桶装满尿有四五十斤。木桶刷上油漆,色为暗红。

马桶,是新娘必备的嫁妆,伴随着新娘一起嫁与夫家,代表嫁入夫家子嗣繁衍,香火旺盛。新娘出嫁时,嫁妆马桶上贴有双喜字,里面放进红枣、花生、桂圆、莲子、红鸡蛋、柏树籽,还放一个红纸包。柏树籽寓意百子百孙。嫁妆抬进夫家,一件一件安顿好。夫家老早就叫来村里的一帅气小男孩儿,马桶落座后,小男孩儿掀起马桶盖,捧出果子,拿出红纸包,撒上一屁尿。

淳安风俗,男孩儿一屁尿,新婚夫妇会生一串男孩儿。

自此,马桶与新婚夫妇,与他们的儿女相随相伴,一年又一年。

我曾听村子里老辈人说过:新中国成立以前,农村家庭重男轻女,一家女儿生多啦,就把女婴放马桶里溺死。

溺婴是指一切侵害初生儿生命的行为。

旧社会溺婴现象十分普遍,这是由于劳动人民在反动统治阶级的剥削压迫下,生活贫困、无力抚养子女而被迫溺婴,同时受到重男轻女思想的束缚,溺女婴之风尤甚。福建在历史上是一个流行溺婴习俗的地区,从宋朝开始,延续至明清,一直到民国时期,溺婴习俗尚存在于福建一些地区。宋朝的江苏、浙江、福建等东南沿海各省以及湖北、湖南、江西、安徽等地,都出现了杀婴、溺婴习俗。

如今,淳安农村都用上了抽水马桶,雪白如银,方便后一按水开关,秽物冲得一干二净,方便卫生。

# 火炉

淳安乡下人的日子，一半都是在火炉上过的。

从一年的十月起到来年的三四月，火炉就那么烧着，燃着，放射出一阵又一阵的暖意，温暖着一家人的身体，温暖着一家人的胃。

"脚踏木炭火，手捧苞芦馃，除了皇帝就是我。"

淳安是山区,村子屋后是山,开门见山,一个个村坊被一群又一群的山搂抱着。高山群立,日照相对少,又春季多雨,冬季多雪,每家都备一个火炉,一用来烤火取暖、二用来烘苞芦馃、炖菜。入冬后,火炉里炖着菜梗,火架上烘着苞芦馃,烤着火吃着,是人生中一大享受,村里人认为"皇帝"的生活也不过如此吧。

乡村冬天里的火炉是邻居们聚会的场所。夜饭一吃,几家谈得来的就聚在某一家的火炉上,谈异闻趣事,谈得最多的还是白天田地里的事:哪一丘田里油菜长得粗壮,哪一块地里麦苗还需要施一遍尿。谈一会儿,火炉暗下去了,身上有些冷,有人就用火锹扒一下,火炉里即明亮起来,身子又暖和起来,暖起来了又接着谈。

妇女也掺和着人家谈天,手里却是没有空的,拿着针线缝补一家人白天撕破了的衣服裤子,还纳鞋底,做过年才能穿上的那一双布鞋。一针一线的,在15瓦灯泡昏暗的光线下,睁着双眼,一针一线地缝着,切着。

还有一件事本不该说的,想想还是说出来,也和今天的好日子比一比。过去,每家每户儿女多,衣裤缺,一件衣服一条裤子要穿一个冬天,穿得久了身上生起虱子来,火炉里热气一烘,身上虱子如万蚁奔腾,痒得好难受。做母亲的停下手中针线,脱下孩子的衣裤,双手扯开贴近火炉烘,"噼噼啪啪"一阵声响,如放"百子炮",再用手拍一拍衣服裤子,又一阵噼啪声响,拍过几回,火炉里没有了声音,母亲将烘过的衣服裤子给孩子们穿上,好舒服!

村里的孩子还做一种"噼噼啪啪"的事,后山桃园那里有一种绿石头——莹矿石,捡一块回来,躲到照壁后敲成一小块一小块如苞芦籽大,等到大人离开火炉,抓几粒放进去,顿时石头发出绿茵茵的光,接着"噼噼啪啪"爆起来,如星星在跳舞,真是好看。不过有危险,假如爆到眼睛里,眼睛不瞎也伤。大人见了,不声不响地一只"栗子壳"敲到头上,痛切心扉。他是为着我们好,不要弄瞎眼睛。

火炉上烘苞芦馃,苞芦馃格外好吃,特别是那种糊粉馃(粗苞芦粉),厚厚的,放火炉上烘到硬壳壳的,批一块腐乳上去,那味,用什么文字词语来写呢?没有。

我的童年的冬天,就是这样过来的。

现在的孩子,知道虱子是啥样的吗?恐怕只有书上有记录了,去读一读吧。

日本人也有火炉,正冈子规的俳句可证明:"家中燃暖炉,玻璃窗外,松立寒风中。"暖炉即火炉也。

立冬过后,天就冷了。

怕九十多岁的老母亲冻着,我买了只电火炉给她,教她怎么开关,怎么加温怎么减温。过了两天去看她,见母亲在烤着木炭火:一只脸盆,内置有机炭,炭火正红。

我问她怎么不用电火炉呢?

母亲说,还是木炭火好,烘着火全身暖和。

母亲那一辈人的生命里,认准了木炭火炉。

# 长板凳

长板凳的材质大都是杉木，也有用柏木的，但很少见，还能见到少数松木材质的长板凳，不是柏木、松木不好，是杉木质地轻巧，亦耐用，并散发出一种杉木的香，香得久远，香得有历史。

长板凳四条腿，腿呈"八"字形，每两腿之间铆有一木横档，作牵引固定之用。凳面窄长，面子刨得溜光，杉木纹路清晰可见，用桐油漆一下，发一种微黄色的光。也有人家把长板凳漆成通红的，喜气洋洋，可失踪了杉木原汁原味的生长经络，在我看来是一种遗憾。

长板凳是八仙桌的标配。一张八仙桌上下左右四边，各配置一条大小一样的长板凳。平日吃饭休息，人口不多时长板凳就收拾起来，一只叠一只摆放到旁边，八仙桌两边还备着椅子，文雅点叫太师椅，两只椅子已够长辈坐着用着了。

家里来客人，或过年过节的，就要拖出八仙桌摆到堂前正中，四条长板凳顺次放妥，一条坐两人，四条共八人，酒肉间猜拳行令的，八人成了八仙，八仙坐在四条长板凳上。

旧时故乡，放露天电影，在学校操场、晒坦，农闲时还在收了稻谷和苞芦的田里放映。一幅白银幕还在放映员手里攥着，场上已经摆满了一条条长板凳，长板凳整齐划一，像受过训练似的。

乡村看戏，在祠堂里，后来把祠堂改成大会堂，没有祠堂大会堂的村，在村子的空旷地搭一个木板戏台，戏没开锣，长板凳一条条背来，抢占住好位置。戏演到高潮时，邻村调皮的后生故意吹口哨，大声叫，以引起台下姑娘们的注意。接着还会你推我拥地，搅动戏台下站在后边的观众，潮流般左突右冲的，殃及前面长板凳，一夜戏演完，长板凳挤断好几条。

家庭里人口多起来，那一张两张五扇床已塞不下众多的儿子女儿，长辈就叫来木匠，做几副床板，每副床板做两条长板凳，长板凳上搁上床板，铺上稻秆、草席，兄弟姐妹挤一块睡了。

一到过年，长板凳便成了猪的刑场。杀年猪时，杀猪师傅（屠夫）会在这一家里挑选一条结结实实的长板凳，凳子前摆放上接血盆，盆里撒一点盐，尖刀搁在盆沿。杀猪师傅拿了把铁钩，进到猪栏内，瞄准，一钩钩住猪的一只耳朵，用力往栏外拉，一后生抓捏着猪尾巴，奋力向前推。推拉到长板凳边，两人用力把猪抬空，横着按上去，屠夫压脖，后生压猪腿，任凭猪大声嚎叫，一刀封喉，一股鲜红喷涌而出。长板凳见悲不悲，冷漠无情地看着。

村子里有人家娶亲嫁姑、死人治丧、筑屋盖瓦都要开桌吃饭。我初中毕业就在家里务农，也热心为人帮忙，遇上要开桌吃饭，我总是被叫去摆八仙桌，摆碗筷，料理杂务。长板凳是不够的，不够就一家一户去借，长板凳脚上，都写有凳子主人的名字和置办年月。

和我一起做这些事的是邻居王圣长，王圣长是热心人，乐于助人。我俩配合默契，村里红白喜事场面上都能看到我们，我俩不知借过、摆过多少长板凳。

淳安人一辈子，坐着长板凳，躺着长板凳，使用着长板凳。

# 脚盆

脚盆不同于衣盆、面盆。

衣盆、面盆是圆形,而脚盆是椭圆形。

往年的淳安乡村里,脚盆对每一家来说是一件不可或缺的生活用具。脚盆,娶亲嫁女,从娘家抬过来。红漆脚盆,在长长的嫁妆队伍里,搁在洗衣盆上边,光彩照人地翻岭过溪,爬坡蹚水一路风风光光到婆家。婆家,自此就是嫁女自己的家,脚盆自此就安定在家里了。

脚盆都是用厚实的杉木板做的。内壁高尺许,一块块杉木板像筑拦坝,竖着和盆底粘合,板与板之间,一块嵌入竹钉,另一块钻有孔洞,两块板缝隙面涂上生漆,用力压迫合拢。脚盆内空,外面上下紧箍两根铁条,有的用铁线箍。

脚盆漏不漏水,主要靠桶师傅的手艺技术,出嫁女儿的桶呀盆呀,一定要叫好桶师傅来箍,然后还要叫上好油漆师傅油漆,要做到美观、大方、实用,要做到滴水不漏,经久耐用。

我有兄弟姐妹四个,一天都在泥巴里滚爬,傍晚到家,一身尘土,祖母就生火烧水,先叫我们用脸盆洗脸擦身,然后,从她那床底下拖出脚盆,晴天放到晒坦里,雨天放在堂前,舀上两木勺滚水,再舀三四木勺冷水,用手试一下水温,然后才叫我们把脚放进去,洗干净那一双脚。一人换一盆,一食锅水我们四兄弟姐妹洗完了就见锅底啦。

洗脸擦身洗脚的水,是祖母从村口的井里挑来的,一担水桶连扁担,差不多和祖母的身子一样高,祖母挑起一担水,两只水桶离地只有三四寸,远看是三只水桶在晃晃荡荡地移,一寸一寸地移,祖母是"三寸金莲"之脚,迈一步,最多五寸左右。从那口井到家里,有一千多米,一千多米去与来,不知祖母要迈多少步?还挑着一担水。

母亲嫁妆里有一只红漆脚盆,脚盆比别人家的要厚实。外公外婆家住在山里,抬头不是树就是毛竹,所以外公给我母亲的嫁妆,每一件都厚实着,那杉树板块块都是老木板,纹路清晰,质地坚硬。

我们很想用一用母亲的那只脚盆,总被祖母阻止。祖母解释说:"新脚盆,慢慢用。我这只脚盆用一天是一天,不好用啦,你们再洗新脚盆。"

有一年,屋靠屋的一位邻居,半夜三更敲开我家的后门,央求我母亲把脚盆借她家用一下。

邻居压低喉咙对母亲说:"儿子出事啦,把别人的对象肚子弄大了,带到家里来打胎,家里都是血。"

母亲二话没说,拉出床底的脚盆给了她。

邻居家很苦,母子二人守着一幢一层的泥墙屋,家里只有一张旧八仙桌,一条长板凳,连洗脸洗脚都是手捧起一把水,搓一搓完事。

过了半个月,还不见邻居拿脚盆来还,母亲亦不好意思催。

又过了两天,大队干部到我们家里,问母亲有没有把脚盆借给邻居家用过。母亲心里一激灵,说:"没有啊!"

"真没有?"大队干部追问。

"真没有,我嫁妆脚盆散了,拿来当柴烧掉啦。"

大队干部告诉母亲,邻居家儿子破坏军婚,把外村一个当兵的未婚妻肚子搞大了。怕事情败露,硬把女人怀着的孩子弄下来了。我们接到报告,赶到他家里,发现一只脚盆里浸泡着一堆衣裤,血水满盆的。

大队干部说:"村里的人都知道,他们家里没有脚盆,要是脚盆是你借给他们的,你作个证明,大队里写个材料,往公社报,叫他去坐牢。"

母亲坚持说:"我没有借脚盆,脚盆烧了。"

大队里没收了母亲那只脚盆,邻居家儿子亦没有抓去坐牢。

后来空下来,母亲坐在门槛上,常常望着邻居家的门发呆。对借出去脚盆这件事那样做,是对还是错呢? 我至今想不明白。

母亲的那只嫁妆脚盆,我们兄弟姐妹一次也没用过。

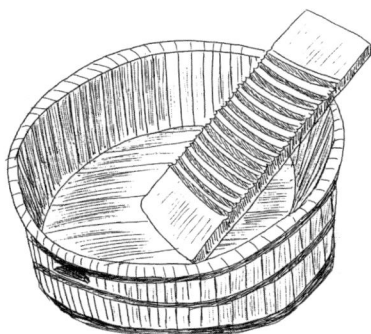

# 搓衣板　洗衣盆

　　鸡子换肥皂的年代，肥皂贵若金银，一个家庭一块半块肥皂，还要凭票供应，洗衣服洗裤子，肥皂真是舍不得大手大脚地用，浸湿衣物，打一遍肥皂就放到搓衣板上"嚓、嚓、嚓、嚓"地搓，一遍又一遍地搓。这一搓又一搓的，是一种手艺，更是一种淳安妇女的生活态度：节俭、认真、乐观。

搓衣板是淳安城乡过去洗衣、裤常用的工具，和棒槌、洗衣盆一起成为淳安改革开放以前洗涤的一套工具。搓衣板与洗衣盆常常是不离不弃，相互配合着洗涤衣物。棒槌有时可离开了它们，单独在水塘边、水渠边捣洗衣服，捣声传远方，响过村庄和田野。

搓衣板上的那些锯齿状的沟棱，印证了妇女们搓洗衣物的全部辛劳。伴随着"嚓、嚓、嚓"的搓衣声，那些脏衣服，会在妇女们一揉一搓时淌出乳白色的浆水。而那一刻，只有搓衣板在静听着妇女们轻微的喘息。

搓完衣服，搓衣板斜依门旁一隅，享受惬意的阳光。搓衣板的颜色，渐渐地由暗褐色变成糙白。一道道细小的裂纹，从板面上弥漫开来，似乎在诉说着搓衣板那久远岁月的沧桑。

搓衣板是什么时候发明的，史无可考。"搓"字最早出现在唐诗里，可知搓衣板的历史最早不过唐朝。也可能以前就有但不叫这个名字，史籍并无记载，所以不敢妄加推测。

搓衣板由一整块木板组成，两端分别有16厘米左右的平坦部分，中间由20～30条沟槽组成，精致的搓衣板沟槽分两种，一种宽槽用来搓洗粗布厚衣，一种窄槽用来搓洗单衣。搓衣板为长方形，长有50多厘米，宽度有20多厘米。它最初是木制的(后来是硬塑料制作而成)，淳安搓衣板用硬木制成，一整块木板，不拼接。

在洗衣机大规模使用之前，搓衣板与棒槌是洗衣的主要工具。淳安的妇女洗衣服，先把衣服浸湿打肥皂，再使用棒槌捣一通，然后用清水汰干净，而居住在离水很远地方的女人，就用搓衣板。

搓衣板还有一种功用——罚夫刑具。

随着历史的行进，搓衣板的功能发生了细微的改变，由最初的妇女用来洗衣转变为了妻子惩罚丈夫的刑具。就是戏文小品里常出现的"跪搓衣板"。

"跪搓衣板"一事，史料上确有记载。

据说有位姓章的状元，皇帝欣赏其年轻有才，将御妹许配给他。状元做了驸马后，不时在公主面前摆谱。公主心里郁闷，便去跟老哥反映。皇帝就给了公主一道圣旨："如果驸马敢无礼，你就亮出皇牌。"一天晚上，驸马谈兴正浓，公主冷不防抖出圣旨高喊："圣旨下。"驸马吓得"扑通"一声跪在地上，连大气儿都不敢出。公主暗暗好笑，也不说"钦此"便自顾自钻进被窝睡了，可怜的驸马在床头冻了整整一夜。而驸马在床头被罚跪的消息不胫而走，"床头跪"于是成了驸马的绰号，也成了男人怕老婆的代名词。吃一堑长一智，驸马担心不知哪一天，又被公主用圣旨给"宣"下床去，就弄来个小柜子藏在床边，里面放上些方便食品、小棉袄之类以备不时之需，床头柜的雏形由此产生。上流社会的玩意儿总是时尚的风向标，加上古代没有电，在黑灯瞎火的夜晚，若想吃点夜宵极不方便，床头柜的出现正好解决了这一难题，因此迅速得以推广普及，并沿袭使用至今。再后来，女人也喜爱上了床头柜，床头柜于是由一个发展到一双。

跪搓衣板，应该就是从跪床头演变而来的。以前，常听有的妇女这样说：该死的又不准时回家，等回来罚跪搓衣板！旁边的女性不忘火上浇油：叫他跪有棱的那一面！虽说没见过哪个"母老虎"真舍得让男人跪在搓衣板上面,也足见女人似乎都认为,罚丈夫下跪是天经地义的事。这不是女人的错,也不是男人的错,这都是"据说"惹的祸啊！如今,搓衣板其功能基本让洗衣机取代;而罚夫刑具也由跪洗衣板逐渐被键盘等高新产品所取代;这中间的过渡是暖气片,据说杀伤力很大。

现在,木制的搓衣板见不到了,换成了硬塑料制品。再也看不到木制搓衣板上慢慢扩散的裂痕,板上糙白颜色也成了远去的记忆。随着社会的发展与进步,妇女们已从繁重的家务劳动中解放出来。自然,搓衣板的劳累和当作武器的逸事,也就成了刻骨的怀想。

洗衣盆是随了新娘嫁妆抬到夫家的。圆盆敞口,一盆可洗一家子的衣服裤子。常看见,村里的妇女坐在小木凳子上,弯腰,拿起盆里浸着的衣物,摊到斜放在洗衣盆里的搓衣板上,搓一件放一边,又拿起一件搓,最后一件搓完,一盆污水,漆黑如墨。倒掉,装一盆清水,把衣服汰清为止。

## 尿盆

　　尿盆,是旧时淳安人用来便溺的一种老物件。这老物件专属于刚出生的小孩儿便溺用。

　　小孩儿要拉屎拉尿,嘴里发出嗡嗡声,声音虽弱但大人能听到,抱起孩子,叉开孩子两腿,屎一把尿一把,朝着盆里拉撒。"嘘嘘嘘嘘嘘",

"哦啰啰哦啰啰"大人模拟拉尿声,呼狗声,催促孩子快快拉。

尿盆大部分是随女人出嫁嫁妆带来婆家的,用杉树板箍,漆成红色。尿盆与马桶捆绑在一起,抬嫁妆或挑或抬,一路艳红逶迤在山间石板路上。旧时淳安农村,抬嫁妆的队伍长,说明娘家给女儿置办的嫁妆多。

尿盆,椭圆形,尾端装有木柄,四周竖起约六寸高的杉木板,每块板之间嵌竹钉,涂生漆,缝紧密,不渗漏。盆外面打上两套篾箍或铁箍,晴与雨,膨胀与收缩,两套箍紧紧箍牢盆身,不让木板松散裂缝。

女人出嫁怀孕生子,尿盆派上了用场。装屎装尿,一个漫漫长夜里,做母亲的很难睡上个安稳觉,爬起爬下,刚把完屎又要把尿,尿盆往床底下一推,如此反复,到第二天天亮,又得把尿盆里的屎尿倒到厕所里,洗净盆子,来夜再用。

"慈母手中线,游子身上衣。"说的是母亲为子女缝纫之苦,缝纫之用心。实际上,真正苦的是深夜里母亲为子女一趟又一趟地把屎把尿。"屎一把尿一把,把你拉扯大。"戏文里唱的看似轻松淡然,可这里面用掉母亲心血之重,无秤可称。

认识一名桶师傅,他说:箍尿盆是件细活儿,块块杉树板都要精心挑选,选根段板,选纹路密的板。这样的板箍起盆来牢固,不漏水,不容易腐烂。

桶师傅在淳安属做细墨的木工,体力负担轻,劳动强度不高。据传,桶匠的行业神是鲁班的妻子,这大概因桶匠与木匠亲近,而桶匠的地位低于木匠,故奉木匠祖师爷鲁班的妻子为祖师,略低于鲁班。

在没有发明制作出盆和桶以前，煮饭用水要用荷叶包，洗衣要到河塘。鲁班妻对鲁班说："都说你是巧匠，你就不能替我们女人造个盛水的东西？"鲁班称难。鲁班妻两手在围裙上一抹，生起气来。鲁班一见妻子抹围裙，顿受启发："就照这围裙样子做！"于是锯成八块木板，箍起一只圆桶来。后来的一些盆亦是桶演化而来。

我自出娘胎就体弱多病，六岁以前几乎天天拉肚子。吃奶拉，吃饭拉，吃粥拉，吃馃拉。夜里睡觉，尿盆就摆在床前，随时使用。母亲说，养我到大两事最苦，一件是寒冬腊月半夜起床为我装（把）屎装（把）尿；另一件是天天早上起来就洗我拉污染的裤子，裤子是一大盆一大盆地洗，冬天，一双手冻得都是裂开的口子，真苦。

社会发展了，各种生活用具亦发展变化着。特别是科学家在20世纪初期发明了塑料制品后，生活用具是品种众多，琳琅满目。

塑料鞋、塑料袋、塑料瓶、塑料布、塑料桶、塑料盆应有尽有。

尿盆亦用塑料制成，颜色是"赤橙黄绿青蓝紫，各持彩练当空舞"，样式是花鸟虫鱼皆有。

旧时杉树板尿盆作为一种老物件只写在文章里啦。

# 鞋楦

"鞋楦",淳安叫"鞋排针"。

旧时光里,淳安人大大小小都穿布鞋,穿皮鞋、胶鞋的不太多,旅游鞋就更没有见到过。

淳安妇女做布鞋,有好几套工序:出鞋样、垫鞋底、纳鞋底、剪鞋面、上鞋面,最后一道工序是"排鞋"。

一双布鞋做好后,穿是好穿了,但中空不光滑,硌脚,久了会脚起水泡,步履艰难,除非你"削足适履",那是寓言故事,现实生活中是绝对行不通的。这个时候,"鞋排针"便有"用武之地"了——"排鞋"。

"排鞋",上好鞋面的新布鞋,要"排鞋"。

"排鞋"要用"鞋排针"。

很远的古代就已出现了"鞋排针"。

公元前1世纪赫克兰内姆(意大利西南部古城)壁画上有制鞋人从鞋内往外拔鞋楦的形象,而我国于1961年在新疆古丝绸之路上的尼雅废墟遗址出土了两只木楦实物。一只男楦长24厘米、宽8.5厘米、厚8厘米,另一只女楦长21.5厘米、宽7厘米、厚6厘米,是距今一千四百年前的唐代作品。中国最早的制楦作坊是1851年上海王阿荣开设的王记鞋楦坊。1855年英国开始有机制鞋楦,直至20世纪初才有制楦工业。鞋楦有木、塑料和金属三种。

淳安的"鞋排针"是取自槭树、山毛榉、角树、白鸡油木等质地坚硬、密度高、纹理细致的树材所制成。是把木头削成足形,填在鞋中以便适合人脚。

一组木制的"鞋楦",由鞋排头、鞋排尾、鞋排板组成。鞋排头形状是脚的半个前掌,鞋排尾为一只脚后跟,鞋排板是块三寸来高、一寸来宽的木板,鞋排板有好几块,其中有一块一头薄一头厚,用来最后榨紧。

"鞋排针"是鞋的母体。是鞋的成型模具。它不仅决定鞋造型和式样,更决定着鞋是否合脚,能否起到保护脚的作用。因此,做"鞋排针"

必须以脚型为基础,但又不能与脚型一样,因为脚在静止和运动状态下,其形状、尺寸、应力等都有变化。

开始"排鞋"。按照用途,拿木头做的"鞋排针",一块一块塞进新布鞋肚子里,先塞"鞋排针"头,接着塞"鞋排针"尾,再塞"鞋排针"板,"鞋排针"板不塞满,中间预留下一条缝,拿把小木槌把一块大于缝隙的"鞋排针"板"嗒、嗒、嗒、嗒"慢慢敲进去,把紧缩着的新布鞋扩张、膨胀,布鞋合脚了,可大胆穿着。

"鞋楦"一词查了下词典,解释是:拿东西把物体中空的部分填满,使物体鼓起来。如"用鞋楦子楦鞋"。

"鞋排针",据说还与遗传学有关。

鞋排针不是家家都有的,邻居相互借用。鞋排针有大小之分,就像树上没有两片相同的叶子一样。人的脚有长短、胖瘦之分,但是呢,一家子人的脚好像都差不多的,父母脚大,子女的脚也就大。一般儿子的脚像父亲,女儿的脚像母亲。和脸相大不同。民间说"儿子像娘,金子打墙;女儿像爹,银子满街",脚很少会出现这种情况,否则人间就没有美女了。我还见过尖头的鞋排针,那是专门供应给小脚妇女排鞋用的,因为封建社会女人是要裹脚的,这反映出封建社会对妇女的残害。

"鞋排针"大小、薄厚不一,有儿童的,有少年的,有成年的,都是成套的。鞋排针用淳安坚硬的木材制成。一套鞋排针,有鞋头、鞋跟。两者之间是一片片长方形的木针,木针有薄有厚,可根据鞋的大小配合使用。

布鞋,是好鞋子!

在那个大孩子衣服穿小了、小的接着穿、缝了补了又三年的年代，农村里的人基本上是穿布鞋的。

母亲的那双手，为我们做出来许多许多的布鞋。

下雨了，不能去田间地头干活，母亲就在家做布鞋，她端坐在凳子上，卷起右脚裤子，露出膝盖，用苎麻沾水放在上面搓鞋绳。做布鞋时要用蜜蜡给鞋绳上蜡，纳鞋底时好用。鞋底干透了，用鞋绳一锥一针、一眼一线地纳，而后将做好的鞋帮子用线给缝住。雨天里，家里来的人最多，村子里大妇女、小媳妇、花姑娘一来一大帮，大家聚在一起，家长里短，有说有笑，像过年一样。

排鞋，是手工做鞋最后一道工序，要循序渐进。简单，却充满了生活哲学。排鞋时不能一次将鞋排完，否则因操之过急用力过猛，鞋排针会挤破布鞋，那是很可惜的。

母亲把鞋排针一块块拿出来，先鞋头、后鞋跟，放进布鞋，中间加木针。放好鞋排针后，母亲便用小木槌敲打木针，声响嘭嘭，一阵一阵的，现在忆起，是那么的远，又是那么的近……

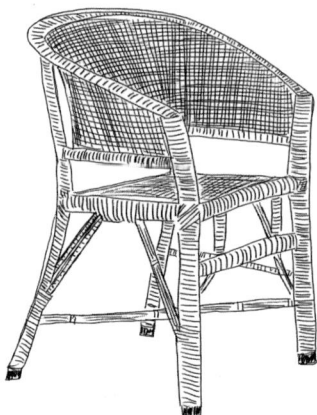

# 藤椅

一个人劳作后总会疲惫,疲惫了就歇一歇,有坐长板凳上歇的,有坐矮板凳上歇的,还有靠在八仙桌旁的太师椅上歇的。最爽的是舒展身体,头往后仰在藤椅上休息。

一个村子里,有藤椅的农家不多,藤椅是旧时农村里的稀罕物。家中有一把藤椅便彰显出这一家家底的富足和充裕。

藤椅材质,分竹和藤。

竹藤椅是用毛竹破篾编织而成;藤椅除椅架是木材外,其他部位全部用一种天然编织材料"藤篾"编织而成。

"藤篾"是一种质地坚韧、身条极长的藤本植物。藤条外皮色泽光润,手感平滑,弹性极佳,似篾而非篾。也可用此编制藤椅、藤箱、家具等日常用具。

后来有了"塑料藤",其用超高分子量聚乙烯或PE等材料制成。人工藤条有极好的耐磨性,良好的冲击性、润滑性,且无毒、耐水。

竹制藤椅,所需原料是竹子。

制作时,选择粗毛竹,破成篾条,另外需要藤条,还有一些小钉子作为辅助键,以及粘连胶等。竹子先要进行烤制定形,并且做出藤椅的外观框架。所需要的藤条也要预先进行处理,用盐水泡开水烫,使之柔韧有韧劲,而且能够起到防虫防蛀的作用,更加结实耐用。框架制作好以后就要编篾片。先编制大的块面,再编织小的块面。篾条的长度不够,接上一根继续编,一直接到编成椅子为止。对编制好的竹藤椅进行打磨,打磨到光亮滑溜,最后把藤椅漆一层漆,就更加美观耐用了。

藤椅,淳安人亦叫它"靠背椅"。四只脚,脚跟部用两个竹管交叉把四脚连紧,坐垫用藤或竹篾编成并连接在四脚中端,两边扶手渐渐往后拉高,到高处刚好是一个人背可靠。

我国对藤的开发与利用有悠久的历史。汉代以前,高足家具还没有出现,人们坐卧用家具多为席、榻,其中就有用藤编织而成的席,藤席和竹席总称簟,是当时较高级的一种席。《杨妃外传》《鸡林志》《事物纪原补》等古籍中,都有对藤席的记载。藤席是当时比较简单的一种藤家具。自汉代以后,由于生产力的发展,制藤工艺水平的提高,我国的藤家具品种日益增多,藤椅、藤床、藤箱、藤屏风、藤器皿和藤工艺品相继出现。中国古籍《隋书》出现以藤为供物,明朝正德年间编撰的《正德琼台志》及随后的《崖川志》记述了棕榈藤的分布和利用。福建泉州博物馆明朝的郑和下西洋的沉船上保存着藤家具,这些都证实了当时中国的藤家具发展水平。在现存精美的明清家具中,也有座椅是藤编座面。

据清光绪年间出版的《永昌府志》和《腾越厅志》记载,滇西腾冲等地对棕榈藤的利用可追溯到唐代,迄今已有1500年的历史;在滇南,据清《元江府志》和民国《续新编云南通志》记载,棕榈藤的利用开始于清朝初期,迄今也已有400多年的历史。据研究,云南藤器在"二战"前就已有较高的水平。当时,云南的藤器远销东南亚和德国等欧洲国家。在云南藤器中,腾冲藤器的声誉是最高的。藤编被誉为腾冲三佳,史书上腾冲又被称为藤越、藤川、藤冲,由此可窥豹一斑,腾冲的藤器,人民大会堂曾将其视为珍品收藏。

在中国历史上,毛泽东主席应该是一位挚爱藤椅的领导人,他的许多相片都是坐在藤椅上完成的,他坐过的一些见证历史、走入大事件的藤椅,如今仍在各个博物馆里向人们叙述那段风云往事。

最令人深记的是毛主席在庐山坐在藤椅里的照片,一脸慈祥,极目世界。

一把藤椅，曾伴随过许多伟人工作和休息。县委书记的榜样焦裕禄，他坐过的那把藤椅，为他负重顶压一次次的肝痛，顶压扶手上的藤被磨断，整把藤椅一直用到破败不堪。

　　一把藤椅，有着一百年的历史，唐山市乐亭县大黑坨村李大钊故居里最珍贵的文物之一。当年，李大钊亲自买来这把藤椅，坐在上面伏案疾书，撰写了数十篇宣传马列主义、传播革命真理的文章。其中，《我的马克思主义观》是我国第一篇系统介绍马克思主义基本原理的文章；也是坐在这把藤椅上，李大钊把《晨钟》"敲响"，一份份泛黄的报刊，记录着先驱在国家危亡之际的求索与呐喊……

　　有位堂爷爷，做生意为业，暮年落叶归根回老家安度晚年，他带来一只藤椅，一只古色古香的藤椅，藤条油光锃亮，椅身老气横秋。他几乎整天坐在藤椅里，歪头一睡，鼾声如雷。一天，早饭过后，家人发现他头脑后仰，双手扶椅，安静地死了。

　　他好有福，不拖床，不烦后代，干净利落，以藤椅为床，安祥而去。

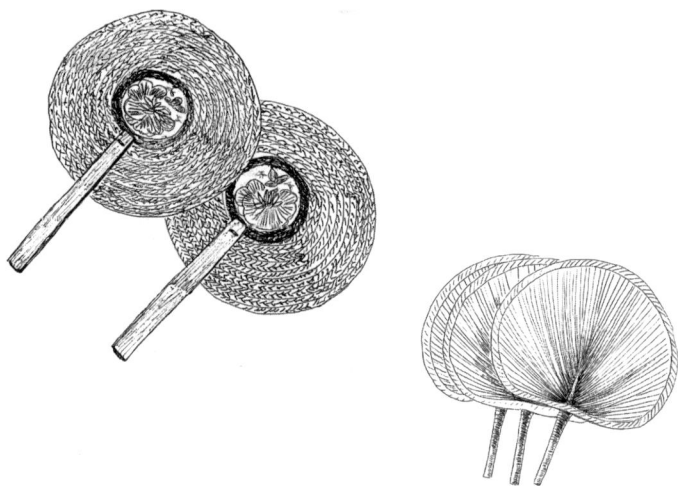

# 扇子

　　扇子是夏日的宠物,人类使用扇子是在夏日炎炎之下,汗流浃背之时,偶用一片树叶摇动,便凉风习习,身爽气畅,于是将其慢慢加工改良,制成后来人们使用的各种扇子。这种想象也有很多道理。

　　文学家、文物学家沈从文《扇子应用进展·前言》一文,对扇子的概说是这样的："扇子的产生、发展,和人类生活上的需要密切相关。为招风取凉,拂灰去尘,引火加热,驱赶虫蚁,人类因此发明了扇子。"

沈从文认为,扇子的产生必然是在南方的,南方炎热,又有随手可取的棕榈科植物叶片,以及各种禽鸟的翅膀羽毛。渐渐地,随着需求的增加,便有了竹篾蒲草等编织的扇子。扇子的造型可能取自棕榈叶、禽鸟翅膀的样子。

诸葛亮那把终日不离手的羽毛扇,整个样式就是鸟的翅膀。

"百工者,圣人之事也。"封建社会把劳动人民的共同创造发明,共同劳动积累的一切文化成就都归属于帝王个人。连扇子的产生也归于用象耕田的大舜。这向谁说理去?

淳安人夏天用的扇子,基本上是用麦秆编成的麦秆扇。麦秆扇,其形状如圆盘大小,两片竹片夹之为扇柄,团扇中央饰有一个美丽小巧的绣花扇芯,融草编与刺绣于一体,扇芯外边有个绣花压圈。每一个精美的扇芯都暗藏姑娘们的聪明才智和娴熟技艺。

淳安的麦秆扇已有几百年历史了,自古至今,在人们手中广泛流传,实用和工艺结合得至臻至美。

枇杷黄时麦子熟。淳安农村种麦,分大麦小麦。大麦只种那么一亩两亩,小麦漫山遍野地种。暖风一遍一遍地吹,麦浪一天一天泛黄。大麦熟了割来孵麦芽,麦芽用来吊糖,麦穗下那一段麦秆用来编扇。妇女们精心摘来粗细均匀的麦秆,用棕叶捆绑成一支支,放铁锅里去汆一汆,好捞起晒干;姑娘们爱美,拿汆过的麦秆,浸入红绿颜料配方的水里染一下色,编织出五颜六色的扇子来。

麦秆扇的工艺：用汆过水的、洁白的五根麦秆，起头编织。双手互动，左右交叉，麦秆互辫互压，编辫时外侧边缘时不时插入一根棕叶茎，使边缘平整光洁，增加牢度。姑娘们喜欢编花扇，其间还要插进去染色的麦秆，"红橙黄绿青蓝紫"，要什么颜色添什么颜色。

编麦秆辫技艺熟练的，见她们一边聊天，一边编织。麦秆辫像一条小银蛇，逶迤在她手上。

麦秆辫编得够一把扇子了（扇子大小由编的人决定），开始盘扇。

盘扇用针线，从扇子芯盘出。姑娘们盘花扇，扇子中央饰有一个美丽小巧的绣花扇芯。扇芯又分绣花芯、印花芯、麦秆贴花芯三种。绣花芯：姑娘们在扇芯的中间那块布上，用绣花针、花线绣出些花鸟虫鱼来；还要做上一个圈箍，把扇芯皮用针梳梳成一毫米宽的细条子，垫在布底圈上，再用颜色丝线绕转，编出小巧的连续图案。

一圈一圈往外盘，一把花扇，一团水，扇芯一激，一波波五颜六色的涟漪，似春心荡漾，不可平静。一把花扇里，凝聚了姑娘们的爱恨和情仇。

一把麦秆扇的制作过程需要5天左右。其制作过程可分为五个步骤：

本色麦秆扇，没有装饰，一根竹扇柄夹住扇子往芯子上用针线一钉，用手一摇，清风自来。这种麦秆扇是男人、中老年妇女夏天凉风宝贝，亦是祖父母为我白天赶苍蝇，夜里赶蚊子的好工具。

麦秆编织图案都有古老的吉祥含义，如长命鹤、快乐鹿、蝙蝠福、高洁荷花、富贵牡丹、平安花瓶等。双鹿图编的是两只对称背向的奔鹿，夸张地编出了鹿角和身上的梅花及奔跑的姿势,形象简练、活泼,富有装饰味。木鸟图编的两只阴阳对称鸟的画面,以柄代木,富有含意,利用明暗对比效果,符合民间图案"亮堂"的传统手法。此外,还有结晶立体纹、网纹、透空穿插的圆眼孔的各种二方连续、四方连续图案等,体现出了编织纹的美。

淳安县富文乡流传着一句"扇子扇凉风,日日在手中,有人问吾借,要过八月中"的扇子俗语。富文乡的麦秆扇是"杭州市非物质文化遗产"。

农村里亦见过棕榈叶扇,村里拿工资过日子的人从供销社买来的,夏天一扇,有点排场。

村里还有人用"用即撒开,不用合拢"的折纸扇,那是村里少有的几位干部、工人、老师,还有大队部针匠店里的一位裁缝师傅,他们一个夏天里,折纸扇摇啊摇,如戏台上的帝王将相,文士商贾,好不令人羡慕。

记载中最早的扇子是商朝附在马车上遮阳避雨的"扇汗"。后来又演化成汉朝画像石里可见的"华盖",这些都是贵族类的扇子。而市民百姓的扇子主要用于夏天的取风纳凉。这些扇子是一些竹扇、羽扇、麦秆扇、棕叶扇。西汉学者扬雄《方言》卷五记载:"扇自关而东谓之箑,自关而西谓之扇。"这里的"关"是指函谷关。《淮南子》第七"精神训"里也讲:"知冬日之箑";东汉高诱注解说:"箑,扇也,楚人谓扇为箑。"可见汉朝已有人工造的扇子了。

扇子的种类较多,据《清稗类钞》记录,有摺叠扇、宫扇、古团扇、蒲扇等。

据说夏日扇子最珍贵的一种叫雕翎扇,是用雕的翎毛编成的。雕生长在内蒙古的大漠草原上,搏风击沙练就一身坚挺美丽的羽毛,而因量少显得十分珍贵。普通的雕翎大半是赭毛白管,间或也有黑毛白管的,如果是黑毛黑管,而在黑毛之中又夹有一截一寸宽的白毛,就是弥足珍贵的"玉带",用"玉带"翎毛编就的扇子,价格不菲,一般人是享用不起的。

扇子的主要功能是招风去暑,但在漫长的使用过程中也演绎出许多的逸闻趣事来。比如,戏台上的王公贵族,有事没事,不分夏日冬天都手摇一把折纸扇,左摇右扇地显威风。还有戏中的诸葛亮更是手不离一柄白羽扇,这白羽扇成了诸葛亮智慧的化身。有关扇子的故事还很多,比如唐代雍裕之《题蒲葵扇》诗:"倾心曾向日,在手幸摇风。羡尔逢提握,知名自谢公。"其中的"羡尔"二句是写东晋谢安的事。《续晋阳秋》载:有乡人拜访谢安,说有五万把蒲葵扇,因时令已过,扇销不出去。谢安就取了一把握在手中,招摇过市,京师的人都仿效谢安,手握蒲葵扇,于是蒲葵扇价格倍增,不久销售一空。蒲扇,以蒲为之。质轻而价廉,便于家用。仁和黄铁庵郎中钟有《题圆蒲扇》诗云:"谁把青蒲织细纨,携来皓月此团乐。轻摇渐觉凉风至,就带湘江五月寒。"古代皇帝也有自摇扇子的,这里就有一位。南唐李煜《咏扇》:"揖让月在手,动摇风满怀。"古代宾主相见相互鞠躬谦让,一把扇子还握在手中也。这"月"字是喻扇子的。

在有空调、电风扇的今天,扇子似乎不大让人青睐,但要体验一下,扇子的风度是现代化设备替之不了的,你动手了,才有凉爽。这种凉爽,不急不躁,不火不燥,养身、养性也。

把淳安的麦秆扇摇起来吧。

# 棒槌

　　"姆槌"(姆读mā),是淳安妇女用作捶打衣服、洗涤布物的木槌子。淳安一些老物件的名称,总跟它们的使用范围和用途相结合,这体现出淳安人的一种聪明和智慧。比如,扒柴用的"爬钩",它的几个齿是弯曲钩起来的;又比如捞饭用的"灶漏",是灶台上用来过漏米饭的物件;

再比如"姆槌"明明是一种捣衣洗衣用的木槌,却要叫成"姆槌",略加分析便显示出一些道理来,木槌的使用者极大部分是淳安的妇女。

其实淳安的"姆槌"早有学名,叫"杵"。古代往往把捣衣石和棒槌连起来称"砧杵",亦作"碪杵"。亦指捣衣。

淳安的每一个村庄,村中央或村脚都会挖一口大水塘,水塘四周筑有台阶,台阶用青石铺成,可蹲可洗。薄暮时分,劳作归来的妇女便捧出家庭成员换下来的衣裤、袜帽,来水塘濯洗,"姆槌"是不可或缺的濯洗用具。

脏衣物浸湿了水,打上一遍肥皂,搓一搓,再抡起"姆槌"朝衣物一阵阵地敲打,边敲边翻转衣物,敲打一顿后,放清水塘里漂清,拧干,放衣服篮里,拎回家晒到竹竿上。

一口水塘,围着八九个妇女,"噼噼啪啪"此起彼伏的"姆槌"声,是一首故乡的民谣,敲亮了星星、敲醒了月亮,敲响寂静的山村。可惜鄙人无诗才,不然定给这种捣衣劳动做一首诗,留下淳安妇女这份劳动和"姆槌"的功劳,使后来人明白淳安的生活史。

说到写捣衣的诗,唐代大诗人李白有一首《子夜吴歌》:"长安一片月,万户捣衣声。秋风吹不尽,总是玉关情。何人平胡虏?良人罢远征。"这首诗的语言是再浅显不过的了,然而它的意境却极其深沉阔大。开头两句,境界极不平凡,在一派月色的背景下,长安城(今西安)家家户户传出捣衣声,那急促而凄凉的敲击声,散发出浓浓的秋意!何况这洗濯的寒衣是送给戍守边关亲人的,声声寒砧传递着对边关亲人的思念之情。"秋风"二句,通过带着寒意的秋风,将首都长安和边关玉门关遥遥两地连接在一起,妇女思念家人的意境更加开阔起来。

古代写捣衣的诗很多很多,鄙人做一回文抄公,抄录几首供你读读。南朝女诗人鲍令晖《题书后寄行人》诗:"砧杵夜不发,高门昼常关。"

唐朝韦应物《登楼寄王卿》诗:"数家砧杵秋山下,一郡荆榛寒雨中。"

唐朝杜荀鹤《秋夜闻砧》:"荒凉客舍眠秋色,砧杵家家弄月明。不及巴山听猿夜,三声中有不愁声。"

唐朝温庭筠《池塘七夕》诗:"万家砧杵三篙水,一夕横塘似旧游。"

宋朝苏轼《九月二十日微雪怀子由弟》诗之二:"短日送寒砧杵急,冷官无事屋庐深。"

宋朝陆游《秋思》诗:"砧杵敲残深巷月,井梧摇落故园秋。"

元朝商衟《新水令》套曲:"愁闻砧杵敲,倦听宾鸿叫。"

清朝纳兰性德《浪淘沙》词:"野宿近荒城,砧杵无声。"

淳安妇女的捣衣声里,有没有她们的追求和思念、痛苦和欢乐呢?我想是有的,只是没有哪一位作家去发现,去思索,去记写。就是有感天动地的故事,亦只能通过砧杵声声,消失在乡野,如野草样自生自灭。

淳安的"姆槌"是用硬木做的,有的做得精制,有的做得粗糙,柄短体长,手柄微翘,靠近手柄处粗,慢慢往前刨细。"姆槌"有圆有扁,扁也不是全扁,背如龟,底平整。

在淳安每个出嫁的女子,娘家给她备的嫁妆里,必定有一个做得十分精致的"姆槌",这"姆槌"用红漆漆成,红彤彤,耀眼。

岁月久了,漆褪了,"姆槌"在天天的槌打里消瘦了,美丽的女子也白了头了。她们的女儿们又接过这红"姆槌"继续着她们有追求,有思念,有痛苦,有欢乐的捶打。

# 火熜

　　记忆中,童年的冬天,淳安的乡下总是结冰着霜的。似乎是只有雪天,没有雨天,有朗朗晴天,清早起来,但见整个村的一栋一栋房子的瓦片上,一层雪白,田野的麦苗、油菜上也铺了一层白霜。走出门,呼一口气,一团白雾从嘴里喷出,冷啊。

那年月里，我们身上的衣裤出奇单薄，脚上的鞋袜亦出奇破旧，我们上学的小孩儿，冻得鼻涕拖得老长。鼻涕拖下来，也不去擤，抬起手臂就着衣袖那么一擦，既省心又省力。所以，我们的左右衣袖，在少肉缺油的状况之下，却是油光熠熠，光辉灿烂的。在这样寒冷的冬天里，淳安有一件用具是整天陪伴着我们，这种用具叫火熜。

火熜体小而轻巧，可以拎着到处逛。既可以暖脚，也可以烘手，是昔年淳安山区冬天御寒的好物件。

走村串户的瞎子给人算命，如果报出生辰八字的那个人怠慢了他，他抬头望天，掐指一算，便来一个："时通运不通，六月捧火熜。"六月里捧火熜是火上加火，热上焐热，不热死人才怪呢。

火熜，用竹篾编织而成，圆柱形，肚大、中空、弓形拎把。

中间空出是用来放火钵头的。火钵头有铁皮制的，轻巧；灰色粗瓷烧的，笨重。火钵头搁在竹篾织成的火熜底，火熜底像网兜一样把火钵头兜牢。

火熜底的兜，网状，便于散热，防止烧坏整火熜。

体现竹师傅手艺的好差，看他编的火熜整体是否精致、灵巧、结实，特别是那弓形的拎把，如果手艺不精，就很容易脱落，拎把脱落了，火熜也基本报废了。

编织火熜的竹篾一定要用青篾（竹子外层泛青的部分），黄篾易腐烂、易虫蛀。

有少数殷实人家，他们家小孩儿用的火熜整个用青铜铸成的，火熜盖也是，用来拨火用的火筷子也是。铜的火筷子用久了，泛着黄黄的光,令人羡慕。

铜火筷子,我在《红楼梦》第五十回读到过:"湘云听了,便拿了一支铜火箸(筷)击着火炉。"

更有奢华的火笼,也只有古代帝皇才能享用,《西京杂记》卷一:"[天子]以象牙为笼,笼上皆散华文。"帝皇的火笼,用大象牙镂空,火笼上雕龙描凤,奢侈无比。

我上学用的是一只旧了的火燼,火燼盖还是父亲大人拿东拼西凑的铁丝编织的,火筷,用两根粗铁丝弯成。

南北朝阴铿有首《秋闺怨》诗:"独眠虽已惯,秋来只自愁。火笼恒暖脚,行障镇床头。眉含黛俱敛,啼将粉共流。谁能无别恨,唯守一空楼。"

这位有怨情的少妇或青年女子,秋天就用起了火燼,古时的天气偏冷啊。

淳安人生活有规律,一入冬就上山烧木炭,烧来木炭上火炉。火燼里亦上木炭。

木炭堆放在阁楼上,畚木炭需轻手轻脚,不然木炭灰腾飞起来让你一脸黑。儿时的寒冬之晨,我还在暖和的被窝里迷糊,耳边听到上楼梯的脚步声,接着窸窸窣窣一阵响,又听到下楼梯的脚步声。

早晨起床,大人第一件事就是将木炭畚到火燼里,压实,填满。钵里要留点昨天的炉灰,这样木炭燃着后,火不会灭掉也能保存暖气。这时,顺便在家里的小瓮里"偷"上一小块猪油,"偷"大块的,容易被父母发现讨打。再"偷"上些玉米粒,"偷"成功了,就兴高采烈地上学了。

到学校,上了一节课,下课就开始我们的劳动。用"偷"来的猪油、玉米粒,放到当年很流行而又十分稀少的"百雀灵"空脸油盒里,搁火燫里炒。一会儿,猪油的香气和着玉米粒的爆裂声,馋得我们口水直流。这是一种美味,这种美味如今已不在了,但幸福永久地刻在我脑海中。

还有不如我意处呢。我把猪油、玉米粒放入脸油盒时,上课铃却响了,心急火燎地上课去,火燫的东西也给忘了,等到一股黑烟从课桌底往上蹿出时,被老师罚了站,还烧焦了玉米,玉米烧焦了是我最心疼的。

"青山白屋有仁人,赠炭价重双乌银。驱却坐上千重寒,烧出炉中一片春。吹霞弄日光不定,暖得曲身成直身。"这是孟郊的诗,是写给送他木炭那位朋友的,诗名曰《答友人赠炭》。

儿时,大人在每个寒冷的冬日里,天天早起为我们装好火燫,才能使我们在学校"暖得曲身成直身",不为寒冷而缩手跺脚。

现在的学校,寒冷无恙,教室里空调暖暖地吹,还有哪个孩子捧火燫?

火燫,已成为使用过它的人的记忆之物了。

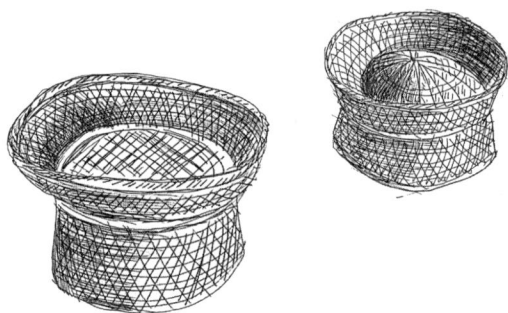

# 竹焙头

旧时淳安农村,竹器用具占家庭用具好大一部分,烘衣烘被,烘粮食烘蔬菜,离不了一种老物件,这种物件叫焙头。

焙头用竹篾编,圆筒,头敞开,中空,就像一只粗腿酒杯。焙头高三尺许,内径一到二尺,并在腰上部的位置,编一层竹帘,把焙头隔成上下两部分。上部装需要烘干的东西,下部底脚立在地上,身子罩在火炉上,火炉里的热气往上蹿,通过那一层竹帘,把搁在竹帘上湿的粮食、衣袜、蔬菜烘干,烘燥。

竹焙头除了极少数人家没有,大部分人家都编有一只,哪家没有新生小儿啊。最重要的作用是给孩子们烘衣服裤子,尿片袜子。除了烘干这些,焙头还用来烘粮食、蔬菜。

某个家里,生了儿育了女,孩子的衣服裤子、袜子尿布尿拉湿了,洗洗,白天若是有太阳,便摊开到焙头帘子上、高起的周沿上,捧到屋外日头孔底下晒。随着日头孔在天上移动,时不时移动一下焙头,追逐着阳光,让阳光把水分蒸发掉。阴天或下雨天,换下来的尿裤尿布,洗了马上摊到焙头里,罩到火炉上去烘。当然,大人换洗下来的衣服裤子、袜子等亦用焙头烘干。

夜间是烘衣物、粮食的最好时光。一焙头东西,往火炉上一搁,烘到天亮,干干燥燥,一股炭火味。

对焙头的记忆,还与粮食蔬菜密切相关。冬天来了,突然有一天夜里冷风吹过,早上一起床出门,见霜白一地,地里的苞芦、番薯、青菜、萝卜一夜间受了霜冻。那还是一绺白胡子的苞芦,掰回来,放锅里煮熟,一粒一粒抠下来,装到焙头里,搁火炉上烘,烘成晶莹剔透的,吃时拿来炖,是淳安一样好吃食——苞芦粒。

番薯亦一样,煮熟,切成条,放焙头里烘,香而脆的番薯条,是过年待客的好果子。

还有菜管,还有萝卜干,亦烘得出来。

我家邻居孩子多,家里苦。孩子多,衣服裤子就缺,一人一套都难保证。出汗淋雨湿了衣裤,拉尿拉屎脏了衣裤,暂忍耐着,到夜里得脱下洗掉,并一定要烘干,第二天要穿的呀。他们家里生活用具少得可怜,焙头根本编不起,常常来我家借用。

　　有一年冬天,白天有雨,他们家有孩子淋湿了,换了衣服裤子,借我家焙头去烘。夜间,火炉里面的火太大,烘到天亮,把焙头烘焦了。孩子们的衣服裤子,焦得像人脸上烫伤的斑块。

　　邻居家不敢来归还,我母亲听说了,跑到他们家,安慰说:"正好后天我们家里要用竹师傅,打一把竹筛,打一担簸箕,再打一只新焙头,焦蹋的这只焙头,我拿去修一下,再拿来给你们家里用。"

　　邻居家把这只焙头当金子宝贝一样看待,如今还挂在他家的屏门上呢。

# 杆秤

　　"白蛇过江，头顶一轮红日；乌龙游壁，身披万点星光。"这是一条谜语，前两句的谜底是灯草，后两句是杆秤。谜语对仗工整，语言雅致，境界宽阔，也非常形象。

　　淳安的农村，杆秤是一户农家如影随形的称重用具。杆秤分大小，有大杆秤、小杆秤之分。大杆秤粗而长，小杆秤细而短；大的能称重一百到二百斤，小的只能称出二三十斤。

大杆秤常见于集体单位用，小杆秤一些家境殷实人家中也有。没有杆秤的人家，要称物件时，只能到有杆秤的隔壁邻居那里去借用，农村这种借米、借盐、借油、借鸡蛋、借物件的传统，无形当中，浇肥了乡亲之间的情感。

杆秤，由秤杆儿、秤钩、秤锤组成。

杆秤秤身乌黑发亮，滚圆修长，头大尾小像条蛇。秤头、秤尾用铝皮或铜皮包骨，头部装有朝下垂的秤钩，秤钩弯曲如鹰爪；朝上穿两根提手绳，叫秤纽绳，纽绳前后相隔一指到两指宽。用第一根纽绳称重比用第二根称重重量大。第一根称重后看秤杆背部的秤花，第二根纽绳称重后看秤杆内侧的"秤花"。秤杆脊背及两侧，钉有疏密均匀、长短不一的、银白色的星点刻度，有的钉刻上数字，五斤、十斤等。秤杆上的星点刻度，淳安人叫"秤花"，不同位置上的"秤花"代表不同的重量。

有个别农村妇女到老也看不懂杆秤这两排星，故老家人说这样的妇女"连秤都不会看的"这么一句话，有一种贬低人的意思在里面了。

有"两两计较"的人在买东西时，一双眼睛总盯着秤锤绳在哪颗"秤花"上，稍有出入就计较起来。但大部分人是大方的，他们买东西从来不看"秤花"。

我们村大樟树下的医院里，抓药称重的那把杆秤只有十几厘米长，有秤杆、秤锤、秤盘，秤钩是四根细绳装在秤盘上的，秤杆上的刻度星点清晰可见，整根秤通体呈金黄色，包括秤盘也是黄铜打造的。那么小巧，那么玲珑，像一件袖珍的玩具。每回去医院抓药，我总把眼睛留在这杆秤上，移也移不开。秤锤是铁铸的，有方的，有圆的，有锥体。锥体顶部铸有孔洞，用来穿绳索。村里人形容秤锤有句俗语："秤锤虽小，能压千斤。"其实千斤是压不住的，只形容它作用大。

村里头也时不时有钉秤的师傅来，一进村就吆喝起来："钉秤来，钉秤——"钉秤的师傅基本上是永康人，永康人修铜补铁样样通。到我们那条源里钉秤的师傅一脸麻子，人矮个儿瘦，可他的秤钉得牢固，钉得中和，不易断，不缺斤短两。

村里有做生意开药房的，接麻子师傅到家里钉秤，暗示他把秤钉得缺斤短两，多付给他一些钞票，麻子师傅摇头说："我拜师学钉秤，师傅要我跪在先师牌位前，焚香许下毒誓，不得做黑心秤，做黑心秤要断子绝孙。有句行内话说：条子秤，绝代种。"麻子师傅拒绝了东家抹良心的要求。

杆秤的构造原理是相当玄奥的。

《汉志》说："权与物钧而生衡，衡运生规，规圆生矩，矩方生绳，绳直生准，准正则平衡而钧权矣，是为五则。"这里所说的是一杆杆秤由秤杆、秤钩、秤星、秤锤、秤绳等环环相扣，处处相联，相互牵制的。

杆秤制作的工艺：**制秤杆**，木材经过锯、刨、砂纸打磨，成一根长而细而直的圆形木棍。**测准星**，师傅用独特的计算方法，在秤杆上挂好秤盘，然后放上砝码校验，不断挪动秤杆上的秤锤，秤杆平衡时，即在平衡点上画上记号。**钻孔打眼**，用小舞钻在画出的平衡点上钻孔；用铁戳子对着画出的平衡点敲个眼儿。**敲星点**，将细小的铜丝或铝丝插进星眼,用锉刀锉断,秤杆上留下来一个星点,这就是"秤花"。**上色油漆**。**包铁皮铜皮**,秤杆两头包上铁皮铜皮增加牢固度。**检测**。

古时候的称(俗作秤),官名叫"权衡"。衡即秤,权即锤。杆秤的斤两是怎样确定而来的呢? 见汉代孔安国《尚书·舜典》"同律度量衡"记录:"权也,铢两斤钧石,所以称物而知轻重也。本起于黄钟龠(古代容量单位),一龠容千二黍,重十二铢(古代重量单位,一两的二十四分之一),两之为两,十六两为斤。三十斤为钧,四钧为石,而五权谨矣。权衡一物也。衡,平也;权,重也。称上谓之衡,称锤谓之权,所从言之异耳。"由于这种渊源,所以我见过淳安农村中的杆秤有两种记数的,一种是十六两为一斤、一种是十两为一斤的。故而,我县农村常把两位差不多能耐的人,或差不多的两件事物说成是"半斤八两"。

电视剧《宰相刘罗锅》片头曲唱道:"天地之间有杆秤,那秤铊是老百姓;秤杆子挑江山,咿而咿而呦,你是定盘的星……"这曲子,借用大家熟知的度量器具——杆秤,说出一个深刻的道理,让人们去理解、去思索、去学习。这深层的原理,也警示了人们,在对待世间万事万物,要注意和谐、平衡、不偏颇,这样才能达到平衡的结局,也就是《宰相刘罗锅》片头曲所说的一个理儿。

时代的发展,杆秤也渐渐退出了称物的主角了,取而代之的是磅秤、电子秤等现代的称物工具。

# 灯笼

陆游《灯笼》："灯笼一样薄腊纸，莹如云母含清光。"中国古代，灯笼的主要用途是照明。高贵至皇宫，低贱到打更，黑夜里，都用灯笼照亮一片天地。

淳安夜间的照明，是不用灯笼的，实际上亦用不起灯笼，灯笼里那一支蜡烛,不够照一个夜晚,不够纳几圈鞋底。淳安人夜里照明,用煤油灯,煤油买不起的,燃烧松明作灯,黑烟滚滚,弥漫一屋。

淳安,一年当中亦有拿灯笼照明的时候,那是农历年吃了年夜饭后。

大人早几天就给孩子们准备灯笼啦,去年用过的,挂在砖壁上的灯笼,已是尘埃蒙面,擦掉灰尘,插上一支蜡烛,年夜饭一结束,火炮"噼啪"一开喉,划火点燃蜡烛,一串小孩儿集中在村中晒坦里,一前一后,一条闪烁着光的龙,串户入屋,去给一家一家拜年。

淳安灯笼,用竹篾条制作。

竹篾:将毛竹劈成竹条,称为竹篾。在竹篾上下两端打洞,并用铁丝穿起来。

竹头:在毛竹的竹节上,刻出凹槽,用粗铁丝固定,成为竹灯笼的头部和底部。作法是:将穿好铁丝的竹篾,安装在竹头台座上。一根竹篾安装在一格凹槽上,最后再用铁丝绑竹头,成为竹架。顶住地面,将竹架慢慢往下撑开,直到变成筒形为止。用手压折竹篾,调整灯笼的形状、弯度和竹篾间的距离。在灯笼上端绑上棉线,以固定竹篾。底盘上钉一截铁丝,用来插蜡烛,顶部钉一根小圆木杆,作提柄。骨架上糊上透明白纸。一只灯笼成功了。

我拜年用的灯笼是父亲做的,父亲能写会画,在灯笼上画上兰花,小鸟,充满春天生机。

灯笼始于何时?资料显示,可推至秦汉年间。到宋代,灯笼种类丰富,形状迥异,"民宅、官宅、酒馆、城墙挂的灯笼都不一样","四角、八角,五边、六边"不胜枚举。

灯笼的由来还有很多种说法，流传较广的一个说法是：元宵节打灯笼的习俗始于东汉时期，东汉明帝刘庄提倡佛教，听说佛教有正月十五僧人观佛舍利、点灯敬佛的做法，就命令这一天夜晚在皇宫和寺庙里点灯敬佛，令士族庶民都挂灯笼。以后这种佛教礼仪节日逐渐形成民间盛大的节日。该节经历了由宫廷到民间，由中原到全国的发展过程。唐开元年间，为了庆祝国泰民安，人们扎结花灯，借着闪烁不定的灯光，象征"彩龙兆祥，民阜国强"，花灯风气从此广为流行。

灯笼还被用作一种指示和指令，电影《大红灯笼高高挂》中，大红灯笼挂在哪位妻妾门上，当夜哪位就被老爷宠幸。一套"点灯""灭灯""封灯"揭露出妻妾成群的封建大家庭里，女人的悲惨命运。

喜庆吉祥挂红灯笼，而一家有丧事则要挂白灯笼。白蜡白灯笼，悲悲切切。

灯笼里最有名的是"孔明灯"，淳安叫"洋灯笼"，是一种利用热气上升的纸灯笼。孔明灯据称是诸葛亮发明的，用在军事上报信发消息。

电灯普及后，灯笼里不再插蜡烛，改用电灯照明，既能增加亮度，又减少了火灾隐患。

灯笼还有歇后语呢，如旗杆上挂灯笼——高明；外甥打灯笼——照旧；鼻子上挂灯笼——明眼人。

# 木梳　篦子

　　木梳、篦子是两种梳头用具,木梳齿疏而粗,篦子齿密且细。

　　有一首《梳篦始祖歌》唱道:"治发先有五指梳,赫连当初皇甫做;从此梳头不用愁,嫘祖娘娘笑呵呵。"唱的是赫连和皇甫发明木梳的传说。相传黄帝时代有个巧匠叫赫连,披头散发的乡亲请他做个梳头的东西，他先做了个"五指梳"，正在改进之际，恰逢黄帝与蚩尤打仗，赫连被蚩尤拉去打仗，结果做了黄帝的俘虏。看管赫连的看守叫皇甫，给赫连出了个主意，叫他赶快做出木梳献给黄帝的妻子嫘祖。嫘祖用赫连做的木梳把头梳得很漂亮，便向黄帝求情放了赫连，黄帝即刻下令赦免赫连，可为时已晚，赫连已经被手下人杀了。后来，皇甫承袭了赫连的制梳、篦子的手艺。

"格格王——"鸡窝里那只花团锦绣的公鸡叫过第三遍，天蒙蒙亮了。七十多岁的祖母第一个起床，起床后上厕所，接着坐到堂前长木凳上，把一头银发散开来，银发虽稀疏但有尺把长，披肩如雪。祖母先拿起木梳梳起来，从头顶往后朝头发梢上梳，一下一下又一下，不紧不慢，不慌不忙地梳，任天地发亮公鸡叫。一头头发梳顺溜啦，再从亮梳盒里拿出篦子，还是那么一下一下又一下，不紧不慢，不慌不忙地梳，梳下断发，梳下头屑，祖母美好的一天就开始了。

所以，淳安好多地方，把木梳叫"亮梳"。

"亮梳"用来梳顺头发，篦子用来篦头皮、头虱。

虱子这东西是叫人头疼的昆虫。旧时，人的头上长虱，身上亦长虱，叮咬得人痒、痒、痒。

千万不要小看这小东西，它可是上了书的。《本草纲目》"人虱"："咸，平，微毒。治脚指肉刺及鸡眼，先挑破，以虱傅之，根自出。"不知道李时珍是怎么试验出来的，用虱子治鸡眼我是没有见过的。

文人也写虱子，但不是歌颂而是责骂。

元朝杨维桢骂虱赋(并序)："杨子自铁崖山中客钱塘，初宿市舍，胁未暖席,有物嗷身,若芒刺然……胡尔恶之兼毓,为吾人之毒茶! 饱膏血之毒嘴,资肥腒之臭躯。吾将上告司造,殄尔类,非无辜也。"

周作人《看云集》中有一篇《虱子》,开头就引了罗素的一段话,"虱子被称为神的明珠,爬满这些东西是一个圣人的必不可少的记号。"后面又说:"虱子在中国文化历史上的位置也并不低,不过这似乎只是名流的装饰,关于古圣先贤还没有文献上的证明罢了。"读到周作人这样的文字,我心里有些不是滋味。

对于篦子民间也有一比:匪过如梳,兵过如篦,官过如剃。

土匪进村掠夺,就像梳子一样把老百姓家里的财物梳一遍,掠走,但是梳子齿与齿之间间隔大,仍有漏过的;篦子齿很细,形容兵丁过村掠夺,是明打明地抢,时间充裕,细细地搜刮,掠夺得比土匪还要狠,不像土匪,匆忙地掠过就走,然而还能从篦子缝隙里漏下一点;最后还有一句"官过如剃",这句不用解释了吧,官府官员进村搜刮,像剃头一样,剃得老百姓家里寸草不生。三句话都是以头发借喻,十分形象。

过去,女子家都有个镜妆盒,是嫁老公那阵从娘姆家里带过来的。镜妆盒里有木梳、篦子、小剪刀、头绳。

梳子用木头做,形状像一弯月,齿粗而疏。贵木梳用楠木做,民间少有。《长物志》《梳具》里说:"以瘿木(楠木的树根)为之,或日本所制,其缠丝、竹丝、螺钿、雕漆、紫檀等,俱不可用。"古人是看中楠木的。

篦子是用竹子制成的梳头用具,中间有梁儿,两侧有密齿,齿比梳子更细更密,一拃长左右,中间有条暗红的脊,细细的齿密密尖尖地排着,像鲨鱼的牙齿,不小心往身上扎一下,会出血。

与传统配套使用的木梳相比,篦子的梳头功能主要是刮头皮屑和藏在头发里的虱子。

　　篦子的制作是典型的手工艺活,工艺细致复杂,工序繁多,据说要经过108道"手脚"。这其中又分为三个大环节: 做齿子、做梁子、做档子。

　　过去时代卫生条件差,生活条件落后,人们的衣服裤子里和头发中常生虱子,轻轻地篦头,篦下虱子的同时,也起到按摩头皮、舒筋活络的作用。篦子自古是闺中之物,从来都被看成儿女亲情、男女私情的象征物。旧时,贫苦的农村青年普遍把篦子作为定情物送给相好,以此寄托真挚的爱情。

　　篦子女人用得多,男人较少用。女人一头秀发是一种美,男人不要秀发,剃个"毛芋头"(光头)生不了虱子。

　　随着社会生活水平的提高,篦子的实用功能逐渐丧失,倒是它的制作工艺和精致外观,却引起人们的艺术审美兴趣和收藏爱好,渐渐地,梳子、篦子成了一些地方的旅游工艺纪念品了。

　　祖母的镜妆盒还在,盒里只留下半把木梳和半把篦子,另半把都随了祖母入了棺,陪着她在另一世界里梳和篦。

# 帐幔

有一谜语让人猜:"有门无锁,有顶无底,夜里放下,天明挂起。"谜底:蚊帐。

蚊帐,淳安叫帐幔或帐门。

感觉还是叫帐幔好,好在哪儿?我认为蚊帐挂在床,四面下垂,犹如四片戏台上的幔布,前后左右把架遮罩住。叫蚊帐,顾名而思义,是防止蚊子叮人之物。那么夏天走了,秋天也走了,冬天里没有蚊子了,没有蚊子就不需要挂帐幔了,不!没有了蚊子帐幔也一直那么挂着。挂着帐幔是为了挡尘灰,最最重要的是要遮掩一些个人私事和秘事。床笫之事,在淳安是被视作一个人一生中最私密,最不可叫人留下话柄的事。

淳安的前辈们真聪明,亏得他们想出帐幔这么个好名字。

帐幔,起源于中国春秋时期,是一种避免蚊子叮咬的帐幔,是南方夏季必不可少的床上用品。

淳安的帐幔通常挂在床架上,将床围住以阻止蚊子、苍蝇入内。帐幔多为网状材质,使用帐幔可以避蚊防风,还可吸附空气中飘落的尘埃。具有环保、透气、循环等的作用。

夏秋季节,蚊子肆虐,古人很早就诉说着被蚊子侵袭的烦恼。

两千多年前的《庄子·天运篇》里说:"蚊虻嘬肤,则通昔(夕)不寐矣。"晋人傅选还特地写了一篇《蚊赋》,内称蚊子"餐肤体以疗饥,妨农功于南亩,废女工于杼机",真是危害不浅。

现代鲁迅在散文《夏三虫》里写了蚊子:

"夏天近了,将有三虫:蚤,蚊,蝇。"

"跳蚤的来吮血,虽然可恶,而一声不响地就是一口,何等直截爽快。蚊子便不然了,一针叮进皮肤,自然还可以算得有点彻底的,但当未叮之前,要哼哼地发一篇大议论,却使人觉得讨厌。如果所哼的是在说明人血应该给它充饥的理由,那可更其讨厌了,幸而我不懂。"

鲁迅讨厌蚊子!

清朝沈复《浮生六记》蚊子帐幔一起写:"又留蚊于素帐,徐喷以烟,使其冲烟飞鸣,作青云白鹤观,果如鹤唳云端,怡然称快。"

中国人很聪明,很早就知道"兵来将挡,水来土掩"——处理问题的办法。为防止蚊子叮咬,中国古代发明防蚊之具——帐幔。

帐幔,最早的名称是"裯"。

春秋时期,齐桓公(公元前685—前643年在位)的"翠纱之裯"使饥蚊营营不得入内。这个记载在《春秋》《国语》等先秦史料中皆不见,仅保存于南朝梁元帝萧绎撰写的《金楼子·立言篇九》中。裯,也许还有一个写法。《诗经·召南·小星》有"肃肃宵征,抱衾与裯",句中的"裯"字。《毛传》释为单被,《郑笺》释为床帐。郑玄的说法也许不误,裯、裯,音义相同,是同源字,都指的是床帐。今天我们通用的蚊帐之"帐"字,要晚到秦汉才因与"裯帐"连用而同床帐结缘。原来的"帐"仅指起遮蔽作用的帷帐以及营帐、军帐等。因此,汉初《尔雅》开始说:"裯谓之帐。"东汉刘熙《释名》说:"帐,张也,施于床上也。"此后,出现了"蚊幮""蚊幌""蚊裯""蚊帐"等各种称呼。

帐幔的种类繁多。按材质分:棉纱帐幔。优点:透气性好,耐用,价格便宜;缺点:清洗不方便,吸水太多,容易乱丝。

真丝帐幔。优点:柔软,体积小,质地轻,携带方便;缺点:容易褶皱,透气性一般,价格偏高。

化纤帐幔。优点:有立体感,质地柔软,透气性好,轻巧耐用,方便洗涤;缺点:易燃。

按外形分：方顶帐幔。分为简易折叠式帐幔和三开门方顶帐幔。简易折叠式帐幔，为最老式帐幔，优点：折叠方便，价格便宜。缺点：需支架固定，款式较为单一。三开门方顶帐幔，也称宫廷帐幔。优点：造型新颖，款式繁多，略显高贵豪华。缺点：不太稳定，价格偏高。

伞形帐幔。优点：收纳方便，价格便宜。缺点：收纳长度过长，不易运输。

圆顶帐幔。又称"蒙古包"帐幔。蒙古包一般是两开门，优点：安装方便，架子稳固，价格便宜。缺点：空间小，阻挡视线，看电视不方便。

四边弧形帐幔。一般吊在天花板上。优点：外形华丽高贵，美观大方。缺点：价格偏高。

总的来说一般空间比较开阔的使用四边弧形和方顶四方三开门的帐幔。

淳安每一个人都应该出生在帐幔里。

淳安的一代又一代人，他们和母体分离时，睁开眼见到了帐幔，帐幔，伴随着每一个淳安人从出生到死亡。

在淳安，一个人老了，咽下最后一口气，在人生舞台上"谢幕"了，后人立刻把帐幔扯落下来。淳安风俗说："不扯下帐幔，他（她）数着帐幔孔不肯离开上路。"

淳安的帐幔，大部分是积麻布做的，条件好一些的家庭拿蕖（苎麻）布做，蕖布比麻布细柔，耐用。

在淳安，每个家里不管是生了女儿还是儿子，做母亲的都要早点着手准备他们的帐幔。还没有电灯的时候，在摇摇晃晃、昏昏暗暗的煤油灯下,一根一根织着麻线,麻皮织够了一顶帐幔,纺成线,看一个好日子,请来织布师傅,织了布放着。要嫁女儿讨媳妇了,再叫染布师傅染成青色,裁缝师傅最后出场,缝好一顶帐幔,大喜的日子就不心慌了。

后来有了白纱布帐幔,一尘不染的,比面粉还白,一般人家是挂不起的。再后来,有那尼龙丝帐幔,五颜六色,很热闹,粉红色的尼龙丝帐幔是当地结婚青年的首选。

20纪80年代初,我参加工作,母亲好高兴,里里外外小跑着为我准备行李:被褥、脸盆、衣服和一顶白麻布帐幔。那顶帐幔,来得也不容易,母亲用了半年多的夜晚,手搓麻线搓出来的。

往年,夏天蚊蝇横行,帐幔就起作用了。睡觉前,拿一把麦秆扇,把帐幔里面的蚊子赶走,再把帐幔垂放下来。

"好啦,没有蚊子了,睡进去吧!"

母亲手里的麦秆扇,赶完蚊子后,再为我扇风,徐徐的风,一阵一阵吹到我身上,很舒服地睡着了。

现在很少有人用帐幔了。

空调、电风扇把蚊子追杀得无法飞动,还有各种各样的灭蚊剂,毒杀蚊子也有力。

帐幔,悄悄退出它曾经的舞台。

可住在乡下的老母亲,床上还挂着那顶我们熟稔的麻布帐幔,布已老,色已衰。

这顶帐幔是老母亲的嫁妆,十八岁那年,母亲从三十里路外的深山里嫁到王家,五六十年过去了,麻布帐幔始终挂在她的床上。

外公外婆早已经不在了,母亲说,帐幔上有他们的气味,她睡在里面闻得着。

乡下的母亲肯定会和这一顶帐幔不离不弃,直到她自己老去……

# 扛竿

一根晒衣服、裤子、被褥的竹竿,淳安有的地方叫"扛竿",有的地方叫"烘竿"。与"扛竿"形影不离配套使用的"三脚撑"亦是用竹竿绑定的。有那么很少几家用的是细杉木条,削掉外壳,顶端用铁丝或绳索串一串,也是"三脚撑"。

"扛竿"从竹园里斫来,劈掉枝叶,有竹节的地方削一下,不需作任何加工的乡村家用老物件,有长有短,长可达四五米,短亦有二三米,粗细如大人手腕者为佳。

"扛竿"和"三脚撑"都拢放在一个家庭的屋檐下,静静地等待着主人的调遣使用。家庭里的妇女,抽空洗好了一家人的衣服裤子,拖出屋檐下的"三脚撑",把三只脚张开;再拿起屋檐下的"扛竿"一头搁到窗门上,一头搁到"三脚撑"上,把洗衣盆里的衣服裤子,一件一件抖开,搭到竿子上,向着太阳光,晒着。

小孩子贪玩,在村子弄堂晒坦里玩得昏天黑地的,一挨着床就睡着。半夜,梦境里就着野地杂草间撒尿,一泡尿是悠悠长长,大人被湿醒了,照着孩子的屁股或大腿夹肉一拧,孩子痛醒才知道把床铺尿湿了,一条棉被中间那么一大块犹如从水里捞出,草席湿漉漉,草席下面垫着的稻秆湿漉漉。一大早,把孩子赶起床,大人捧出棉被搭到"扛杆"上晒;捧出草席搭到"扛竿"上晒;捧出稻秆摊到坦里晒。那一个时辰里,尿味冲鼻,路过的村人亦不掩鼻亦不嘲笑,对着"犯事"的孩子只微微一笑。

哪一个有孩子的家庭,一年出头不晒几回尿湿的床铺呢?不晒,才不是真实的乡村平民生活。

我小时候体弱多病,也三天两头尿床,苦了祖母大人,一双小脚,长不过五寸,捧起一床被褥,湿漉漉的被褥,晾到"扛竿"上,如此劳作,也从没对我发火或辱骂,大不了来一句,不要"吾物(贪玩)。"

听村里人说,尿床吃几个猪尿泡就好的。待到冬日临近年关,各家各户宰杀年猪，祖母便去讨来给我煮着吃。也吃了好几个猪尿泡，可我，还是照样有条不紊地尿床，祖母还是有条不紊地晒湿被褥，一直晒到我十三四岁。

淳安"扛竿"还用来晒豆节、苞芦节、番薯藤。晒燥它们，干起来，储存起来，留着慢慢吃。

"一根竹竿撑起"的晾衣时代，晾晒衣服棉被的方式也只限于阳光明媚的天气，遇上雨天雪天那就只能将衣物默默地挂在自家窗户边了。

古代，为了表示对晒衣的重视，还特别设有节日庆祝，古籍《燕京岁时记》记载，"京师于六月六日抖晾衣服书籍，谓可不生虫蠹"，而这一天被称为"天贶节"。天贶节当天，家家户户都会将家里的衣服用竹竿撑起晒一番，以祈祷家人身体健康，平安顺遂。

有人会问，那有钱的古代人如何晾晒呢？据史料记载，从周朝开始，贵族阶层对于"晾衣"非常的重视，甚至会专门设计"木施"来悬挂衣服。到了明清代浮雕设计的"奢华晾衣架"发展到顶峰，在一些绘画作品当中，可以看到大量装饰精致的晾衣架，无论是从选材、设计，还是到雕刻制作，都达到了非常高的艺术水平。而这些做工精细、用料讲究的晾衣架只是上层权贵阶层的奢侈家庭用品，看来古代的达官贵族们对于晾衣还是非常财大气粗的！

现在，淳安农村的房子与城里一样，有阳台，有平顶。阳台上安装起不锈钢衣架，可伸可缩，极为方便，"扛竿"缩在屋檐下，发黑发霉开裂，一代晒衣"天骄"退出了历史舞台。

# 旱烟筒

    过去,淳安乡村的男人吸烟常用那种旱烟筒,似一缕青烟飘逝在岁月的长河里,旱烟筒,成了乡村生活史和风俗史的一个缩影。

    男人吸烟,是生活中的一种点缀,旱烟筒是这种点缀的承载物。

    烟,由烟草叶子制成,是生活贫乏的先人寻找刺激的产物,但这种刺激——吸烟,不是我们的先民所创,而是美洲人发现,开始吸用的。

烟草,是在明万历时传入我国闽广,其后由闽广而传遍全国。明崇祯后,吸烟之风已遍布于妇孺,到清朝时吸烟之风更加旺盛,中华大地已烟雾缭绕,难见天日。清初,"神韵说"诗论集大成者王士禛在《香祖笔记》中痛心地说:"今世公卿士大夫,下隶舆妇女,无不嗜烟草者"。

我早先演过一出《拾玉镯》的短戏,戏只有三个角色,其中有一个角色是媒婆,媒婆上场,白脸红唇,手拿一杆旱烟筒,一扭一摆地在戏台上念一句白,吸一口烟;念一句白,吸一口烟,颇为滑稽。这出戏所演,肯定是明代以后的事。

淳安男人吸烟的烟筒为什么叫旱烟筒?是因为,吸的烟分水烟和旱烟。

水烟,是过去有身份之人吸的,贫困百姓享受不起。水烟筒要用上好的铜或锡来打制,一只水烟筒价格不菲。水烟筒,形状似鸟,有头、有腹、有尾。吸烟时,水烟筒腹内装上清凉之水,烟从清水中滤过,吸到嘴里有一种润湿、清凉的感觉。

吸水烟还要有场所,要有派,要有范,更需要悠游之闲工夫,整天劳作在田地的人,就无能为力了。

旱烟筒,是农村男人随身携带的吸烟工具。他们上山砍柴割草,下地播种收割,不间断的繁重劳作,累了,抽口烟缓解一下疲乏,舒展开一会儿身心。还有,亦是繁重劳动的男人偷闲的一种遮掩。吸几口烟,任何人也不会说某人在偷懒。再有,是乡下男人联络感情的工具。劳动的间隙,装上一筒烟,用纸绳点燃,递给近旁的另一男人,这位男人也不推辞,接过来放进嘴里"哐——"地猛吸一口,舒缓地吐出,烟如仙境里的祥云,飘逸飞扬,吸烟人脸上神色,似神如仙。这样一递一吸,同伴间存在心中的疙瘩,也就消解融化了。

做一杆旱烟筒,取材很容易。男人们到后山上去,选好一根竹丝,用板子锄连根带杆挖起来,再用柴刀把竹根、竹杆刮削干净,从根量起,连根带杆截取一米左右,然后用烧得火红的粗铁丝从竹杆口捅入,一直捅到竹丝根部有脑头的位置,直捅到通气顺畅。竹根脑头(烟窝)上用剪刀慢慢剐出一个孔,用来装烟丝,家境厚点的男人,还要在烟筒的两端包上黄灿灿,金光闪烁的铜,一天一天吸过去,嘴端那处铜吮吮得泛了白。

小时候,我调皮,常受祖父辈们训诫,他们训诫的口头禅是:"不听侬讲(不听话),给你一烟筒脑。"烟筒脑是烟窝那部分,像只小麻雀,包了铜,要是往头壳上那么一叩,顿时会凸起个肉包子。

村里有失手用旱烟筒把人打得留疤痕的,一对夫妻包办成婚,平日里口角不断,一天中饭时,妻子失手打碎了一把茶壶,丈夫正抽着旱烟,烟火还红,顺手一烟筒脑敲过去,妻子头偏,敲在左眼角上,血浇灌了烟红,妻子眼角刻上一永久的疤痕。丈夫内疚,把那根旱烟筒折了,塞进灶膛当柴火烧掉,自此,戒烟!

俗话说:"三百六十行,行行出状元。"这话说得真是不假。就吸烟,都有吸出花样来的人。

村里一位叔辈,他把旱烟筒叼在嘴上,吸一口,然后把烟从口中徐徐吐出,紧接着把烟往鼻孔丝丝吸入;转换一下,吸一口,烟从鼻孔飘出,再从嘴巴吸入。最绝的是,他吸口烟,昂起头,烟从嘴里"噗,噗,噗"一口一口吐向天空,烟雾在空中成一个个圆圈,排队出场似的,一圈跟一圈,不慌不忙地飘着。

写到这里,又记起读过徐珂《清稗类钞》里一篇"烟戏"的文字来。

清乾嘉年间,关林塘广文在京,同年为他祝五十寿宴,席间来了位异人,会烟戏。此人"烟筒长径尺,而口特宏大,能容四两(烟丝)有余"。表演开始:"爇(音弱,意点燃)火吸之,且吸且嘘若不见其烟之出入者,小顷,索苦茗一盏,饮讫,即张口出烟一团,倏化为鹤,盘旋空际,约数十往返……细观云麟中,皆寸许小鹤,渐舞渐大,渐离渐合。又渐聚为二鹤。未几,客手一招,鹤入其口而不灭。"

你看,这简直是在演电影呀!可惜,这种烟戏早已消逝,就连乡村男人们的旱烟筒,也离我们渐行渐远。

岁月,是会消蚀去许多许多繁华和辉煌的,也会消蚀去草根和平凡。

第三辑

# 以食为天

人文淳安
RENWEN CHUNAN
XILIE CONGSHU

# 饭甑

饭甑,是淳安农家里任劳任怨,低调含蓄的一种炊具。往年,在淳安平常的日子里是少有见到用饭甑的。要是见到饭甑频繁出现在灶锅头上的日子,那一定是夏天新稻谷收获的季节,再不,就是一年农历的年尾和新年的开始。

每到这两个时节,祖母就把那只闲置在菜橱顶上的,黑黝黝,似乎历经了人世沧桑的饭甑拿下来,拿到早已灌满水的大木桶里浸着。饭甑底弄一块溪滩里捡来的石头压一压,饭甑是杉木板做的,见着水容易上浮,压一压才能老老实实待在水里。浸过一个时辰,木板喝饱了水,祖母把它捞出来,再用清水冲洗几遍,原先有些无精打采,邋里邋遢的饭甑就显得精神焕发啦。

　　新谷出,新米香。在淳安农村夏收夏种是一年当中最苦的农忙季节。天热如蒸,昼长夜短,农人体力消耗巨大,补充体力需要新米煮饭、煮粥。

　　新米是刚从田里收割来的稻谷,脱粒,晒燥,挑到大队里那爿粮食加工厂去碾,碾来的新米散发着清纯、柔和的谷香。祖母量一官升(量具)半新米,淘洗干净,放食锅里煮。柴火在灶肚里一脸灿烂,锅里新米全身腾翻,煮到半成熟,用灶漏(竹器炊具)撩,一灶漏一灶漏撩起来,撩到饭甑里,盖上饭甑盖,摆进另一只食锅,等待着一家人享用。食锅里还有粥汤,粥汤里还有几粒米饭,继续往灶堂里添柴火,柴火烧得旺旺的,把粥熬得稠稠的。祖母为了省点米,切些南瓜下去,放点盐煮成南瓜粥,南瓜粥好吃,粥稠米烂好入口,且新米的香,南瓜的香都在粥里头,还省去了炒菜。

　　拿番薯煮粥那是秋天的事了。

　　粥煮好,舀到坯头(瓷瓮)里盛着。祖母洗一下食锅,换上清水再烧开,捧过饭甑搁到锅底,盖上锅盖,开始添柴蒸饭,把半熟的新米蒸成全熟,蒸得香喷喷的。

饭甄里的饭,蒸到香气绕满灶间,再退柴熄火,焖一焖,让稻谷的香气压到米饭粒里去。

开饭啰！掀开板盖,拎起饭甄盖,缕缕饭香,扑鼻而至。盛上一碗,就着辣椒熬酱,此时此刻,世界静止,独一脑子金光灿灿,满嘴巴福水涟涟。

每年到大雪节气,祖母又把那只闲在菜橱顶上的,黑黢黢,仿佛历经沧桑的饭甄拿下来洗刷干净,等着蒸糯米饭。

糯米饭是拿来切过年的糯米糖的。

一年又一年,祖母从饭甄里蒸出了很软很黏的糯米饭。看到祖母在揭开饭甄盖时脸上堆起那粲然的笑容,我便举起手里老早端着的那只白饭碗,祖母便伸手去饭甄里捏起一个糯米饭团子,丢到碗里:"到堂前去吃吧,不要再站在这里碍事。"——祖母还有好多套工序要做,比如:起锅,把糯米饭摊到团笆里,洗一下饭甄,换洗一下食锅,再蒸一饭甄糯米饭……

饭甄蒸出的糯米饭真香,那糯米饭团更香,香而有筋道,不需要任何调料和菜肴,一口气就把饭团吃进肚子里。

往年,尽管生活有些困苦,过年了每家每户都要熬点番薯糖,切点糯米糖。

切糯米糖要用冻米,冻米为什么要在大雪节气以后蒸呢,是气温之故。大雪后,气温低,蒸熟的糯米饭不会变质。祖母将饭甄里蒸熟的糯米饭倒到团笆里,用筷子一点点拨开,摊成薄薄一层,端到阴凉又通风的房间里晾着。四五天后,糯米饭风干得差不多了,用双手将糯米饭揉搓开。揉搓开的糯米饭,一粒粒收缩结晶如原糯米大小,只是,它们此刻如水晶般晶莹剔透,有光有芒了。

祖母把晾干成晶莹剔透的糯米饭用团笆搬放到晒坦里,让太阳晒,晒透。直到米饭里的水分被阳光吸收干了,恢复到糯米原前的坚硬,甚至比原前的糯米更坚硬。把坚硬的糯米入瓮,待到年近,从瓮里拿出来用旺火炒,一炒,糯米膨胀起来,体积增到两粒或三粒糯米大。熬开番薯糖,拌进炒过的冻米,压实,一刀刀冻米糖切起来,就要过年了。

饭甑的前身应该是一种叫“甑”的炊具。

据考古发掘,早在新石器时代就有了陶甑,商周时代出现了铜甑,战国又出现了铁甑,慢慢地进步到木甑。

甑是放在鬲、釜之上的蒸器,类似于现在的箅(bì)子、蒸格。

淳安木制的炊具中,饭甑的造型是比较简单的,只有三个部分:饭甑身、饭甑底、饭甑盖。饭甑之所以能将生米蒸成熟饭,是因它由四五块木板拼接起来的饭甑底——甑底木板之间锯出一条条缝隙,缝隙如丝线宽,这样宽度的缝隙蒸饭时,米粒掉不出来,又可让沸腾的热气通过缝隙朝米粒里钻。有的饭甑缝隙太宽,只有在蒸饭时摊进一块纱布,米粒才不掉出来。

桶师傅箍饭甑,木师傅、竹师傅是不给人家箍的。不过他们也不会箍。旧时,淳安手艺人恪守着手艺行里的职业道德,分工明确,井水不犯河水,你做你的木工,我做我的篾匠,他箍他的饭甑。

祖父逝,祖母逝,家里的饭甑母亲大人接过来继续蒸着饭。

如今,年迈的母亲大人也改用电饭锅烧饭了。老家灶房的菜橱上,那只蒸过几代人吃饭的饭甑,已尘灰蒙面,板块散架,母亲大人却始终舍不得扔掉,母亲大人说:饭甑不忍心扔掉,让它摆在那里,看着心里舒服一些。要是有一天你们到老家来,灶房烟囱里不见着烟了,那么,饭甑会没了,我也就没有啦。

# 粉桶

西汉司马迁《史记·郦生陆贾列传》里写着："王者以民人为天，而民人以食为天。"意思如此：成就王业的人以人民为"天"，而人民者则以食为"天"。

把饮食提到"天"的高度，首先因为它是人的大欲。人要吃喝，这种大欲是自然本性。佛说,人生有八苦:生苦、老苦、病苦、死苦、恩爱别苦、所求不得苦、怨憎会苦、忧悲老苦。人,一脱离母体,个体生命就要承受巨大的苦痛,苦痛里最刻骨铭心的是饥饿,所以,人一落地,不得不用哭声来寻找食物,寻找那维持生命的食物,母亲的乳头一衔入口,婴儿就安静了。人厌恶死亡和贫苦,这也是自然本性,谁也抗拒不了,但与人对食物的需求比起来要逊色得多。告子曰:"食色,性也。"饮食与性欲,都是人的本能、本性,食还是排在第一位的。

为求生存与繁衍,所必需的吃饭之事及男女性生活和生儿育女之事,自然不是一般的欲望,而是大欲,必须慎重对待,不能轻率处之。

饮食是活人的大欲,还反映在活人对死人的祭献上。中国人死后依然讲究吃。死后的饭碗也和活时同样重要,或者更重要。

有的要吃猪头、牛头或羊头,有的要吃全猪,有的专吃牛羊肉,各有各的胃口,各有各的嗜好。这就是中国人对鬼神的祭祀,相较于其他民族对神只作礼拜,对鬼只献鲜花来说,似乎中国的鬼神和人一样,中国人心里吃是"天"大的事,粮食比天大。

淳安在山区,缺田少地,那两排青山夹住一条溪流,一年又一年从古流到今,养育了一代又一代人。肥沃一点的田就在村前,抬眼可见,没有沃野千里,麦浪滔天的现实。肥田里种稻谷、种油菜、种麦子亦种苞芦,20世纪90年代还响应政府的一个号召,淳安肥田里不种稻、麦、油菜,全植上桑树,家家户户种桑养蚕。祖母问我,全都种蚕树,不种粮食吃什么?我大声告诉她,买米买粉来吃。祖母懵懵懂懂,却又清晰地吩咐:把楼上的两只粉桶买满。在祖母心里,只要我家楼上的那两只粉桶满了，日子就好过了。

家里两只粉桶，安置在楼上一房间里，并排靠在北面的屏门上，没日没夜地守护着肚子里的那些粉。粉是苞芦粉、麦粉，过年时有米粉，米粉很短暂地在粉桶里歇息一下，就奋去做馃啦，米粉金贵，只在过年过节的时候现一现身。

两只粉桶里，常见的是苞芦粉，磨几十斤苞芦，装满两桶，祖母的笑脸上就有了粮食满仓的含义。麦粉不太多，比苞芦粉要少，麦粉的颜色不白，赤！家里磨麦粉，舍不得丢失下麦皮，连皮带芯磨到一起，麦粉就变"赤"了。

淳安语言，尽管是乡野俚语，却亦源远流长，内涵丰富。按规范的汉语解释，"赤"是红色，赤色是指红色稍微发暗的颜色，不像大红那样鲜艳如血。此字最早见于甲骨文，会意字，其本义为火红色。

中国人讲五行，据五行之说，南方属火，故又以赤为南方之色，后又引申为指南方。而初生的婴儿全身呈红色，故叫作赤子。赤子是光着身子来到人世的，因此"赤"可引申为光着、空着、一无所有等意义。

淳安把连皮带芯磨在一起的麦粉叫"赤粉"，实在是可值得追溯研究的一个词语。

拿"赤粉"做出来的馃，叫"赤粉馃"。

村里形容某位肤色不白不嫩的姑娘或小伙子时，就来一句：那个"赤粉馃"。

粉桶：圆柱形，上大底小，高过大人膝盖。全杉木，等距相对，有两块高出五六寸左右的杉木板，两杉木板头，凿有圆孔，便于搬移，粉桶有盖,盖圆,并配合两木板挖出槽口,桶盖往桶顶一盖,天衣无缝,蚂蚁难进。

两只粉桶,一黑一白,黑者古老,白者年少。

黑色的粉桶,是我高祖父母手里传下来的。

我家祖辈贫苦,在村里没有一分肥田,高祖父母生有五男二女,每天公鸡叫过三遍,七张嘴就要吃饭,七张嘴是燕窝里头的雏子,叽叽喳喳唱着讨吃的歌。

不能让子女饿死,高祖父母牵着一群孩子,挑上布袋,扛上柴刀镰刀斧头锄头往后山迁。

有人家居住到山上,淳安叫"歇山剎"。淳安常见有"歇山剎"的人。

莽莽榛榛的山林里,劈柴斫树,去棘刺割茅草,挖出一块土地来,搭建起一间茅草屋,从此一支炊烟袅袅升起,不久亦有鸡啼、羊咩、猪嚎。一家人挖山开荒,植麦种苞芦,肚皮就有了几分饱。

高祖父极节俭,一年到头一身麻布衣裳,冬日天寒地冻,加一层,熬一熬。脚上是终年草鞋,冬天一双草鞋袜,一穿穿到明年开春,穿到大拇趾探索人间。

粮食是命,高祖父更是把它仰视为帝皇,一粒一滴都精打细算。他的一天三餐,早饭一碗苞芦糊,晚饭一碗麦粉汤,午饭最丰盛,上山里斫树砍柴,开荒种粮,带一茶盅(小酒杯)炒黄豆,嘣嘣吧啦一顿咬,山泉水当琼浆,一起吞下,奢侈的午饭!

十年后,高祖父母授下(买下)一片山,那一片山叫杨柳源,山上苍松翠柏密密麻麻,高祖父带着已出力(成年)的两儿子斫柏树,砍松树,背到村里卖给木材商,家里的底子慢慢厚起来。

再十年后,高祖父母捏住钱袋里的铜钱,到村里授(买)田,有败家子儿赌博输钱卖田还债,五亩肥田就在村庄前,泥黑得流油。

这年枇杷黄灿灿时,高祖父母授来的那五亩肥田里麦浪翻滚,一派金黄。

做一只粉桶。高祖父决心做一只粉桶,做他今生第一只粉桶。

高祖父请到隔壁安川村的一位桶师傅上山,粗杉树早就斫了两根,刮了壳晒在"山刹(草棚)"后,桶师傅在"山刹"里出料、锯板、凿孔、钉竹针、嵌漆、拼接、打箍,做了五天,一只能装三十来斤粉的粉桶做成,高祖父破天荒地到村里小店打来土烧,高祖母炒了鸡蛋,款待桶师傅。

高祖父眼睛里的粉桶似一座金塔,昼夜闪烁着金光。

麦收过后,新麦挑到村脚那爿水碓去磨,麦粉喷香,装到新粉桶里,高祖母舀一大木勺新麦粉,煮成麦粉馃,合家第一次吃上了馃,决心要努力着,以后一天三餐都吃馃,过无比幸福的生活。

高祖父一家没有放开肚皮天天三餐吃馃,他们的早饭、晚饭无大变化,高祖父上山下田做事带的午饭仍和以前一样:一茶盅炒黄豆。

又过了两年,高祖父母到村里买了块宅基地,造起一幢二层八个房间带厨房的大房子。青砖黛瓦白墙,背靠后山,大门朝东,朝东的大门偏左,让出屋正中一大天井,天井是"四水归堂"式,雨水雪水加霜水,每一滴都聚流到屋里来,连带把阳光、月光、星光、闪电、尘埃、燕子亦吸纳入屋。我为玄孙,出生在这幢房子的往后增建的屋里,老屋的后门是新屋的大门,常到老屋天井仰头看天:若太阳成了天井的瞳孔,那是正午时分；瞳孔变一抹银钩，那是月夜，或上弦，或下弦；天井上现点点金麻，那是繁星满天。

高祖父母拜别"山刹"，率一家下山，喜迁新居。喜迁之日，高祖父手捧粉桶，一脸灿烂，领首前行。

我读小学时，每年暑假都要帮生产队牧牛，牧牛都在两座山上，一座是"杉叶后"，一座是"杨柳源"。牧到"杨柳源"半山腰，有一地基，四方四正，基石已风化，基内芳草连天，这里就是高祖父母一家人歇过的"山刹"。

高祖父供粉桶如佛，到了新屋，即请木师傅做了一个架子，把粉桶请在架子上。淳安拜佛、祭祀祖先从不说"拜"，用一个"请"字表达诚意，"请一下菩萨"，"请一下祖宗"是也。

这只粉桶传到我父亲辈，归属于昌文叔父，昌文的父亲新中国划成分为地主，"文化大革命"时期造反派的某一成员把粉桶搜去，后按上级政策又复归还于昌文叔父家。

昌文背负着地主儿子的名份，在当地讨不到老婆，后经人牵线搭桥，入赘衢州常山。

昌文叔父启程去常山入赘，时在"三月荒网菜汤"的春月，杨柳暴芽，百草泛绿，但春寒依然料峭着。那日有雨，点点滴滴都冷，不单冷身，更冷心。

我借来生产队一架双轮车，搬装昌文叔父运到常山的一些家具，第一件是高祖父置下的那只粉桶。粉桶被岁月涂了灰与黑，岁月如歌，子孙延绵，杉木粉桶养人，杉木粉桶装过的麦粉苞芦粉，香。

那时有一条泥沙简易公路从村口通到虹桥头轮船码头,弯曲如扭动的蚯蚓。我拉着双轮车一步一步,埋着头走;昌文叔父挑一担布袋,布袋里塞着衣服裤子鞋子袜子,紧贴在双轮车后,一步一步牟拉着头走,上坡时,他放下布袋担,推一推双轮车,助我上坡。

到县城排岭有两班轮船,早班和中班,中班靠码头要到下午。

一声长笛,中班船靠岸,船淹没在一人多高的杂柴乱草里。我们叔侄俩,踏着软悠悠的桥皮(木板做成,可移动的桥),把一件件家具背上船。

轮船"突,突,突。"在一下一下无力地呼吸着。

"呜——"鸣笛响过,船员收起桥皮,"突突突"轮船尾巴处大烟窗冒出浓烈黑烟,轮船倒退开动起来。

昌文叔父突然捧起那只摆在船头上的粉桶,跳下船头,把粉桶放到双轮车。

"粉桶还是留给你们,留在淳安吧。"说完急转过身子爬起船来。

船员立刻放下桥皮,昌文叔父沿桥板爬上船,即刻遭受到一顿训斥。

船开走啦……

昌文叔父到死亦没回来过淳安。

高祖父手里做的粉桶还在,在我淳安楼上,空着,外面披一层厚厚的灰,如涂抹着一层廉价的面油……

## 菜蔬筒

　　我小学读毕业了,马上就要去读初中,初中读毕业有可能去读高中。

　　我的小学都在自己家门口读,不需走出村,十分方便,可初中、高中对有些村子的读书人来说,就不一定能在家门口读啦。可能呢,要走十几里二十几里路,翻山越岭、过河蹚水、踩石踏泥地,一路赶到公社(乡镇建制是改革开放后)所在地的学校就读。

在家门口读小学,一日三餐都在家里吃饭,上初中、高中读书,有一些学生离家远,只能住宿在学校里,这样,一日三餐亦只能在学校食堂吃饭了。

住宿在学校里的住校生,每个星期天回家,背上米或苞芦粉、番薯,再带上菜,备足一个星期的食粮和菜蔬。

米放在"饭袋"里,饭袋用麻布缝成,小巧玲珑,可盛十斤五斤米或苞芦粉、番薯。淳安农村还有一种盛粮食的袋子,叫"干粮袋",做"干粮袋"全用细棉布,比"饭袋"高雅有气质。"饭袋"和"干粮袋"没有"布袋"那么魁梧奇伟,肚腹可容百斤。"布袋"是应该庞大的,用它来挑苞芦、番芋、稻谷、麦子、油菜籽、油茶籽,一担就装一二百斤。"布袋",淳安乡村农民须臾不可离的搬运粮食的工具。"饭袋"还有一用,农民上山砍柴,下地挖泥,中午饭在山头地角吃几个冷苞芦粿,苞芦粿用"饭袋"装。

住校生一个星期的菜,装在"菜蔬筒"(毛竹筒挖的盛菜用具)里。"菜蔬筒"像一只不用电的小冰箱,储藏萝卜条、腌菜管、油豆腐丁,是一处咸世界,盐分极高。不咸是不行的,一"菜蔬筒"菜是要吃一个星期的呀。

有"菜蔬筒"真好。

"菜蔬筒"材质是毛竹。粗粗的毛竹,截取两头有节的那么一段,刨一刨竹青,一头留住竹节,一头沿竹节下边一寸半左右处锯开,做成筒盖,在筒身上端口处,两边各钻个孔,筒盖两边亦钻一孔,拿细麻绳穿过盖两边的孔洞,固定筒盖,菜蔬筒盖紧贴筒身,形影不离,想分开他们都难。

米饭、苞芦糊、番薯在学校食堂蒸,要自带铝饭盒,没饭盒的同学带只洋铁碗,洋铁碗没有盖,蒸饭时容易进水,苞芦糊里进水了,那味道就是寡淡,味道寡淡了就需用咸菜补偿,"菜蔬筒"里的菜一下子会瘦下好多。

学生和老师的饭盒上都要刻上记号,以识别其归属。饭盒上刻记号,拿一枚五分的钢镚儿,竖起来,往饭盒盖使劲碾动,刻出自己的名字。五分钢镚儿刻出的名字,锯齿清晰,纹路漂亮,易辨易识。

学校也统一用红色油漆给每个饭盒编号的,可是,蒸上个把月,红漆变暗红,最后变黑,像干涸的猪血粘在那里,毫无生气,难看。

饭盒分大号、中号、小号。饭量大的选大号,那个时候似乎人人都是大号饭盒,绝少小号的,家里油水不足啊。

整个学校"菜蔬筒"里的菜大都一个样:咸菜加点黄豆酱,油少,清淡味寡。好点的菜,家里人炒一点烘豆腐,咸油豆腐,切成丁或丝,拌在咸菜里。咸菜有青菜梗、萝卜条、腌菜,最多的是一种叫网菜的干菜,不知道这个菜的学名叫什么?网菜切成一段一段,用盐腌一下,然后捞出来在太阳底下晒成干,储到坛瓶里,炒时抓几把。

春天来了,动脑筋的家长会到野地里摘来小菜炒进咸菜里,第一餐好香,第二餐香,第三餐馊了。馊了也要吃,一个星期只那么一菜蔬筒菜呀。

我读初中时,有一位同桌,家在深山坞里,他的家离学校有二十多里山路。他每个星期挑上"饭袋""菜蔬筒"来我们村脚学校里读书。同桌为人正直,有话就说,不藏不掩,可惜半爿脸是斑子(小时候烫伤),同学不太理他,我和他合得来。同桌可能是出于感激,有一天叫我带上一只洋铁碗,偷偷地为我蒸了一碗饭(不住校的学生是不可以在学校蒸饭的)。中饭熟了,我俩再偷偷躲到后山一草窝里吃,菜是咸菜管,菜管里有点烘豆腐,挺可口的。

又蒸了几次,后来被同学发现,报告到老师那儿,他就不敢再给我蒸饭了。

那个年头,粮食是很匮乏的,同桌给我蒸一碗,他肯定要变化着省下他饭盒里米量。当年我也没有往仔细处想,只馋了那蒸米饭的好吃。

我和同桌初中毕业后,至今没有遇到过他。也不知道他讨老婆没有?有儿子女儿没有?这种想念,也有一时没一时地在我头脑里出现,我想,以后还会想起他来,想起那一顿蒸饭和"菜蔬筒"里的咸菜来。

# 粿印

"粿"字,在古代汉语中难以查到,现代汉语解释说,"米粉或面粉。净米。米食。"这个字,很有可能是后来才造出来的,什么时候造出这个字呢,有待专家去考证。但淳安的祖祖辈辈,把用苞芦粉、麦粉、米粉做出的饼状食物都叫作"粿",这样看起来"粿"字很早就有了。

淳安有一种做粿的模子叫"粿印",实际上是一种普遍使用的糕模。在淳安老物件里面,粿印算得上是一种艺术品。

糕模俗称糕印、糕板,是民间制作糕点的工具。糕模也是民间雕刻的一个品类,是丰富多彩的民间艺术的一个重要组成部分,是生活和艺术的有机结合体。

淳安的"粿印"样式千姿百态,刻雕的图案精彩纷呈,蕴含着淳安父老追求那种朴素美和对美好生活向往的一种情感。

"粿印",用纹脉细腻、质地光滑、硬度适中的野生杂木雕刻而成。雕刻技法以阴雕为主,其风格和刀法有精雕细刻和粗犷精练之分。

粿印都是雕师傅雕刻出来的。用新鲜的木材下料,依据粿印的品类和体积,锯成厚度一般为五厘米、长宽不等的印坯子。雕师傅把印坯子刨光滑,再锯要雕的品类,单眼印、双眼印、多眼印等不同形式的要求,用凿子挖眼(孔)成形。一凿子一凿子在板面上敲凿,凿出单个、双个或多个深约三厘米的眼(孔),在眼内雕出所要的纹饰,孔边沿雕成"花牙"纹。一只粿印是实用、审美、趣味三者完美之结合。

"粿印"雕出的图案,也分种类,如婚宴用的"粿印"雕有"龙凤吉祥";祝贺考上学校或升迁的有"天官赐福";过年迎春的有"如意""年年有余"。特别值得一提的是,这"年年有余"的粿印,内雕有双鱼,乍看有两条,细瞧为一条,有种交替变幻的意趣。还有那祝寿用的"寿桃"粿印,丰满厚实层次分明。

"粿印",大多是一家一个,有些家境不是太好的甚至一个粿印也没有,这也不妨碍这家办喜事、过年、祝寿做米粉粿。淳安的邻居隔壁做什么事都相互帮助,稀缺的用具也互相借用,这是一种和谐的社会现象。过年或过节,一个村子里互相交换着使用"粿印",这样每家印出的米粉粿就花样翻新,精彩纷呈了。

印米粉粿,在淳安是一件比较大的事。妇女们把米粉倒进铁锅滚开的水里,滚上一会儿,见有些熟了,就用蹋锹使劲压,还时不时上下翻动粉块,这道工序淳安人叫"打芡"。当然,这个"芡"字,在字典里是指一种水生植物,种子可供食用,"打芡"表达的意思不十分符合汉语本意,但字典里"勾芡"一词,也颇切合这"打芡"的动作!

打好的"芡"搓成几条圆的粿胚,摘成与粿印相吻合的粉团,搓圆,放印内,用手板压,把粉团压到和粿印边沿一样平,握住粿印柄,翻个面,敲一敲,一个图案清晰的米粉粿就成了。

把印好的米粉粿排到粿托里,放铁锅里蒸,蒸到米粉粿个个水灵灵、泛亮光了,起锅倒扣在案板上,再用麦秆扇"呼呼呼"扇几遍,又香又韧的米粉粿就能吃了。

婚宴用的米粉粿还要点上"红痣","红痣"点在米粉粿的正中,有万白丛中一点红的吉庆景象。

## 暖碗

　　淳安有一种烹饪用具叫"暖碗"。这"暖碗"能炖多种菜,而且长久保温,满天飘雪的季节,"暖碗"里的菜温热适中,吃起来很舒服。

　　淳安的"暖碗"就是如今大小餐馆流行着的"火锅",说吃"暖碗"就是吃"火锅"。

淳安各地的传统饮食中离不开"暖碗",当隆冬风厉,百卉凋零,雪霜普降的冬天到来时,各家各户,无论是招待客人还是自己家用,一律烧起"暖碗"来。

"暖碗"以紫铜做成的为上品,其造型精巧,有点像古代的"豆"(一种烹饪用具),下面有一火门,中间有一圆筒,腹腔中空,可以置木炭燃烧。腹腔外圆周凹陷,用于盛放菜肴。

"暖碗"充分利用了空气的冷降热升原理,通过空气的循环流动,使炭火熊熊燃烧,热力持久。若"暖碗"火力不足时,可用硬板纸卷成一个筒儿,置于圆筒口,给以助力。

"暖碗"中使用的木炭以深山老林里硬柴火烧成的"乌炭"为佳,这种炭耐烧,火力旺,炭灰少。这种炭如今已经少见了,主要是环保意识的增强,人们自觉放弃了这种烧炭的方法。

"暖碗"中的菜料品种多样,有荤的有素的,荤素搭配相得益彰。其最为常见的配料是:猪肉、油豆腐、白豆腐、白萝卜、海带、菠菜、青菜、粉丝、腐皮等。如今物资丰富,市场繁荣,给"暖碗"提供了更为丰富的菜料:羊、牛、鸡、鸭、鱼、鳖、鳗、海产品等,应有尽有,蔬菜更是四季皆青,天天碧绿。

"暖碗"中的卤最有讲究。一般是"化油"打底,配入辣椒粉、茴香、陈皮、花椒等,讲究一些的要用鸡肉汁、鸭肉汁配成。

若要最"鲜",需用鱼肉和羊肉相配制成的卤,这种卤里,不管放入什么蔬菜都会美味无比,味蕾刺激剧烈。

为什么有这种效果呢?从中国文字学、音韵学里可找出"鲜"的源头。东汉许慎《说文解字》说"鲜"是一种鱼名,出在"貉国",是个形声字,"从鱼羴省声"。清代王筠《说文释例》说:"鲜似会意字也,鲜为鲜,合南北所嗜而兼备之矣。"这就说明:南方人以鱼为美味,而北方人是以羊为美味的,合在一起,便叫作"鲜"。

用"暖碗"烧菜待客极为实惠,相当方便。一桌子人,围成一团,"暖碗"放在桌子中间,待到木炭红了,"暖碗"肚子中卤水有"咕嘟咕嘟"声响时,双手拎起暖碗盖,顿时,香气四溢,满室飘香。举箸沸汤中,夹起或捞起一块一片豆腐或萝卜,入口一嚼,清、香、鲜、美,叫人陶醉得难以用语言来形容。

淳安"暖碗"始于何时,有何来历呢? 好像没听说有人研究过。但从我国饮食发展的历史来看,这"暖碗"是很有历史来头的。

《礼记》说:"古者未有火化(不知道用火),食草木之实,鸟兽之内。后圣有作(实质是劳动人民的智慧),修火以利,以炮以燔(知道用火炮、燔了),以为醴酪。"但这还是只知把食物直接放在火上烧。

据记载:"暖碗"——火锅,是从东北满族随清兵入关而来到汉族区域的,原名叫"野意火锅"。清兵入关,主政中原后,康熙、乾隆皇帝为显示皇恩浩荡、笼络民心,在紫禁城或圆明园为60岁以上臣民举行的大型宴会。参加宴会的有上千人,故名"千叟宴",又称"千秋宴"。一次"千叟宴"要用"暖碗"一千五百五十多个。规模之宏大,气派之辉煌,赛过天庭。

"暖碗"来自北方还有证明:徐凌霄在《旧都百话》中说:"此等吃法,乃北方游牧遗风。"清光绪初年,严缁生在《忆京都词》中记述道:"南中无此味也。"以上种种证明，也可证实淳安"暖碗"应来自北方，且源远流长，历史深厚也。

还有较早的一种古代炊具叫"五熟釜"，亦应该是"暖碗"的前身。"五熟釜"釜中分几格，可同时烹调各种食物。青铜制或铁制。晋陈寿《三国志·魏书·钟繇传》："文帝在东宫，赐繇五熟釜，为之铭。"南朝宋裴松之注引《魏略》："繇为相国，以五熟釜鼎范，因太子铸之。釜成，太子与繇书曰：'有黄三鼎，周之九宝，咸以一体，使调一味，岂若斯釜，五味时芳。'"

现在，"暖碗"已遍布各家各户，"暖碗"的品类也花样百出，有电烧的、煤气烧的、酒精烧的，而真正让人怀念和喜欢的还是那地地道道，用木炭烧的淳安"暖碗"。

# 石磨　榨篮

淳安是豆腐之乡，一年到头的菜蔬里缺不了的是豆腐，就是在往年生活不富裕，缺肉少鱼的日子里，一村一坊还有做豆腐换的，豆腐权当一种荤菜，解一解那饥渴的肠胃。

过去，做豆腐离不开那一爿石磨，一个村子里总有几爿石磨，转啊转的,转出全村的食料,绵绵不绝。

石磨拿硬的麻理石(茶园石)凿开出来,分上下两片,两片都有牙齿,牙齿呈"S"形,一路路凿得清清爽爽,下片中心装一根磨芯,磨芯是硬木,很耐磨的那种石树;上片中心凿出一茶盅那么粗的洞,用于添食料进行磨碾,还在磨片的一边中间挖个石槽,装上一根木柄,木柄顶端凿出一孔,用来插"龙搭钩"。"龙搭钩"是通过人力推动上磨片的,"龙搭钩"头为弯头,整体是"T"字形,实用中为倒"⊥"字,两条绳绑住横档两头牵到搁板下钉牢,一个"人"字写在石磨前。

做豆腐还有几件工具:

磨架。磨架实际上是一架小木梯子,不过只有两根横档,横档在两头,用的时候往酒缸上一搁,上面摆上需过滤的食材,如豆腐水、番薯粉水等。

酒缸。酒缸不是盛酒的什么缸,是一只圆形的大木桶,有1米多高,用来做豆腐、洗番薯粉用。

榨圈。榨圈为正方形,杉树板榫卯做成,板高5～6寸,做豆腐时用来拦住豆腐脑,不让它们四溢横流。

榨篮。形为圆竹篮,沿高,孔大,便于渗水。榨豆腐汁,榨番薯粉汁,都放在这个篮里面。

榨板。榨板是四方四正的杉木做成的一块板,板中挖出长方形的眼睛,水就往眼睛里往酒缸里流。布袱(袱,按字典解释为衣服的前襟),是一块四方形麻布,捏住四角往上一拉可盛物。

这几件工具过去是这么用的:豆糊磨出来,畚到布袱里,布袱摊到榨篮里,榨篮下是酒缸,酒缸上搁着磨架,人用力揉压布袄,边压边往豆糊里加水,洗番薯粉亦如此。

有一场雪来了。

小时候,冬天没有哪一年不落雪的,落一场,又落一场;落一场,又落一场,一年最后那一两场雪落下来时,村里那几爿石磨就"咣当咣当"日夜不停地转起来。

怎么突然频繁地转起来了呢?要过年啦,过年要做豆腐,要做米粉馃,要做包子,磨豆做豆腐最重要。

做豆腐用的豆子,是农民自己亲手种的,和苞芦、麦子、番薯相比,黄豆产量似乎要低一些。

桃花红透春天,在一路一路齐腰高的麦子空隙里,打坎种豆子,大人播下豆子小孩儿撒上炉灰大人再掩上土。种下豆子,当心喜鹊、乌鸦来啄了吃,顶讨厌的是山鸡,不管雌雄都来偷,而且偷得厉害。你发现它,猫腰赶去,还有十来步就抓得着它了,"扑棱棱"一响,它已飞到松树上了。

绿油油的豆苗钻出泥土,两个瓣像猪腰子相互对视着。马上开始锄豆草,锄了豆草,豆苗刷刷往上。豆苗长到一膝高,再撒一遍石灰,治了虫又肥豆叶。

桃子熟了,黄豆就熟了。过年的黄豆要早早储备着。

要过年啦,浸下几官升(计量器)黄豆,浸一天两天,捏一捏,还不好磨,再浸一下,胀了,开始磨。磨豆糊时,大人推磨,小孩儿将泡胀的黄豆用勺子畚上10~15粒,勺子里带点水,错开大人推磨的"龙搭钩",

神速往石磨中间的孔洞里添。添豆是一件很讲究技巧的事,豆添多了磨孔要胀死,添少了要空磨,空磨是大人最恨的,会磨损石磨的上下牙齿。添豆技术的好歹,直接关系到豆腐的出品率。

黄豆和着水从上面的磨眼儿填下去,白色的糊儿便从磨口四面缓缓流下来。二斤豆子,能磨出来满满两大盆的豆糊。

村里的厨房大都一个模样,厨房里,泥着灶,有单灶、双灶,双灶多,双灶有两口大铁锅。

接下来将豆糊勺入麻布袋,用井水或山泉水边冲边搅拌边挤,豆浆水一泓泓挤压到大木桶里,好了,再倒入铁锅内用温火慢慢地煮熟。

火的势头不能太旺,太旺了豆浆煮沸溢出锅外,农妇心疼。

要是折点腐皮,就用六月里扇凉用的麦秆扇,慢慢悠悠地向锅里扇风,等到豆浆上面起一层皱了,用一杆细圆而长的竹篾从锅的一头直挑进去,往上轻轻提起,半个月亮圆的豆腐皮就附着在竹篾上了,将它们一杆杆插在裂墙砖缝里,风干。

豆浆煮熟了,用盐卤水点,盐卤水一定要点到妙处,点多了,豆腐太老,少了,成不了豆腐。还有用石膏点,没有石膏用酸脚水(别人家做过豆腐压出来的水)点,供销社没盐卤水卖,只能这样。洒了盐卤水后没多久,豆浆就开始结块,慢慢变成了豆腐脑儿。

豆浆成豆腐脑儿,一朵朵在铁锅里飘动,像棉絮在空中飘着。出豆腐时,用木勺舀起豆腐脑儿浇入用麻布拦着的榨圈里,满了,盖拢布,压上木板,压上石头,或压上盛着水的桶等重物,压干豆腐脑儿里的水,过一段时候,掀开布,白嫩的白豆腐即成了。矮矮低低的厨房,热气腾腾，刚做出来的豆腐，放在竹篮里，上面盖着一块麻布，"滴答，滴答"豆腐淌着水，冒着热气，散一身清香，香味辽阔而绵长。

豆腐渣呢？豆腐渣是猪的美味。快过年了，天空落着雪，雪大朵大朵在空中摇摇摆摆，屋前的山，屋后的山都白了，麦田油菜田，麦地油菜地也白了，家家屋顶也白了，做着豆腐的厨房也白了，厨房的烟囱蹿出的一缕缕白烟飘逸在雪花里和雪花一样的白。村子里那几爿石磨"哐当哐当"响在静静的落雪里。石磨"哐当哐当"的声音现在不太听得到啦……

豆腐是我们中国食品中的瑰宝。有句俗语：大鱼大肉伤肠胃，青菜豆腐保平安。淳安山高水长，林丰鱼肥，在农作物里黄豆是占主导位置的，旱地、田塍上都种六月豆（黄豆），黄豆多了，豆腐成了淳安人的一道主菜。

有关豆腐的文章很多。豆腐的发明者，有案可稽的是汉文帝时代（约公元前160年）刘邦的孙子淮南王刘安及其门客所编撰的《淮南子》。刘安，贵为刘邦孙子，却喜欢炼丹方术，终日以与方士们相聚为乐。《本草纲目》曰："豆腐之法，始于淮南王刘安。"相传，豆腐是刘安和他的一帮方士们在今安徽寿县八公山以黄豆、盐卤等物在炼丹之时，意外得到的一种美食。至今，安徽寿县还在举行"豆腐节"，以纪念这位豆腐发明者。

淳安的豆腐因独特的水质，独特的器具，独特土质所产的黄豆，做出的豆腐独具风味。

淳安的豆腐品种多样，但总是以白豆腐为基础的，今列举一二：白豆腐、烘豆腐、油豆腐、毛豆腐、豆腐干、臭豆腐、腐皮、豆腐花、腐乳等。

毛豆腐(霉豆腐)是汾口的特产。毛豆腐用白豆腐切成四方的一块，一块一块放在竹篾编成的筛子里，经自然发酵，待豆腐长出了二寸左右的白色绒毛，食用时，用平底锅洒上豆油、菜油，放进去煎，一面煎硬了翻面煎，煎成外皮脆硬，起锅再蘸上辣酱，边吃边流汗，外皮脆辣，内部松软，咬一口一股淡淡的臭味，下到胃里，余味无穷。

还有一种臭豆腐叫"偿仔豆腐"。把白豆腐压实烘干，将过年腌过猪肉的盐水倒入锅里煮一煮，再盛到瓮里，把豆腐一块块浸入腌肉水里，然后撒入磨细的黑芝麻盖上盖，搁一二个月，捞出晾干，可直接食用，也可炒辣椒、猪肉等。这种豆腐真正是臭不可闻，但是吃起来香喷喷，堪称淳安一绝。

在淳安的农村里，过年有三大事，"杀年猪、蒸包子做米馃、做豆腐"。不管哪年年成丰歉，三件事中除了特殊因素年猪不杀，豆腐是绝对要做的。农历二十三四，家家户户厨房的烟囱里，一缕缕白色的烟雾随风摇曳。一阵阵"浮"(油炸)豆腐的香味扑鼻而入。你随便闯进某一厨房，主人即热情地从滚沸的油锅里捞起一碗油豆腐捧到你的手上，让你和着辣椒酱一片片品味。

将油豆腐一片片填入瓮里，一层层撒上一些盐，最后用开水兑的盐水灌进去，用溪滩里寻来的辫子石，压紧封口，待到来年开春，农家人上山打柴割草，下地犁田插秧，中午在外用餐，油豆腐是又方便又美味的一种菜肴。

还有淳安的豆腐干、霉豆腐、蒜苗炒豆腐渣等，都称得上是山野中的异品,这里就不一一讲述了。

豆腐是上天赐给人类的美味。不仅平民百姓热爱,贵为帝王的也爱之。清乾隆帝很爱吃豆腐,在记录这位风流皇帝七下江南的种种稗官野史中,有一则吃豆腐的故事很具魅力。

一年,乾隆微服出游到"人间天堂"杭州,进一餐馆用膳。餐间,老板娘端上一碗热气腾腾、色彩艳丽、红绿白分明的菜来。乾隆一顿饱尝,吃了个碗底朝天,回味之余不禁问道:这叫什么菜? 在旁的老板娘用杭州官话娇滴滴地答道:这叫"红嘴绿鹦哥,金镶白玉板"。实际上这道菜是最普通不过的菠菜滚豆腐。要照现代营养学的分析,菠菜是不能同白豆腐同时煮着吃的,因为菠菜中的一种物质会破坏豆腐中的有效营养。

豆腐作为国粹,也得到许多伟人、名人的称赞。革命先烈瞿秋白临终绝笔《多余的话》里写道:"告别了,这世界的一切,最后……俄国的高尔基的《四十年》,托尔斯泰的《安娜·卡列尼娜》,中国鲁迅的《阿Q正传》……都可以再读一读,中国的豆腐也是很好吃的东西,世界第一。永别了! "

中国文字极富创造力,单豆腐就创造出"刀子嘴,豆腐心"来形容人嘴硬心软、"三块豆腐高"来说明人个头小,以及"小葱拌豆腐——一清二白""卤水点豆腐——一物降一物""武大郎卖豆腐——人熊货软"等歇后语,不一而足。

享用了豆腐,请你一定要记住石磨、磨架、榨篮、榨圈、榨板、布袱、酒缸这些为豆腐付出劳动的工具。

# 舂臼 舂杵

淳安过去一种加工粮食的劳动,叫"舂米"。当然,这种劳动不止于只舂米,还舂麦脱壳,舂毛芋去皮,舂苞芦脱籽等。

"舂米"工具由两种组合而成,一种是盛放稻谷和苞芦或麦子的舂臼,舂臼有地臼、石臼、木臼和陶臼几种,淳安有地臼、石臼、木臼,陶臼没有见到过。淳安用的石臼，用茶园石凿成，圆柱形，中间凿空，能盛下一二斗的粮食；还有一种是舂杵，杵由木、石、陶等材料制成，淳安的舂杵一律是木舂杵，用硬木做成，两头粗，中间细，双手一上一下能握住。舂杵一头用铁包住，舂粮食时力量大，脱壳快；另一头不包铁，纯木舂粮不易碎。

我国考古发掘中发现，史前时期就有脱粒脱壳的工具了，所以《周易·系辞下》有："断木为杵，掘地为臼"之说。

《天工开物》"攻稻"记载，"凡稻米既筛之后，入臼而舂，臼亦两种。八口以上之家堀地藏石臼其上，臼量大者容五斗，小者半之。横木穿碓头(碓嘴冶铁为之，用醋淬合上)，足踏其末而舂之。不及则粗，大过则粉，精粮从此出焉。晨炊无多者，断木为手杵，其臼或木或石以受舂也。既舂以后，皮膜成粉，名曰细糠，以供犬豕之豢。荒歉之岁，人亦可食也。细糠随风扇播扬分去，则膜尘净尽而粹精见矣。"

大量的舂米用水碓里的舂臼。

"舂米"的发展，后来不单是用人力了。汉代画像砖反映出来的一幅《舂米》图能说明。画面上有一粮仓，粮仓前四个人正在舂米，右边一人举桶作倾倒粮食状，另一人持筛，左边二人两臂衬住栏杆，借助身重，两脚踩动水碓里那长舂杵，起起落落，杵杵砸进舂臼。桓谭《新论·离事》说："密牺之制杵臼，万民以济。及后世加巧，因延力借身重以践碓，而利十倍杵舂。又复设机关，用驴、骡、牛、马及役水而舂，其利乃且百倍。"

"晨炊无多者"——小量的舂米用家里的舂臼。

当年农村里负责"舂米"的，大多是妇女或小孩儿。

一位堂祖母，为节省几角碾米磨粉钞票，一家六口三餐食材用粮，都是她用舂臼舂出来的。在田地里劳动一天，收工回家已经傍晚，晚饭的米还是谷子躺在粮食柜里，她急急忙忙量上一"官升"或二"官升"谷子或麦子、苞芦，拿到大门口弄堂里去舂，"嘭，嘭，嘭"附和着舂米声，堂祖母还从嘴里发出"哼，哼，哼"的号子声，两种声音此起彼伏，一唱一和，组成一曲优美的歌，在静寂的山村黑夜里响彻。

谷子要舂好几遍才能出米。舂一遍下来，用米筛子筛去谷壳，还没舂掉壳的谷子搁在筛子的上面，米通过了筛子眼落到团蒲里。把米筛上面的谷子捧选出来，放到石臼里接着"舂"，一遍一遍这么"舂"，直到谷子每粒都成白米。

"舂"好的米赶紧拿去烧饭，煮粥。

麦子、苞芦亦这么"舂"，亦这么一遍一遍"舂"，"舂"成粉拿来煮糊煮汤。

吃完夜饭，堂祖母又量来谷子或麦子、苞芦，挂一盏煤油灯接着舂，明天早上、中午的粮食要舂出来。"嘭，嘭，嘭"，油灯下的一伸一弓的身影拉得老长老长。堂祖母活到101岁，无疾而终，劳动者寿。

"舂米"是一种体力活，我也舂过米，舂过麦子与苞芦。暑假里，大人都到田地去做事了，祖母量来谷子或麦子与苞芦，吩咐我到大门口弄堂里去舂，弄堂里有一爿石磨，一只舂臼，半个村里的人都来这里磨粉或舂米。

我舂了一会儿就开始大口喘气，瘦弱的身架还没有舂杵高，半天工夫只能舂出一官升米。

舂米亦是一种技巧活,双手握紧舂杵,整个身体发力在舂杵上,舂杵举起,砸下;举起,砸下,一杵一杵,像鸡啄米;一屈一伸,杵杵要到位。

"嘭,嘭,嘭",如今此声已逝,舂臼、舂杵难见。时代会淘汰那些不适宜时代的事和物,但必须有人记忆,记忆是一种传承,传承要连绵不绝。

# 酒提

淳安过去有好多代销店。代销店里有散装酒卖,卖酒要用到酒提。

代销店是供销社在某个村设立的一个小店,代替供销社销货,方便那些离供销社路途远的村民。

威坪有个贤墓村,大村子,人丁兴旺,灶爨密集。两股溪流汇聚村头,然后向南流去,绿水抱村,青山拥庄,风水特好。

往里源走,石板路在村中央。村头有座木阁楼,挑檐遮盖大路,遮阳避雨,檐下有一排美人靠,供往来旅人休息。木阁楼东侧有一爿代销店——贤墓代销店。

开代销店的是一家子,母亲、两个儿子。据说他们家是一直做生意的,做生意做了好几辈了。

他们住店守店,店是家,家也是店。俩儿子还是上学的年龄,代销店生意都是母亲一人操劳。

代销店里卖油盐酱醋、糖果糕点,这些货物大部分是散装的。

代销店里也卖酒,卖淳安酒厂酿的"金刚刺"散装酒。

"金刚刺"装在一个大肚小口的团瓶里,团瓶口子用一个沙包盖住,防止酒气外溢。酒团瓶靠着屋柱,屋柱上吊着四只酒提,一只漏斗,静悄悄地陪着酒团瓶。

酒提用铁皮敲,锡焊而成,长铁丝柄,勺子圆柱体中空。

酒提有一两提、二两提、半斤提和一斤提。

昔时喝酒,大部分喝的是柜台酒,何为柜台酒呢?就是斜靠在柜台,揣起酒碗一仰头"咕咚"一下入喉,用手抹抹嘴,抬脚赶路的那一种吃酒法。亦有人拿空瓶打回家炒点菜慢慢喝的。

开始打酒了,贤墓代销店那位母亲一手捏着"酒提",一手握住插着漏斗的酒瓶,把"酒提"插到酒团瓶里,然后稳稳地垂直提起,"酒提"出酒团瓶口的那一瞬间,迅速倒进漏斗里,动作娴熟精准,滴酒不洒于外。这是绝活。

吃柜台酒的来了,那位母亲直接把酒打到小客碗里,递给喝酒人,喝酒人一扬脖子一口灌下,交钱走人。

那位母亲包糖的技术也了不得。

一张四四方方的牛皮纸铺在柜台上,把称好的红糖、白糖倒在牛皮纸中央,然后捏着相对的两个纸角,顺势一提,糖往中间聚拢;接着把牛皮纸转动半圈,捏起另两个纸角,再把红糖往中间聚聚拢,依次把四个纸角向下折,扯出一根纸绳,上下左右一绕,打上结,一包方方正正的糖摆在了柜台上。

贤墓村头的代销店里,堂前的照壁前还摆着一架绞面机。绞面机全身都是铁,只出面的底槽是木头做的,年久了,也黑了。

绞面机似乎不是公家的,是他们自家的。

人家去绞面要收钞票,好像是绞一斤面粉收三分钱。那个时候家家户户都自己开面(手擀面),很少去绞面,绞面是一种富贵吃法,家里来了客人,过节或过年才能奢侈一下的吃法,这奢侈的吃法还不是家家户户都有的。

我外婆的家,在六都源头水碓山。山路弯弯,草木森森;小溪流长,鱼虾可见。每次去外婆家玩,都要经过这爿代销店,去了,也进店转转,来了,也进店转转。每一次从外婆家回来,衣袋裤袋里就添了几枚一分的、二分的角子,走到代销店,进去买追追(音)糖(水果糖)吃,角子多几枚那回还买雪饼吃。

角子,是外婆从她床边的那张桌子抽屉肚里摸出来的,一枚、一枚,又一枚,很隆重地摸,很隆重地放到我衣袋裤袋里。

外婆是小脚,代销店那位母亲是小脚,小脚现在都不见了,贤墓村村头那爿代销店也不见了。代销店里那四只曾经给无数喝酒人打过酒的酒提,今何在呀?

如哗哗溪水,流向远方一去不返了。

# 筷筒

中国人吃饭夹菜用筷子，成双成对，互相支持相互配合。西方人吃饭夹菜用刀叉，耀武扬威的，吃饭里含杀气。

淳安人吃饭夹菜用的筷子常见两种，竹筷和木筷，竹筷多于木筷。我在村里时，见全村不论男女老幼，一捧起碗手里就握有一双竹筷。

要追溯筷子的历史,那可长了。中国,早在新石器时代就有骨箸。"箸"即筷。以后,商代有青铜箸,东周有象牙箸,春秋有铜箸,到秦汉时出现了木箸,西汉时有了竹箸,到清代出现了铁筷,镀金筷。皇家显贵为显示其富有和享受生活,还制作有银筷、金筷。

有筷子需有一件装置物,先人就制作出了筷笼、筷盒,专门用来放置筷子。

筷笼就是现在的筷筒。清朝时有陶制的筷笼,往年淳安用的筷筒都用毛竹做。有单筒双筒之分。

单筒,裁一段毛竹,长约10厘米,筒身粗约5厘米,两头锯去竹节,筒背凿一个洞,方便挂到木柱子上,底部钉上一块钻有孔洞的薄竹板,用于筷子洗刷后漏掉积水。

双筒,裁两段毛竹,长度做法如单筒,只是两个筒并排在一起,筒之间要钉上两条竹片,两竹片间横嵌一竹片,当作钩,用于吊和挂。

单筷筒里,筷子、饭瓢、饭勺挤在一起。

双筷筒里,筷子放一个筒,瓢羹、饭勺放一个筒,归类有序。

淳安的筷筒,总挂在离食锅最近的那根屋柱上。屋柱上钉一根铁钉,筷筒的孔或钩往铁钉上一套,筷筒安安稳稳地悬空在那里,经一年又一年的烟熏火燎,吸入人间烟火,变得乌黑发亮。

亦见到过用木板钉的筷筒。前后左右下五块长方形木板,前后两块宽,左右下三块窄。底部那块木板钻出多个洞,后一块高出一段,刨成倒心形,顶端钻一个小洞,穿一根铁丝把筷筒吊在屋柱上。

小时候,人矮,够不着拿筷筒里面的瓢、筷,就去搬一条小凳子来,站上去,够着了。有几次踩空凳子,身子一歪,倒在旁边的那只大水缸上,身上跌得生疼。厨房里的那只大水缸,一气要挑五担水才满,一缸水够全家人烧饭、煮粥、泡滚水一天。

某村有一妇女,生得漂亮。是经过媒人牵线嫁来的。老公瘦小,左腿有疾,她不称心如意,在一个半夜偷逃去衢州另寻侬家。三年后,政府出面把她从衢州找回来。生产队长在全小队社员会上,大声批评呵斥她,并把她的私处比喻成一只筷筒,说什么多少筷都可以插。当年,人家亦没有觉悟队长是在污辱她。她心里肯定是苦的。

找回来不到一年,一次上山斫柴,她从一悬崖上跌落下来,抬回家就断气了。断气前叫家里人拿一只筷筒给她,她回光返照一下子把筷筒摔得五股粉碎,骨架全踢。

如今的筷筒,有铝制的有塑料制的。塑料制筷筒较多,筷筒上塑出花纹图像,亦悦目舒心。

人间烟火气,最抚凡人心。

在淳安,某一户人家,家里那只挂在厨房里的筷筒,筒里塞满着一双双筷子,一只只瓢勺,这一户家,人丁兴旺啊。

# 官升

　　若有时间,研究一下淳安的一些日用物件、对使用物件的一些叫法、对一些事情所说的俗话,应该是很有意思的。

　　比方说买豆腐,淳安不叫买豆腐,而叫"换豆腐"。

　　现在买豆腐,走到菜市场站在豆腐摊边,你微信、支付宝扫码或递上钞票，老板铲一块豆腐往塑料袋一丢，递给你，一手交钱一手交货，简简单单，又明明白白，真是方便啊。

旧时买豆腐不是这样的：卖豆腐的人左手挎一只菜箢，菜箢里码着一块块豆腐，豆腐上边盖一块纱布；右手呢？右手拎个饭袋（麻布做的袋子），饭袋里放一只"官升"。串村走巷，边走边喊："换豆腐哦，刚出陶（刚榨好）热辣辣的豆腐哦。"

"换一块，换一块。"

买家拿过"官升"，量来黄豆，一手交黄豆，卖家一手交豆腐。豆腐的买与卖还停留在以物易物的时代，古风淳厚。

"官升"是淳安乡下用于称量粮食的木制量具，比"斗"量物要少。

升（拼音：shēng）是汉语通用规范一级汉字（常用字）。此字始见于商代甲骨文，其古字形像一个盛东西的有柄器物。升的本义是一种量器，后引申指容量单位。假借为升高、升级的升。由升高又引申为登上，再引申指地位的升高，特指官职的升高。后来造昇和陞，用于升高、升级。

秦始皇统一度量衡时，量器分为合、升、斗等。十合为一升，十升为一斗。

淳安把"升"这种量器叫作"官升"，可见其先辈们对仕途经济的向往和希冀。

"官升"，先薄板对半隔开，再隔半格为二，分为三格。

豆腐怎么换呢？好像是：一"官升"黄豆换二块白豆腐；半"官升"换一块；"两格半"（一长格为二的一小格）换半块。

豆腐无疑是中国人最伟大的发明之一。豆腐好吃，易消化，老少皆宜。就是那些大病初愈之人，讲忌口，这样吃不下，那样不好吃。怎么办呢？不要紧，来一块白豆腐，掰一块，沾一下辣椒酱，三下五去二，眨眼下了肚，全身力气顿生。

淳安每一个村子里都有一两家做豆腐拿来换的。

他们做好了豆腐，踏着石板路，吆喝着，一家一家去换。

乡村豆腐，不收钞票，只收黄豆。

钞票是硬通货，为什么不收钞票只收黄豆呢？这里面有着乡下人居家过日子的计划：收了黄豆，拿来磨豆腐，做了豆腐还有豆腐渣，豆腐渣拿来喂母猪。家里养一头母猪，母猪生小猪，喂豆腐渣奶水足，小猪崽喂养六七个月出栏卖钞票，支撑全家生活。

村子里做豆腐换的人家，猪栏里肯定养着一头母猪。

养母猪辛苦，起早摸黑的。

清早，天黑乎乎的，全村烟爨无迹，做豆腐换的人家已起来磨豆腐了。

豆腐就在厨房里做，农村的厨房矮矮低低，却热气腾腾。刚做出来的豆腐，放在榨栏里，上面盖着一块麻布，"滴答，滴答"豆腐淌着水，冒着热气，散一身清香，香味辽阔而绵长。

豆腐做好了，赶在人家还没有下地做活去换。

换白豆腐的多，也有换烘豆腐的，烘豆腐费工夫。

换豆腐，买卖心眼要好。

极少数做豆腐换的人，心眼不是很平，那一只"官升"做得比别家大,豆腐呢,又做得比别家小块,靠这样一进一出,占小便宜。

占了一点小便宜,换他(她)家豆腐的人也一点一点少了。

换豆腐的黄豆,要籽饱粒满,无石子,没泥块,干干净净。也有人拖泥带水的,把一些瘪豆籽、烂豆籽,掺石子的黄豆拿来换,做豆腐换的人不喜欢。

祖母换人家的豆腐,拿过来"官升",一步一步摇晃着爬上楼梯,到楼上粮食橱子里畚黄豆,黄豆在"官升"里堆凸起个尖儿,又一步一步摇晃着爬下楼梯,递给换豆腐的。换豆腐的见了,连着说:"太满啦,太满啦。"两个人推来推去,祖母拽过饭袋"哗"的一下,把黄豆倒了进去。

祖母说:"占一世,占不来个棺材盖,几粒豆,虫蛀了也是蛀了。"

那一只"官升"只在记忆里啦。

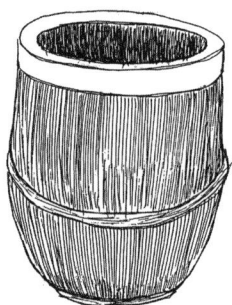

# 斗

　　一斗等于十官升,官升和斗都是旧时淳安农家用来量粮食的物件。

　　斗,用木材制,木材是杉木,如果用樟树板做斗和官升那是不合适的,樟木有一股香气,这股香气能杀虫,做一只樟木箱,衣服裤子袜子摆放在里面,不会虫蛀,放久了还有一股子樟树的香。想一下,要是用来放粮食,粮食渗了樟树的香那怎么吃呢?

斗的形状不同于官升,官升四四方呈梯形,底部细,头部敞开,内分三格,一格是半官升,另外两格合之为半官升,所以淳安量粮食都这么说:给我量两格半黄豆换豆腐。两格半黄豆可以换一块白豆腐。

淳安所见之斗大多为圆桶状,像一只鼓,不过两头的分布是下端小,口端大。亦有像倒立四棱形的斗,口端比底大好多,口端内板壁间有一根拱桥一样的提手,便于提拿。这种斗,只见过村里的三狗地主家里有一只,后来被没收到大队里,放到粮食加工厂里去用了。

官升几乎家家都有,斗比较少,粮食收获的季节,除了拿秤来称,还拿斗来量。

家有一只斗,红漆已褪,但骨子里还有一份高贵。每年稻谷收了,麦收了,苞芦收了,黄豆收了,祖母会从一楼的大竹篓里,奋半小篓上肩,左手扶篓,右手抓楼梯沿,一步一步往二楼爬,爬到二楼,卸下小竹篓,拿斗来一斗一斗量进粮食柜里。

到我十三四岁,背粮食上楼落到我的肩膀上,祖母只负责把谷、麦、苞芦、黄豆用斗量进粮食柜里。

要碾米磨粉做豆腐,祖母拿出斗,从粮食柜子里一斗一斗量出来,装到竹篓里挑到粮食加工厂去加工。

自学中文时,熟读了叶圣陶先生的短篇小说《多收了三五斗》,小说揭示:尽管在老天的怜悯下,贫苦农民这年里的粮食有了丰收,从河埠头的万盛米行粜米到街上购物,不同的处所,不同的场景,讲述了旧中国农民丰收成灾的悲惨命运。小说通过对20世纪30年代旧中国江南一群农民忍痛亏本粜米,在丰年反而遭到比往年更悲惨的厄运的描写,形象地揭示了旧中国在三座大山的压迫下,农村急遽破产的现实,预示着农民必将走上反抗的道路。

四川大邑刘氏庄园博物馆,创作有泥塑群《收租院》,讲述了当地人民在大地主刘文彩手下艰难求生的悲惨生活。

泥塑《收租院》揭露刘文彩收取粮租的过程,"大斗进,小斗出",是他的剥削手段。刘文彩为达到剥削的目的,特制了大小斗,在农民交粮的时候用大斗量进,借粮的时候用小斗量出,如今经济语录上还有个"刘文彩原理"即"斗差原理"。

旧时淳安,邻居之间物件、粮食也不时借来借去的。祖母借给人家粮食,总在满一斗之上,堆个尖,给人家。人家拿来还时,亦是斗上冒着尖的,祖母会毫不犹豫地把那一堆尖削平,归还给人家。

淳安有一句俗话:占一世,占不来一个棺材盖。

# 辣子刀

　　辣椒,是淳安人最喜欢的一种调味蔬菜,淳安人把它叫作"辣子"。把一种蔬菜叫"子",有一种把它看成儿女的那种亲情感,不知道这种叫法别的地方有没有。

　　把辣椒作为食品,不知起于何代。孔子在《论语·乡党》中说"不撤姜食",说明他那个时候吃过生姜而没有吃过辣椒。

辣椒原产于墨西哥,在明朝末年才传入中国,随着大航海时代的推进被传播开来。根据史料的记载,贵州、湖南一带最早开始吃辣椒的时间在清乾隆年间,而普遍开始吃辣椒更迟至道光以后。

辣椒在中国各地普遍栽培,是中国境内最晚传入却用量最大且最广泛的香辛料。明《草花谱》记载了"番椒",最初吃辣椒的中国人都在长江下游,即所谓"下江人"。辣椒最先从江浙、两广传进来,但是没有在那些地方被充分利用,却在长江上游、西南地区泛滥起来。到了清代嘉庆以后,黔、湘、川、赣几省已经"种以为蔬"。

辣椒传入中国主要有两种路径,一是通过著名的丝绸之路,即从西亚进入新疆、甘肃、陕西等地,率先在西北栽培;二是经过马六甲海峡进入中国南部,在云南、广西和湖南等地栽培,然后逐渐向全国扩展。

辣椒又名香椒,起初汉人不太适应这种蔬菜,经过磨炼,汉人适应了辣椒的辣味,以至于湖南、四川等地以嗜辣而闻名天下了。

淳安人也把辣椒当作开胃的佳品:剁辣椒、腌辣椒、辣椒酱,辣味飘香,馋人口舌。

淳安人偏爱辣椒,凡是动起嘴来,都离不了辣椒,有那种"不可一日无此君"的劲头。下酒用辣椒皮,吃饭用辣椒酱,整个儿的腌辣椒是又可下酒又可佐饭的好菜肴。特别值得一提的是,把自家种的青辣椒剁细,弄点肉末豆腐干丁再畚上点腌过的黄豆酱,熬一小碗,用来下饭,吃粿,是食肴中的绝品。

淳安还有一种辣椒的吃法,就是用石磨把红辣椒磨成细细的辣浆,拌上点细盐,熟油,储存到罐里备用。这种辣酱,批到用木炭火烘起来的苞芦粿上,咬嚼起来那真正是山珍了。

秋天来了,一些树木开始飘零起枯叶,黄色的叶子躺在大地上,好美!这么个季节里,淳安的乡村、城镇飘逸起一股股辣椒酱的香味,好香!

淳安人的饮食里,离不开那个"辣椒酱"。每顿饭桌上,要准备一小碗辣椒酱,辣椒酱下饭、通气、催汗。经过不断地传承与发展,淳安地区形成了自己独有的制酱方法。

"酱,八珍主人也;醋,食总管也。反是也,恶酱为厨司大耗;恶醋为小耗。"古语云:"百味盐为首",但酱是百味的统帅,难怪圣人孔夫子说:"不得其酱不食。"

到汉代时,以大豆为原料制作的酱,逐渐流行开来,慢慢地,酱也上了寻常百姓的餐桌。清袁枚的《随园食单》里,有关用酱制作或烹饪食物的记载有八种之多:酱肉、酱鸡、酱炒甲鱼、酱炒三果、酱石花、酱姜、酱瓜、酱王瓜。其中,酱姜的制法和淳安人制作颇为相似:"生姜取嫩者微腌,先用粗酱套之,再用细酱套之,凡三套而始成。古法用蝉蜕一个入酱,则姜久而不老。"用蝉蜕一个入酱,淳安好像没有这样做过,应该学一学。淳安,知了壳多了去了。用酱腌制的生姜,拿来下饭,脆、香、辣三味俱佳。

淳安辣椒酱传承了古代制酱技术之精华,在漫长的发展过程中,口味和品种有了一定的改进和发展。囿于淳安山多田地少的自然环境,季节蔬菜供应不足,而人们下地干活、上山砍柴,路途遥远,必须带午饭。当年的饮食器皿没有今天这样发达，新鲜蔬菜不易保管携带，将辣椒酱压在苞芦粿里，既方便携带，又有味道，经过长久探索，形成一套淳安地区做黄豆酱的一番工艺。

淳安辣椒酱的材料，选用春播夏收的六月豆，择其豆粒均匀、表皮光滑的黄豆，晒干后用竹筛子漏去杂质，再用清水浸泡黄豆，使其膨胀。膨胀后的黄豆放入锅里煮，到黄豆煮熟好吃了，舀出来晾干。晾干的熟黄豆，拌上麸皮，放团蒲里摊开，盖上纱布或麻布，放到阴凉处发酵。隔几天，豆瓣上长出绒毛，绒毛变绿，就放到太阳底下暴晒。晒干的酱豆，粒粒都显绿色，是上等的酱豆。

秋风吹，辣椒红，腌酱的时候到了。农妇采摘来红辣椒，选一遍，捡出烂的，摘干净辣椒蒂。

腌辣椒酱要将辣椒剁碎剁细。剁辣椒的物件叫"辣子刀"。辣子刀要铁匠师傅打。梯形刀片，刀刃在下，宽约15厘米；装一木刀柄，刀柄长1.5米左右，像《西游记》里沙僧用的禅杖。

一个村子里，辣子刀只几家有，腌酱剁辣椒时借用借用。一把辣子刀借出去，一传十十传百的，半个月一个月才能回家。我家有一把辣子刀，祖母大人很乐意借给村里人用，并告诫家人：做人要大气些，隔壁邻居耕不着，耙得着。

洗干净的辣椒用木盘盛着，用长柄的辣子刀，一刀一刀剁，并时不时加入生姜、大蒜等。辣椒不能剁得太细，也不能剁得太粗，这中间的分寸由主妇掌握。剁好了辣椒，拿来酱豆，按一升酱豆十斤左右辣椒的比例搅拌，一边拌一边撒上盐。把不渗漏的瓮洗干净，用沸水冲一冲，放阳光下晒干。晒干后，把拌好的酱豆辣椒畚到瓮中。装一层，用铁勺压一压，撒上一层盐，一瓮装满了，再用铁勺压紧，最后在瓮口处撒上一层白糖，再撒厚厚一层盐，用笠叶或笋壳封住瓮口，过三个月左右，美味可口的农家辣椒酱就制成啦。

　　淳安辣椒酱，炒肉也可，炒豆腐也可，炒干菜也可，不炒不熬径直拿来下饭也可！味美！

# 番薯桶

有一句话说：时间是最后的判官。世界万物，都逃脱不了时间的审判，今日新物，明日老物，悠悠岁月，终将一切磨灭。

为找寻老物件，抽空回淳安，往蛛网密集，尘埃厚积的老屋里去翻腾扒拉，箩、筐、刀、锄、犁、耙、秒；桌、椅、橱、柜、凳、箱、床，物件还在，都只在残喘余年中,等待着时间的审判。

寻找到村里双寿家,见火炉边留有一样老物件——番薯桶。

番薯桶退出农村家庭生活舞台已久,如此一见便心有喜悦和追忆。

双寿家的番薯桶黑黑灰灰,紧偎在一堵墙体上,苍老无言。眼前一火炉安静酣睡着,因不是冬天,炉内空空如也,与番薯桶相伴相随。番薯桶呈长方形,杉木或松木做成,内空可储番薯,木盖一盖能当椅凳用。

记得,淳安农村冬日取暖烤火,番薯桶倚着墙就是一条宽长凳,桶内装着的番薯,等待着帮助家人度来年的春荒。来年春荒,番薯煮苞芦汤,番薯煮苞芦糊,番薯充当了主角。

四十多年前,淳安农村连饭都不太吃得饱,一年四季,主粮常常青黄不接,每家每户都拿番薯充当主粮,靠番薯来填饱肚皮。淳安有一句俗话概括了当年番薯的功劳:"一季番薯半年粮。"

1959年9月,新安江水库建成开始蓄水。蓄水区淹没了原淳安县的贺城、原遂安的狮城两座县城,以及乡、镇49个及自然村1377个,有30万亩良田被江水淹没。从1956年首批淳遂移民迁至桐庐开始,16年内共移民29万余人,分别安置到浙江、江西、安徽、青海、宁夏、新疆等省。

1958年,淳安、遂安两县合并为淳安县。

新安江水库蓄水后的淳安县,生产主粮的肥沃良田奇缺,大多数是贫瘠的山地。田少就缺稻谷,地瘦难种麦子。好在还有一种庄稼——番薯适宜在山区贫瘠的土地上种植,于是,淳安的乡下满山满垄凡是开垦出见点泥土的地上,都扦插上了番薯。谷雨过后,雨水充沛,番薯抽叶伸枝,一垄垄翠绿遍染山头,那是一种救命的绿,给淳安人生命的绿。

番薯是一种非常高产的粮食作物。番薯传进中国约在明朝后期的万历年间。淳安农民在长期种植番薯的过程中,积累起了许多宝贵的经验。如番薯扦插的时间就有一句非常经典的农谚:"谷雨前后种番薯,最好不要过立夏。"意思是,谷雨节气前后是最适合栽种番薯的,最迟不能超过立夏,不然番薯的产量就低,番薯的糖分就少,番薯的淀粉就缺。

扦插番薯苗须在雨天,苗嫩易被太阳晒焦。番薯苗扦插后,落上三四天雨,苗活了,活得旺盛。苗长到三四尺,挑猪粪一根根施上或在雨后施一些化肥什么的,番薯迅速生长。中途锄锄草松松土,翻几次番薯藤,摘除杂根,专心供养番薯茎块。

"寒露早,立冬迟,霜降收薯正当时",说的是番薯采挖最佳时节是在霜降节气前后。在淳安,农民基本上都赶在霜降节气之前把番薯挖完,不然经霜一冻,极易腐烂,不利于储存。

当年,一大批番薯挖回家,一下子吃不了,又舍不得拿来喂猪,要留着当主粮,淳安农民挑选出无疤无痕个头大的,一层番薯一层麦壳贮藏到番薯桶里,番薯桶储不下了,就堆放到二楼阁板上,上面盖一些麦壳谷壳。这些番薯留到来年开春度荒。

个头小的,拿来礤番薯片、番薯条,拿来礤番薯粉,拿来熬过年的糖。

番薯渣、番薯藤是猪的好饲料。

当年主粮匮乏,一到下半年的九十月份,家家户户所收的新麦子、新稻谷已所剩不多,就想着地里的番薯,尽管薯块还瘦小,但淀粉饱满,于是忍痛挖来食用,填补主粮的不足。

1976年9月9号下午,我正在后山挖早番薯,村里装在大樟树上的高音喇叭里传来伟大领袖毛主席逝世的消息,大家蒙了,待听过三四遍,确定了,大家一下子都哭了。我手里握住两个小小的番薯,泪滴在番薯上,洇湿一些泥土。

那年月里番薯好挖时,几乎天天吃番薯:焖番薯、煮薯粥、包番薯丝馃、煮番薯糊,吃得是胃泛酸水,心焦灼。

改革开放,激发了各行各业活力,农村联产承包后,生产力得到空前的发展。主粮稻谷、小麦丰收,辅粮番薯亦大丰收。淳安就拿番薯来养猪,人偶尔吃一次是尝鲜。

生活条件越来越好,淳安农村里也没几个人养猪了,农民种植的番薯,拿来做番薯干出售赚钱。

这个时期,淳安的番薯做起了精彩纷呈的文章。

淳安对番薯的开发利用,主要是加工番薯干、番薯淀粉和粉条。虽然此时的番薯加工机械化程度还比较低,但较之前已有很大发展。一些专业的薯类设备生产厂家也应运而生,产品包括红薯淀粉加工设备和粉条设备。

进入21世纪,中国的经济飞速发展,科技也在不断进步。番薯深加工的规模日益扩大,消费者对薯类产品的质量要求也越来越高。这使得番薯淀粉和粉条加工行业面临巨大挑战,特别是淳安农户还停留在单枪匹马生产加工经营阶段。

这一时期,农民缺乏应变和创新能力,面对激烈竞争的市场,感到力不从心。

番薯的应用广泛,其加工方向有:淀粉、粉条、粉丝、粉皮、酒精、红薯片、红薯脯等,其中淀粉、粉条、粉丝、方便粉丝是主要的薯类产品。

最初几年,农民是自产自销,自产自吃。吃不了了,拎一点番薯干、粉条、粉丝、淀粉等到市镇上去卖,不包装,亦没有商标,销售量少得可怜。

为拓宽"绿水青山就是金山银山"高水平转化通道,助推千岛湖生态产品实现优质优价,助力乡村振兴,加快实现共同富裕。2017年,淳安县整合各部门资源,建立千岛湖品牌农产品馆;2019年1月,正式提出"千岛农品";2021年6月26日,正式发布和启用"千岛农品"品牌LOGO和品牌口号,2021年11月7日成功注册"千岛农品"集体商标。同时,还出台《"千岛农品"区域公用品牌建设三年行动计划》,成立千岛农品工作专班,并引进浙大中国农业品牌研究中心和中国计量大学专家,为"千岛农品"区域公用品牌运营和建设注入强大动力。

淳安有一种"白马地瓜(番薯)干",原来是农民的一种"打游击"销售法,经过"千岛农品"区域公用品牌运营,年销售额达40万元,通过网络,销到了新疆、内蒙古等地。

一种加工过的淳安产粉丝还远销到了黑龙江。

2021年,淳安生产的各类农产品销售额达4000多万元。一年中销售各种农产品有200多个品种,平时有100多个品种。

淳安山地番薯,从过去为淳安人救荒度荒,到如今跃升成多款绿色农产品,得益于"绿水青山就是金山银山"理论的指引。我相信,淳安山地番薯以后产品品类会越来越多,钱越赚越多。

番薯桶,现在是越来越少啦。

# 果子盘

"新新娘讨果子,没有果子结卵子。"

也不知道这句童谣深刻的含意是什么。小时候,村里有后生家讨老婆,村子里的大人、小孩儿"呼啦啦"跑去新郎家里讨果子,一进门就开始念起来。

这是什么话呀，我总觉得这句话不太雅，但乡野俗语尽管听起来难听，可并无恶意，话带戏谑，调节一下乡间单调生活。

结婚讨果子，是淳安的一种风俗。不知道这种风俗在别的地方有没有？反正我觉得这种风俗好，一对年轻人喜结连理，比翼双飞，由此带来一个村子的热闹，多好哇。

男大当婚女大当嫁，人到了情窦开时就想那么一件事。封建社会里，绝大部分青年男女都要经过媒公、媒婆牵线搭桥，凑合到一起过日子。新中国成立后，1950年颁布了中国首部《婚姻法》，废除了包办强迫、男尊女卑的封建主义婚姻家庭制度，禁止重婚、纳妾、童养媳、干涉寡妇婚姻自由等行为，实行一夫一妻、男女权利平等的婚姻。开始自由恋爱，男女双方对上眼，恋爱半年一年的，熟了，结婚。

在淳安，结婚要摆酒席，七姑八姨，隔壁邻居，堂哥表妹都要来贺喜，拿个亲眷箅（竹编农家用具），几斤麦，一条肉，亲眷箅里剪一条红纸，压着，显喜气。

八仙桌摆起来，堂前上方中央那一张是正桌，正桌对着大门，对着大门那座位叫上方头。上方头坐娘舅，没有娘舅的坐老婆舅，这是礼数。礼数乱了做舅舅的要掀桌子。掀了桌子是舅舅占理，亲家还得向他赔礼，吵吵嚷嚷，甚是热闹。哦，想起来了，上方头还有一个重要人物要坐，这人物比两种舅舅都大，他是谁呢？是"隔省朋友"。新郎父亲的外省朋友，他最大，"隔省朋友大于舅"！淳安人有情义。

八仙桌上坐八个人，喝酒用茶盅，宽口窄底，有花纹。茶盅有大有小，大的能装一两半，小的一两上下，这是酒杯呀，淳安人却把它叫成

"茶盅",这里面肯定有什么道理。

喜酒正酣,我们小孩子就跑到新娘房间"讨果子"吃。

陪嫁娘(伴娘)双手捧出果子盘,一把一把分送给我们。

淳安的果子盘有竹篾编的,有木板做的。形状有圆的,有六角的,基本漆成红色,红色喜庆,结婚要红红火火。

过年亦用上果子盘,过年也要红红火火。

结婚讨果子,有些什么果子呢?

果子有:炒苞芦籽、炒黄豆、炒番薯条、炒蚕豆、炒佛豆。还有几粒水果糖,那种硬硬的,一咬"咯嘣咯嘣"的水果糖。炒苞芦籽和炒黄豆、炒蚕豆、炒佛豆拌在一起。

小孩子最恨果子里面拌着的柏树籽,陪嫁娘从果子盘捧起一把果子放到你衣袋里,欢欢喜喜抓起塞进嘴里,咬一口,好苦!怎么啦?原来咬着一粒柏树籽了。

柏树籽色青味苦,结婚前一两天家里人上山去摘来的,拌杂进果子里,寓意"百子百孙",子孙万代。

咬着一粒柏树籽啦?好!好!好!陪嫁娘、新娘连声拍手叫起来:"百子百孙,百子百孙!"

淳安风俗,结婚用的果子大都由新娘家里带来,没有果子随嫁,说明新娘娘家那头有疙瘩。

写到这里,突然想起我四姑妈来。

我父亲有五姐妹两兄弟七人。

女的取"娥"字:金娥、银娥、有娥、富娥、香娥。四姑妈叫富娥,兄弟姐妹里最聪明。跟村里一位读书的男青年暗里谈恋爱，男青年身体不好，得了肺结核。在家休着学。我奶奶知道后，死活不同意，逼着四姑妈嫁到安徽去。

出嫁那天，四姑妈穿一身黑衣裤，赤手空拳，一个人孤孤单单上路，没有兄弟姐妹送，奶奶不准送。

四姑妈嫁到安徽那个村，有一条江从家门口流过，这条江叫新安江。

四姑妈嫁到安徽不到两个月就死了。

四姑妈嫁过去没有带"果子"！

她用婶婶一只木盆洗了下衣服，婶婶不高兴，说她：啥也没有，就带了肉嫁老公。

四姑妈悄悄问村里人：门口江里的水流到哪里去的呀？

"流到浙江，流到杭州。"

那天，一身黑衣裤的她走到江边，立着，看滚滚江水翻一个白浪，又翻一个白浪地向前走着，她"扑通"的一下，跳了下去。

她抱定了要随新安江水流到浙江，流回淳安。

聪明的四姑妈，有点傻！

时代进步，川流不息，如今的果子盘形状、颜色、材质远胜旧时。形状有桃形、心形、荷叶形；颜色是青、白、赤、黑、玄、黄六色皆有；材质有塑料的、不锈钢的、塑料仿瓷的，等等。

## 茶缸　茶壶　葫芦

淳安是茶乡,盛产茶叶。

茶园漫山遍野,茶棵铺天盖地。好山水育出好茶叶,早在唐朝,鸠坑茶就成为朝廷贡品。这篇短文不说茶叶,说说淳安的吃茶(淳安人把饮茶说成吃茶)器具。

# 茶缸

在淳安,每家每户都有一只茶缸,粗瓷黑釉,肚大口阔,泡上一缸茶够一家六七个人喝上两三天。茶缸大都摆在堂前上方头的画桌上,此画桌非彼画桌。农村里的画桌是摆在八仙桌上边那张长条桌,画桌上常常摆着自鸣钟、茶缸等。

茶缸一般摆在左边,茶缸盖用杉树板做,茶水有长时间的杉木香伴杂着茶香。茶缸里面放一把茶筒,茶筒出自山上的毛竹,一节毛竹一头锯切为斜口,一头不打通,毛竹筒腰部用舞钻钻进一孔,嵌入一根削得滑溜溜、灵巧巧的竹竿。口里干了,舀一毛竹筒茶"咕咚咕咚"喝下去。也有一些人家放瓷碗、洋铁罐子、瓷杯来舀茶的。还有一种东西至今我还没有清楚是怎么一回事,淳安那种叫"茶盅"的小瓷杯从来没有看到哪一户用来吃茶或装茶待过客,倒是喝酒办宴席时八仙桌子上一摆八只,很威武。

茶缸里的茶,甜,不苦。泡的茶叶是茶树上那老叶子,淳安人叫"老壳",顺手的时候摘些来,日头里晒晒,贮藏到饭袋里,灶间食锅里水滚开了,搬来茶缸抓一把"老壳",冲进滚水,一缸茶好了。

淳安烧柴,要去三十多里路的山上斫,好柴还要爬山岭到安徽境内去"偷",这必须经过一个叫"门岭上"的山岭。

"门岭上"岭半腰里有三三两两人家,泥墙石板屋,掩映在翠柏青松里,一派山居风光。山岭的路都经过他们的厨房,他们每一家都有一只茶缸,茶缸很大,比我们村子里人家的都大,茶缸里茶水天天满满当当,茶缸里放着三四个茶筒,斫好柴挑回家的,过路的,还有割草的可以敞开着喝。茶缸里总是满满的茶水,很少有干缸的日子,怪了事了,他们也上山做事,也外出走动,他们是什么时候泡的茶? 又是什么时候续的茶呢? 我至今还在想这个事。

## 茶壶

小时候村子里的大人总叫我们小孩儿猜一个谜语:"前山坟里有一只老母鸡,见了人撒一泡尿"。淳安把"尿"读作"屎"的音,也不知道是哪一朝代传下来的,属哪一种方言。这个谜语的谜底是茶壶。

黑陶,肚圆、有柄、有盖、有壶嘴,活如鸡,一只老母鸡。有茶壶的人家也不多,有白瓷茶壶的人家更少。看到过大队长家里有一把白瓷茶壶,茶壶上还有"为人民服务"五个毛体字,很漂亮。村子里还有很少见的铜茶壶,铜茶壶要铜师傅打,铜师傅都是永康人。"义乌出货郎,永康多锡匠",年年到我们村子来的锡匠是一个麻子,小个子,满脸麻,但手艺精,他打出来的铜壶、锡壶,皮薄肚大,外壳照亮四方。打好一把铜茶壶,麻子师傅一定要泡上一壶茶,有滋有味,眯眼喝起来:"味道,你们这里的茶叶泡茶真味道。"回老家永康,他还要向东家讨上一些茶叶拿去。

喝茶壶里的茶可以用嘴直接含住壶嘴喝,还可以倒在杯子、碗里喝。倒出来喝,一股茶水彩虹一般往杯碗里伸,色,黄灿灿;味,香喷喷,好!

# 葫芦

葫芦装茶不馊，不酸，不发臭，茶水冬温夏凉，六月里更显示出它的好来。

淳安人上山斫柴，下田割稻都会带着一个葫芦，葫芦悠悠然舞蹈在农民的扁担、柴冲上，一个字：美！六月里的日头能把人榨出油来，劳动到口干舌燥，到树荫下拿起葫芦"咕噜噜噜"喝个葫芦底朝天，透心凉啊！

家里有一只葫芦，四五十年了，保护葫芦的葛藤发着油光，这只葫芦是外公给我挖的。外公家住在大山里，连绵不断的山，山上有许多许多野生野长的葫芦。

嫩葫芦摘来炒菜，老葫芦摘来当舀水器，古书上也这么讲的。《诗经·豳风·七月》："七月食瓜，八月断壶。"《诗经·大雅·公刘》："酌之用匏，食之饮之。"葫芦又叫匏瓜。

葫芦老了，外壳硬了，摘下来风干，在葫芦蒂那儿横割下一块，用木棍伸到葫芦肚子里掏空，灌注石灰水烂上十天半月，倒出污渍洗漱干净，外壳涂上一层桐油使其发亮，再用葛藤织成网套装住葫芦，用木头做上一个嘴塞子。葫芦装茶，人喝茶，就这样！

外公挖的茶葫芦我还在用，夏天泡一壶，搁书房里，看一会儿书，喝一口，茶水里有外公的气息，外公已经死了三十多年了呀……

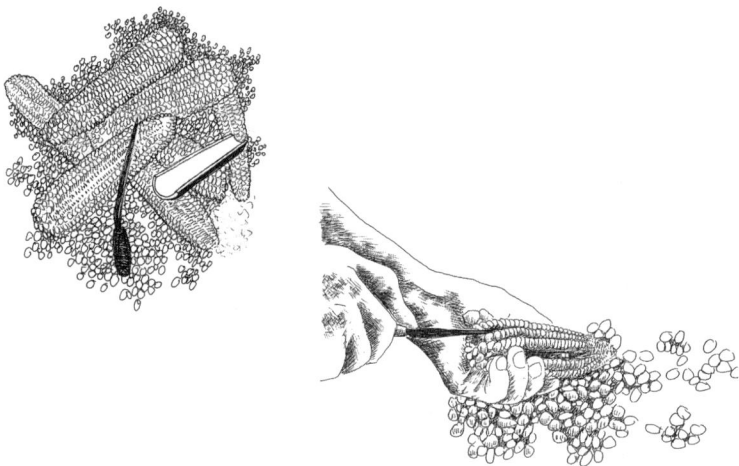

# 苞芦钻　苞芦刮

淳安的粮食种植,基本上以山地苞芦为主,田里种植稻谷,偶尔也
种苞芦,但种植面积不会多。

割了麦子,锄掉麦秆茬,下种种苞芦。那一段时间,山地里都是腰
系麦子篓,手握两指锄头的农人在地里打坎,点种,覆盖泥土。他们挥

汗如雨,汗水湿透衣衫。搭在肩膀上的麻布汗巾,时不时地拿下来擦去额头、脸上的汗。妇女们还拿汗巾伸进衣衫里面去擦,含蓄而不露,是淳安妇女的一种品德。

苞芦苗蹿出泥土,男人就挑了窖桶(尿桶),舀满稀释过的粪水,一担担挑到山地里去浇苞芦,给苗施施薄肥。苞芦苗长到十几厘米高,用二指锄头去苞芦地松松土,拿淳安的话来说是:锄苞芦地。一场梅雨又一场梅雨,原先夹在那一垄垄黄豆秆中间的苞芦,伸展出头,迎风招展,遇风招手,遇雨点头。季节到了夏天,突然间,地头的一根乌柏树上有一只知了"知鱼,知鱼"鸣叫起来,接着又有一只,又有一只,近的远的乌柏树间,知了鸣叫,响亮山野。

黄豆老了,掉了许多叶子,豆荚金黄鼓胀,该拔豆啦。

拔起的豆秆用柴叉挑回,背上柴叉的同时,肩上还顺带扛上一把"月削"(刮草的阔口锄)。豆拔干净,苞芦全露在地上,地上有杂草,用月削刮一遍。

再来一场雷阵雨,苞芦根部埋上化肥"碳酸氢铵",那苞芦是一天一个样"蹭蹭"往上长。还要锄一遍苞芦地,还要刮一遍苞芦草,歇息住,等待苞芦成熟,等待掰苞芦。

秋末冬初,有薄霜。苞芦熟了,农人扛起扁担、布袋、竹箩去掰苞芦。

掰来的苞芦带着棒,晚上一家老小围着团笆,一节一节把苞芦籽掰下来,一个晚上掰满满两大篓籽,第二天挑到坦里去晒。

淳安掰苞芦籽用到两种工具。一种叫苞芦钻,一种叫苞芦刮。

苞芦钻,铁打的尖头钻。宽一厘米,头尖刃锋。手握那头嵌有木柄,木柄八九厘米长；铁的一头露出于外，有十一厘米长。

开始掰苞芦籽，我们家都是由祖父手握钻，在每一节苞芦棒上，钻出相背两条路，容苞芦刮下手。

祖父是做活能手，身大手粗，白天地里掰来的苞芦，他一钻两钻不到一顿饭工夫就全部钻好，等着一家人拿苞芦刮来刮。

苞芦刮是一段竹片，拿一段长十一二厘米的毛竹，破开，留下百分之二十左右的竹片，用篾刀刮削掉毛刺，边边角角削磨到不扎手，一只一面微凸一面微凹的苞芦刮做成了。

掰苞芦籽时，左手握苞芦棒，右手拿苞芦刮，一边的边口扣住苞芦钻钻出那条路上的苞芦籽，往右方向用力一旋，一次旋转苞芦籽能旋下一大把。

我们村分下门、中门、上门三块，以三个小祠堂为界。下门有一位读过私塾的，家里有些书，平时总到学校去借书看，他肚子里有些学问。他擅长讲白话（故事），我总喜欢去他家里听他讲白话。

《神笔马良》这个白话，是我给他家掰苞芦籽的夜里，听他讲的。煤油灯，一灯如豆，明明暗暗里，听着马良在画海、画船、画狂风暴雨。当年，乍一听这个白话，真是惊奇万分。心事未开的我，总想着自己要有那么一支神笔就好啦，想要什么，画一下就有了。

苞芦钻、苞芦刮现在还有人在掰苞芦时拿出来用，但不是家家户户在用啦。往后用的人会越来越少，越来越少。

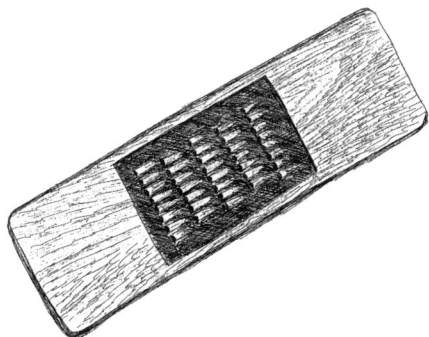

# 北瓜擦

为什么淳安人要把一种加工食蔬的用具叫成"北瓜擦"？这种擦不独用来擦北瓜（南瓜），也拿来擦番薯片、番薯丝；亦用来擦萝卜片、萝卜丝；擦冬瓜片、冬瓜丝。擦得最多的是番薯，但却没有叫"番薯擦"。

存在的就是合理的，"北瓜擦"这一叫法一代代相传至今，是没有为什么可问的。

擦子是淳安方言的叫法,据说北方人也是这么叫的。淳安多为山西、河南移民,擦子的叫法便也移了过来。

北瓜擦是淳安最常见的一种粮蔬加工工具。其形状如搓衣板,柏木为料,中间挖掉一块,擦刀装在上面。擦刀分两种,一种擦丝的,用方形铁皮制成,中间隆起,上面有许多翘起的鱼鳞状刀洞,刀洞锋利无比。北瓜擦一头锯成两边凹一点,做手扶。铜质擦刀,更快更锋利,用久了呈白色,锋刃不减。另一种擦片的,在柏木板中间,锯一条缝,擦刀装在缝里,条形擦刀有刃一面露出板面,粮蔬沿板面往下一推,刀刃就把它们切成片片。

北瓜擦有大小之分,小的鱼鳞状擦片的摆在搁厨里,包菜馃馅料用冬瓜、北瓜、萝卜,拿出来现擦现拌现包。大的,条形条片的用来擦番薯片、萝卜片、冬瓜片,一片片擦到团笆里,摆到太阳底下去晒。晒干了贮藏起来,慢慢吃。

小时候干番薯片是吃了不少的,以至于现在对番薯隔阂较深,医生说要多吃五谷杂粮,以利身体,杂粮的番薯我是不待见的。

家里的干番薯片,都来自我的二姑妈家。

二姑妈叫银娥,八十多岁时过世了。那一年她跌了一跤,股骨头粉碎性骨折,原本魁梧奇伟的身躯慢慢变瘦缩小,挺直的腰板弯成一只熟虾。后来那几年,二姑妈都躺在康复医院的病床上。我每次去看她,她拉着我的手说:"嫩苟(我的小名),你姑姑没用啦……"说罢,眼眶里即刻有泪,弄得我也泪眼婆娑。

二姑妈嫁到威坪七都长岭脚一个叫唐家的村坊里。从我家六都出发，到二姑妈家里去嬉，要走十几里路，然后还要爬一条"河村岭"，爬过岭，再走三四里地才到。

唐家是个好地方，有山地有水田，粮食收得多，吃饭是比较丰足的。不像我们村，少田缺地的，粮食收得少，每家每户总为那一天三顿饭发愁，特别是到了三月荒的时候——"三月荒，网菜汤"，一日三餐，碗里照得出人影来。"网菜"是苣苣菜，把菜叶晒干了贮藏着，到三月青黄不接时，拿出来和了苞芦粉煮一煮，灌进肚里，维系着淳安一条又一条生命。

我家到三月荒时，比别人家多一种吃食——蒸番薯片。干的番薯片放到食锅里蒸一蒸，就着网菜汤，喝一口汤咬一口番薯片，耐饥。

我和弟妹肚子饿了，直接到团瓶里抓来番薯片，一片一片嚼着，番薯片甜且有粉，嚼后吃几口茶，肚皮就胀了。

每年冬天，北风凛冽，二姑妈会切好些番薯片，晒干，然后寄口信到我家，我拿了大饭袋翻山越岭到七都去挑，挑来一担吃光了，再去挑。我兄弟姐妹四个，可以说是在二姑妈的番薯片滋养下，一年一年长大的。二姑妈自己也有六个孩子，那六张嗷嗷待哺的嘴一年里吃掉的粮食，基本靠她一个人在生产队田地里辛苦劳作得来。因为二姑父在外教书，工资低。

记得在那个特殊的年月，在毫无征兆的情况下我父亲被"揪出来"批斗，罪迹是中华人民共和国成立前在国民党军队服过半年役。因为我父亲只有两兄弟，按照当时国民政府的规定，两个男壮丁必须有一个服兵役,父亲是老大,就义无反顾地去当了兵。半年后,全国解放,父亲平安回家。

"揪出来"的父亲被押解到唐村区,在全区教师大会上批斗。批斗会一结束,二姑父就急忙忙赶回家和二姑妈讲了。二姑妈在生产队干活,活儿一结束,饿着肚子,急急忙忙爬过河村岭,到我家里来看望她弟弟——我的父亲。父亲还没到家,二姑妈就等着,等着……天黑下来了,二姑妈和我母亲说,昌仁(我父亲的名)可能今天不回来了,我先回去,明天生产队里还要锄番薯地,午后(傍晚)收工我再过来。二姑妈胡乱地喝了几口苞芦汤,摸着黑,走路回七都唐家。

走到妙石村村头,遇上了蔫头耷脑翻东岸岭回家的父亲。姐姐一把拉住弟弟,就黑暗里哭了起来。二姑妈开导我父亲要想开些,政策的事又不是对他一个人……分手时,父亲说:"姐,你当心点,天黑。"二姑妈抬脚刚走了几步路,恍惚里听到我父亲嘟囔着:"我是没侬(人)做得了。""没侬做得"这句话在我们淳安的意思是:不想做人,不想活在这个世上。二姑妈独自一人,摸摸索索走在漆黑的路上,走到河村,河村岭爬到一半,她心里一激灵:弟弟是想不开,要寻死呀!二姑妈连滚带爬,摸黑急匆匆又赶回我家,劝导我父亲。

姐弟俩泪眼对泪眼,一个诉说,一个开导。柴棚屋里那只公鸡已啼过三遍,天很快就要亮起来。二姑妈天亮还要出工,还要挣工分,还要养她六个子女。"扑通"一声,二姑妈对着我父亲跪了下来:"昌仁,你要听我的话,千万千万不要做错事,你要是做错事,我活着也没啥意思,我们几个姐妹活着也没啥意思啊。"父亲泣着,拉起二姑妈,频频点头答应。二姑妈抽身赶路，一脚迈出大门，旋又转身嘱咐父亲："昌仁，三餐吃饱，明天收工我再过来。"结果二姑妈摸黑连续跑了三个晚上，傍晚收工从七都翻河村岭到我家，鸡叫三遍，又匆匆忙忙爬河村岭赶回七都唐家。

第三个晚上鸣叫三遍后，二姑妈动身回家，我父亲起身送她，姐弟俩叽叽咕咕，一边走一边谈，一直谈到几天前姐弟在夜里相遇的妙石村村头。父亲："姐，害你吃苦啦，你放心吧，我牙齿咬住做人！"二姑妈："昌仁，空一点我就过来，你要咬住牙齿做人！"

天，渐渐地，渐渐地亮了。

# 亲眷筤

《新华字典》解释"筤"字：用竹篾、藤条、柳条等编制的盛东西的器具。

淳安有一种"亲眷筤"，也叫"利市篮"。

我很佩服淳安人的文化智慧，亲戚之间的走动往来，别的地方都讲是走亲戚，就连书本上也是这么写的，而淳安人把走亲戚叫成嬉亲眷，里面有一种浪漫主义的文化内涵，有一种豁达通明的人文氛围。

嬉，词典解释说是游戏、玩乐。把走亲戚说成嬉亲眷，含有一种愉快而欢畅的意愿，将走亲戚看作孩子做游戏一样，这也实在是一种高境界的叫法。

过去嬉亲眷，大多是在节日、雨天，或者有要紧事同亲眷商量的几个日子里。现在就不一样了，现在可以在任何一天，来场说走就走的嬉亲眷。当然，亲眷之间商量大事紧事，还和过去一样。

昔时淳安嬉亲眷，拎上一筒雪饼或一筒麻饼，条件好的家庭会拎上京枣、麻球。要是家境贫寒一些的人家，嬉亲眷只包四五个雪饼、麻饼的，整筒整筒地拎，也很有负担了，京枣、麻球之类更是奢侈了。淳安人重情，亲眷与亲眷之间讲究个情字，"礼轻情意重"，礼物的轻重不是很重要的。

春草绿，百花开，清明时节雨纷纷。淳安风俗，出嫁女儿清明这一天要给父母亲拿"清明粿"。拿"清明粿"要用亲眷笾。

清明粿有包子、米粉粿、月亮粿。烘豆腐是不会缺的。

亲眷笾，竹篾编成，圆形，有盖，弓形提框像虹。

打亲眷笾是竹匠技艺。竹匠打亲眷笾的工艺：砍竹、破竹→削篾→拉丝、竹篾浸泡（视情况，蒸煮或火烤烟熏）、编织、锁边。

榴花红，枇杷黄，五月初五天气晴。淳安风俗，外公外婆要给外孙外孙女拿"端午货"。端午货用亲眷笾装。

端午货是包子、米粉粿、月亮粿。亲眷笾里最贵重的货是外孙外孙女的夏日衣和裤。

拿"清明粿"、拿"端午货",装满两亲眷筅,用青布袱(专配亲眷筅用)包起来,打上结,一根红扁担挑起来,悠悠然然走上石板路。

重要时节,办重要事情(娶亲嫁姑,催生拿鸡子)拿礼物要用亲眷筅,显庄重、大气、尊敬。

一担亲眷筅挑到亲眷侬家家里,正儿八经做起客人来了。

在淳安,嬉亲眷做客人,要遵从一定的规矩。

打几个鸡子招待客人,是旧时淳安农村必做的一道待客程序,这道程序既隆重,又含深情厚谊。

大碗荷包蛋打5个,小碗的打3个,这也要看客人的尊贵和亲眷家的家底状况。家底困难的,一时拿不出三个五个鸡蛋,就悄悄去邻居家借。借鸡蛋要躲着客人,不让客人知晓,客人晓得了,有些丢脸。

荷包蛋熟了,端上客人手,客人一定要推辞一番,反复推辞后,客人才开始享用。吃荷包蛋也有讲究:碗里五个鸡蛋吃二个留三个,碗里三个鸡蛋吃一个留两个。说起来是很不卫生,然而这是一种礼貌和礼仪,现代人是不太能理解的,现在鸡蛋当青菜吃,有谁能理解这种礼仪的内涵呢?

说来好笑,小时候,我天天盼着屋后的那棵樟树上有喜鹊叫,樟树上的喜鹊叫得欢了,家里就会有客人来嬉了。说起来,这是有点怪的事,也很弄不通这里面的道理,但这是我经历过的事实。所以我想,世界上有好多不明白的事是不能用"迷信"二字概之的。比方说,村子的天空里,某天有好多乌鸦叫了,确也会有老人逝去,所以乌鸦是不受人们欢迎的。

　　为什么要盼着喜鹊叫呢？喜鹊叫客人到，客人到我就有客人留下的"剩山残水"吃了，这是一种名正言顺的吃，不然父母要骂人的。早在母亲拿着鸡蛋磕入食锅前，就千叮咛万嘱咐："千万要听话，不要候(hòu)。"淳安这个字的含意是"馋"，也符合古汉语里的"窥探"意。我当然不敢当面"候"，可避在照壁后的我，内心要吃鸡蛋的煎熬是很痛苦，很痛苦的！一年里能吃上几个鸡蛋呢？当年，鸡蛋是用来换煤油和盐的。

　　终于等到客人留下的荷包蛋了，捧起客人吃过的碗，呼啦啦一阵猛嚼，好幸福！在这种幸福里，我完全失去了一种孝道，要知道，劳作的父母亲，一年里难得吃上一个鸡子的！

　　给外公外婆拿"清明粿"的母亲大人老了；

　　给我拿"端午货"的外公外婆早已不在啦；

　　装过"清明粿""端午货"的那一担一担亲眷箢呢？

　　虫蛀尘蚀，无情的岁月已把亲眷箢吞噬得无影无踪。

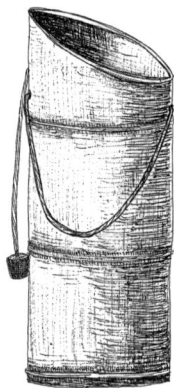

# 水竹筒

往年淳安家中生活用具，凡叫"筒"的，基本上都与毛竹有关。

淳安的山，连绵起伏，如大海波涛荡漾在全县境内。山上除了生长着茂密的松、杉、柏之外，还时不时地来一大片毛竹园。毛竹园里翠竹挺立，枝叶随风，风吹过去，竹叶泛白，一脉一脉，脉脉相承。这一道风景,足让人心悦,让人赞美。

山中毛竹造风景,归家毛竹造器物。淳安用毛竹做筒的就那么简单一举例,就有"吹火筒""尿竹筒""茶筒""筷筒""竹笔筒""打水筒"。"打水筒"这里需要说明一下,这个是农村小孩的玩具。截取一段细毛竹筒,一头锯掉节,一头节留着,在节上横板中钻一个小洞,削一根长于竹筒的签,竹签上缠上棉花,用线捆绑牢固,伸进去竹筒,密贴竹筒圆壁,能上下抽动为佳。将做好的水竹筒插入水中,抽动竹签,吸水入筒,待筒内水满大半筒,抬起打水筒,瞄准目标,竹签用力一推,一长溜细水柱射向目标,如今日之消防水龙头,直扑火苗。

"打水筒"射向的目标是同伴,我们小的时候常自做"打水筒",分队相互攻击,一身水,夹着汗,湿了头发湿了衣服湿了裤,童年之乐尽在其中。

"水竹筒"与吹火筒那细长的身材不同,水竹筒身粗体壮,像冬瓜。水竹筒长二尺左右,截取两节多一点饭碗般粗的毛竹,留下两头的竹节,毛竹表面用刮刀稍微刮一刮。

上端竹节处多出来的部分,锯掉一半,留着一半,留下的一半斜锯一下,做成舌头状,喝水时嘴贴了竹舌头,直灌入腔,滴水不漏。

朝上端竹节横隔板靠舌头的那边,挖一个圆洞或方洞,洞要挖圆挖方,合于圆木塞或方木塞,木塞一塞须天衣无缝,不溅水漏水。在水竹筒舌头一端钻一孔,穿一段细绳,绳子一头绑住木塞或竹塞,不让其丢失。

另外,在舌头的后端两边各钻一孔,穿一根粗一点的绳子,用来拎起和挂起水竹筒。

水竹筒多在夏秋天用,上山锄地,下田割稻,装满一水竹筒茶水,往扁担锄头上一挂,晃荡晃荡,荡漾在山间小路,稻田田塍上。

一只灌满茶水的水竹筒扛到田地,先寻找一处树荫,把它挂在树杈上;稻田无树可挂,割几丛稻谷脱去谷,捆几把起来拿过竹水筒塞到中间,避阳遮阴,茶水凉爽。

劳作出汗,出汗口干,拿起水竹筒,拔了塞子,左手托筒身,右手握筒舌,紧贴嘴巴,筒屁股稍一抬高,"咕咚,咕咚"一股凉爽,直泄于心。

水竹筒通体透气,茶水久放亦不发馊,比那种铁铸的淳安人叫"水鳖"的要好。

"水鳖"是军用水壶,一边凹陷,一边凸起如鳖背,个头与一只成年鳖差不多大小。淳安人真的是有文化素养的,给家用物件取名都这么的贴切形象。

记忆犹新的,是那盛夏时节。烈日炎炎的中午,祖母总拎出家里的那只水竹筒,催我去村后"传塘坞",取一丘山田沟槽的一眼泉水来消暑。

这一处山泉,水源充沛,暗流于田后的那一排高山。山泉常年不涸,冬冒白汽水暖手;夏滚泡珠泉凉心。是,天越冷水越温,天越热水越凉。

我是很乐意做这件事情的,拎上竹水筒,翻过一长土坡,身上热度骤增,到泉水边,马上赤脚脱衣下水先凉爽一顿,边凉爽边弓身低头喝起泉水来,一会儿就全身冰凉,好舒服。

凉爽够了,再灌满一水竹筒泉水,拎回家中。祖母接过,"咕噜咕噜"喝一气。赞美说："凉透心。"

那只水竹筒,后来不用,虫蛀掉啦。城市化冷落了乡村,木质物件以后会一件件被虫子蛀掉,我忧伤。

# 碗格橱

　　在淳安，碗格橱是固定摆放在厨房里的。碗格橱为长方形，高约2米，橱大都做三层。最底一层，有两扇木格窗一样的推拉门，里面用杉木棍，一根根隔开一段距离，铆进橱架，既通风又漏水。洗干净的饭碗、菜盆，口朝下覆放到杉木棍上，水一会儿就干了。中间一层，做成抽屉,用来放冬瓜刨、薄刀等肉蔬加工用具,用具往抽屉里一塞,不易丢失。最上一层是个大空间,用来贮藏菜油豆油坯头、盐罐、酱油瓶等调味用品。最上层那两扇门木师傅会花点心思的,镂空门板,镂出一些中国传统吉祥图案,如"福禄寿""福寿双全",雕刻得最多的是龟背纹,象征一家人在丰食之下,寿长福瑞。碗格橱的四只脚支撑着橱身,四脚着地,牢牢地抓住大地,平稳而坚忍。

碗格橱的顶盖,四边都做出檐帽,与橱一体,如现今的一些政府办公楼,庄重而典雅。橱顶,还能堆放些厨房用具,菜罩、竹丝帚、团瓶、面盆、面汤管(擀面杖)等都可搁在上面。

每天,炒菜做饭,吃饭喝汤,都朝橱子拿碗端壶,橱门被家人开关无数次,橱门被摸得金光闪亮。

村里一族,我叫他叔父的,因为家庭出身不好,到二十七八岁了还说不上老婆。有一段岁月,人是按成分划分的。"地、富、反、坏、右"这五种成分,谁家若被划上一种,那么他家的子女在社会上,就抬不起头来。女孩子还能减低了身价嫁出去,男孩子想讨个老婆成个家,那是好难好难的。我叫叔父的这位,姐姐嫁了,妹妹亦嫁了,就是没有哪个女孩儿肯嫁给他。叔父的父亲是地主,旧社会里也是省吃俭用,受过村里一位赌博鬼一块三亩大的良田,用铜板付的账。一手拿铜板,一手按指印,田归叔父家,铜板付给赌博鬼。赌博鬼拿了铜板,跑到威坪老街,半天工夫给输光了。自此如乞,东游西逛,讨点人家的剩菜残羹度日。第二年解放啦,赌博鬼因家无寸地被政府划为贫农,叔父有田几亩被划为地主。

叔父在生产队里劳动,重活样样轮到他做:抬石头,抬柴油,抬氨水,打炮,耕田,做苞芦山。哪里活儿重就派他往哪里。

有一年,从威坪虹桥头到淳安的简易公路刚挖通,生产队安排他和另一个成分是富农的儿子去虹桥头装氨水,氨水是用大铁桶装的,一桶有三四百斤。氨水是一种氮肥,有刺鼻的臭气,那一股氨气很刺眼,接触一下,眼睛好长时间睁不开来。

叔父俩人,一双轮车装了三桶氨水,一个拉,一个推,苦苦拉到一个叫荷家的村边,这地方有一个大陡坡,上坡拉"S"形,曲里拐弯勉强拉到坡顶,下坡亦走"S"形,但坡度太陡,俩人力量不足,下冲速度快,一桶氨水滚离车箱,从叔父拉的车手架上压过,叔父情急中蹲下来身子,还是一只手被压得碎了拇指骨。那桶氨水掉到路上,撞开了桶盖,氨水流掉了四五十斤。生产队给叔父他们俩,扣了五天工分。

我父亲是厚道人,又跟叔父是一族,就东托西托叫人给他问对象。问一个崩溃一个,问一个崩溃一个。人家女孩子对叔父为人做事都很肯定,就那地主成分,吓得她们不敢与叔父谈。

后来我父亲通过常山一位朋友,给叔父介绍了一个女孩儿,女孩儿双手无掌,小时候滚到火堆里烧的。女孩有残疾,亦就放低了找对象成分的标准,和叔父在常山成家立业,生儿育女。

叔父迁徙去常山,把他家里的一只碗格橱送给了我们家。

我父亲坚持不肯收,叔父说,你那么用心给我谈老婆,我一点报答亦没有,碗格橱我也运不到常山去。

那只碗格橱,是一只很坚实、很有样子、雕花镂鸟、腿粗板厚的村

370 | 淳安老物件

里少见的碗格橱。

　　我父亲、叔父都已作古,碗格橱还在淳安厨房里摆着,橱里有几只碗,都黑乎乎的,不声不响地等待着它们的末日。

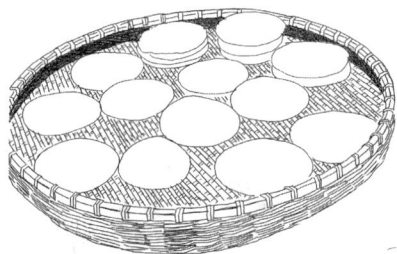

# 粿托

1959年，新安江水库关闸蓄水，淳安、遂安两县大片良田被淹没，只留下山头上一些旱地。旱地不可种稻谷，只能种植小麦、苞芦、黄豆、油菜和番薯。所以，淳安人的食物一大半是粿，麦粉粿、苞芦粉粿。早上吃粿，午时吃粿。晚上变通一下，拿麦粉煮汤，拿苞芦粉煮糊，还是离不了麦与苞芦。厨房里有一种摆放麦粉粿、苞芦粉粿的用具——粿托。

粿托是家家都有的，拿毛竹破篾，由竹匠编成。粿托的大小，以摆得进食锅内，低于食锅一二寸，蒸熟食物为准。粿托为圆形，编制半寸左右高的边沿，左右两边用骆驼皮（一种树皮）各扎一个耳朵。粿托耳朵用来手拎、悬挂。粿托编织许多孔洞，孔洞不大，大约1厘米。孔洞为蒸食物时透上热气，摆放粿、番薯时散热冷却。

公鸡三遍啼鸣，叫醒了沉睡的村庄。醒过来的村庄，不一会儿就飘升起缕缕炊烟，空气中充满了柴火的香。家家户户动手做苞芦粉粿了。

"脚踏木炭火，手捧苞芦粿，除了皇帝就是我。"《中华风土谚志》这条谣谚，是指淳安山区的生活状态。谣谚究竟源于何地？出于何时？无须去考证。淳安人一捧起苞芦粿，口头上叨一下这乡谚，心里就感觉到特别满足。

苞芦，即玉米，又可称"玉蜀黍""苞谷""苞米""珍珠米"。

苞芦粿，即玉米粿。

入得冬来，淳安每家每户都生起一个火炉来。吃饭和憩息，都围着火炉。火炉里炭火鲜红，粿架上苞芦粿金黄，汤瓶内菜管喷香，人身上暖烘烘，这是乡下人的一种高享受。难怪要说"除了皇帝就是我"了。

地理环境能造就独特的地方饮食，这种地域性食物，会深深溶进生于斯，长于斯之人的血液里。即使后来他或她离开了故土，生活到异乡客地，他们还会迷恋、想念滋养他们生命成长的那些食物。

苞芦性喜高温，需水较多，适宜于疏松肥沃的土壤。千岛湖田少旱地多，所种植的苞芦生长期长，结出的籽粒饱满丰硕，粒粒似黄金。苞芦熟后磨粉,盛于粉桶,金黄发光,似一桶桶金粉。

每天,家中主妇早起,点燃柴灶,铁锅内舀进适量清水,待水烧开,把苞芦粉倒入,让其煮沸。边煮边用铁锹左右、上下翻搅,翻搅时,双手用力翻压打芡。并适时添入滚水,再打芡;又添入滚水,还打芡,一遍又一遍,慢慢地,苞芦粉熟成一大团。用铁锹将其掏起,放粿板上,略冷一冷。

接着,拿双手将粉团反复搓揉,把大块粉团搓成一手可握的圆长条,边搓,边均匀地把粉条摘下一小段,搓搓,分成一个个小粉团。拿过一个小粉团,用右手掌压扁,后掌拍压,边拍边带动其旋转,成品是,厚薄匀称、半公分厚薄、圆圆的苞芦粿。

粿太厚,夹生;太薄,没咬劲。

做苞芦粿一套工序,体现家庭妇女烹饪才艺。手巧者,粿做得不厚不薄,恰到妙处,增之一分则厚,减之一分则薄。

做好的苞芦粿,贴住热食锅煎。煎苞芦粿需掌握好火候,食锅不要烧得太热,太热焦粿;也不能太冷,太冷粿生。煎了一面,翻过另一面煎。粿,两面煎得微硬,一个一个拾起,摊开到粿托里,可趁热就着腌菜管、腌萝卜条,动开嘴,"嘣吱嘣吱"嚼起来。

腐乳就苞芦粿,绝配,尤佳。

夹半块腐乳摆到粿中央,双手压粿对半一折,腐乳压摊到整个苞芦粿上,放嘴巴里嚼,具体是什么味道呢?说不出!要我说,只三字:好好吃!

早上吃苞芦粿,中午还是苞芦粿。

中午苞芦粿冷了。冷了放火炉上烤，慢慢烤，火炉里炖着一汤瓶青菜，弄点荤油炖，"咕嘟咕嘟"香味缠声飘逸，咬一口烤热的苞芦粿，夹一筷青菜，有滋亦有味。

天下美味，莫过于猪肉炖油豆腐下苞芦粿。

汤瓶放在木炭火里炖，油豆腐吸饱了猪肉油，油汪汪一片豆腐就一个苞芦粿，人间极味。

还有一种菜苞芦粿，是另一至味。

菜粿的馅用青菜或腌青菜，白豆腐剁粒，拌少许野小菜（一种很香的野葱），掰上几小粒猪油，用温火慢慢烤。烤得两面流油，香气四溢时起锅，这种菜苞芦粿，滋味深长深长。

吃一个，再吃一个，还吃一个。你得控制一下了，不要撑破肚皮。

还有一种粿叫"锅焦粿"。

打完苞芦粉芡，食锅底裹上了一层，微火烘燥，铲起来捏碎，拌上盐与油作馅，包成粿。上山斫柴烧炭，带上几个当午饭，省了炒菜又熬饥，味也美好。

麦粉粿做好，亦摊到粿托里。

一到冬日，粿托总拿来蒸番薯。一个番薯切成四块，切满一粿托，放食锅里，盖上板盖，烧火蒸熟。

蒸熟了，连番薯带粿托摆放到太阳底下去晒，晒成番薯干。

每年过年，粿托就繁忙起来，蒸包子，蒸米粉粿，一粿托一粿托蒸个不歇气，粿托表现出了年的味道。

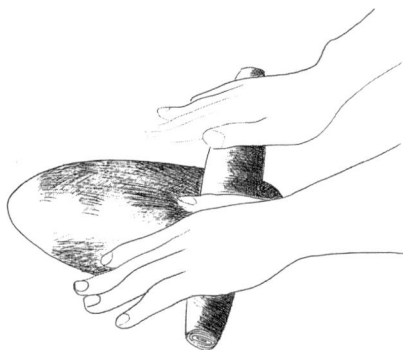

# 粿垒杵

五月麦熟枇杷黄，温度亦渐渐高起来。淳安那一丘一丘田畈，一垄一垄山地麦黄一片，金浪翻滚，麦子熟了，好收割了。

麦子熟的时节，有一种鸟叫得好："割麦插禾，割麦插禾。"鸟叫声由远而近，这是四声杜鹃鸟的叫声，哦，又到了割麦插禾的季节了！

四声杜鹃这小鸟儿，平时不见，麦子一熟，它突然就来了，仿佛是从天上降落到人间的神鸟，"割麦插禾、割麦插禾"日夜叫个不停。啼声执着，凄婉，明亮，一声一声的催唤。"割麦插禾"听起来响亮悦耳，意思浅显易懂，农民一听到这种鸟叫声就知道要割麦插禾了。农村人都很喜欢它的友好提醒，四声杜鹃鸟是农耕的自然钟，背负着秘密的使命，背负着一种职责。

"割麦插禾、割麦插禾"，叫上几声，展翅一飞，又在别处重复着啼叫。传说，地神也叫社神、后稷，又名弃，教人稼穑种植，死后变成四声杜鹃，飞临人间，时时提醒农民播种抢收庄稼，免得受饥挨饿。

麦子开镰收割是农人一场喜庆大戏。头戴荫帽，肩背柴扠，腰系刀栅，刀栅里插入沙镰，走向田地。弯腰，一把把金黄的麦子割起来。捆绑，起担，麦头朝下，麦脚秆朝上"吼呀吼呀"挑到晒坦里，晒一阵，拿跳栅（连枷）"噼啪噼啪"敲打下麦粒。敲打下的麦粒过箩筛，过风舞（风车），把杂壳泥沙筛扬干净，一粒粒麦子灰黄饱满如腰子。

刚脱下的麦子还湿，磨不出粉，再晒。晒得干燥结实，量几斗背到磨粉厂去磨。

新麦粉喷香而雪白，煮面，烧汤，烤粿，样样吃食都新鲜味美。新麦粉上灶，淳安人做得最多的吃食是"黄麦粿"。"黄麦粿"应该是一种地方美食，我从来都没有见过哪个地方做这种吃食的，是不是挖掘一下，申报个非物质文化遗产。"黄麦粿"之独特处为，初做时为一层，下锅一烤，中间充气，分为上薄下厚两层，批上腐乳，舀一瓢辣椒酱，一块块掰下来吃着。那份嚼劲，那份韧劲，那份筋道，您是不会忘记的。

做"黄麦粿"要用到一件工具，淳安叫"粿夆杆"，这个"夆"字字面意思似乎与实际操作不符，但淳安的"夆"表示一个动作，就是压迫着一种物体前后左右滚动。

"粿夆杆"用木材做，中段粗圆，两头各锯出一木柄，活像一只两头长尾的、肥硕的大老鼠。

做"黄麦粿"，新麦粉拌了粉块，搓压多次，最后搓拉成一长粉条，揪下一块，搓圆，压扁，双手握"粿夆杆"压着扁粉块，前后左右滚动着挤压，滚压成一大圆薄饼，贴住热食锅烤。先烤一面，翻转过来再烤，边烤边用"芦葭丝（高粱苗做的洗灶用具）"轻轻地压粿面，压几下，粿就鼓胀起来，分开成为两层，中间充起气来，气胀到最大时，拾起，食用。

我最喜欢吃外婆做的"黄麦粿"。高山上的麦粉，高山上的"粿夆杆"，高山上的腐乳，高山上的辣椒酱。

最后一次吃外婆做的"黄麦粿"，是外婆七十五岁那年。

外婆做"黄麦粿"，我在灶前添柴烧火。我吃了一个，外婆又塞给我一个。吃着吃着，我感觉肚子里很饱啦，外婆还是拼命叫我吃。

外婆边做粿边说，你多吃几个，外外（外婆）是做不动了，讲不定哪一天，就吃不着外外做的"黄麦粿"了。

话带凄凉，有生离死别之感，我亦心生悲哀。

那年冬月，外婆果然死了。

# 汤瓶

　　汤瓶，上了一点年纪的人很熟悉。旧时淳安似乎是每家每户都有汤瓶，生活再怎么困难，汤瓶还会有一个的。

　　汤瓶粗陶制，阔口细底，一边烧制出陶柄。汤瓶盖自制，柏树板刨光溜，按照汤瓶口大小锯截成四方形或圆形，盖正中嵌入一竹钉，用来拿移。还有用粗毛竹筒做的，锯一段毛竹，刮一刮篾刺，合汤瓶口即可。

汤瓶，可炖猪、牛、羊、鸡、鸭、鹅；可炖萝卜青菜，蕨菜笋干，豆腐粉丝；亦可炖苞芦粒，番薯粥。

我对汤瓶炖油盐粥记忆深刻。

抓几把米，洗一下，放汤瓶里，灌上水埋到火炉里慢慢炖。"咕嘟咕嘟，咕嘟咕嘟"慢慢炖。有米粥的清香飘出来，再畲半瓢或一瓢盐，舀一瓢菜油或豆油进去，还是让它慢慢炖，"咕嘟咕嘟，咕嘟咕嘟"慢慢炖，炖着炖着稠了，有股浓郁的稻香味弥漫在屋里头，经久不散。

汤瓶炖粥不是天天都有得炖的，那些个要摘奶（断奶）的小孩儿；头痛脑热的小孩儿；生了病的大人，才可炖上一汤瓶粥，为的是加强营养，且容易消化。

汤瓶炖苞芦粒是往年乡村冬天的美食。

冬天，寒风凛冽，特别是有雪纷飞的日子，一家一家围着火炉，女人做布鞋补衣裳，男人吸旱烟谈空天，苞芦粒炖在汤瓶里，一股白气向上蹿，白气里有苞芦那种独特的气味。

苞芦粒炖熟了，畲到饭碗里，吃咸苞芦粒拌点盐，拌点糖是甜苞芦粒。那个年头缺少白糖砂糖，有一样叫"糖精"的东西可代替，吃食物里拌进一点点，就甜煞人。"糖精"拌多了会苦，不知道现在还有没有这种东西？

还有一种专门用来煎中药的汤瓶——药汤瓶。

药汤瓶小巧玲珑，似小家碧玉。

药汤瓶不是家家都有，一个村子里只那么几家。药汤瓶可以借着用,有药汤瓶的人家很欢喜别人来借,似乎是,药汤瓶出借了,家人就会健健康康的。

小时候生病,总去村里老中医海金先生那诊治。

海金先生把一把脉、看一看舌苔,开出药方子,不打针不挂盐水,三帖五帖药到病除。海金先生开的药方,字迹清晰明朗,笔锋藏露有度,笔笔见功力,可匹敌名家书法。

拿着药方到村脚"蚊虫角"(据说此处六月天蚊虫成群,其声如雷)那座医院去抓药,高高的柜台,里面有位胖医生,用一根玩具一样的小秤,照着药方,从一格一格的药柜抽屉里,一味一味把药称出来,倒进黄色纸里。抓三帖布三张黄纸,抓六帖布六张黄纸,黄纸四角拎起折一折,一帖一帖往高叠,一细麻线一捆一捆,递给你,药抓好了。

药柜抽屉上横平竖直用毛笔字写着各种各样的药名儿,"车前子""王不留""川贝""浙贝""刘寄奴""甘草"等。像极了宋代的那些个词牌名:"采桑子""念奴娇""一剪梅",凭空里显几分风雅。

我生了病,抓来中药,祖母就忙手忙脚煎起来。一帖一煎,一帖煎三遍。

中药倒入汤瓶,盛一白饭碗冷水浸泡,用包药的黄纸浸了水蒙住瓶口子,完了,祖母会压上一枚铜钱,是清朝光绪年间的铜钱,铜钱正面"光绪通宝"四字楷书,上下左右顺序铸就,背为满文,看不懂。"光绪通宝"应是文物,当年压过药汤瓶的,如今一枚也见不着了。有几次没压铜钱,祖母会捡一块木炭压在黄纸上,弄不清楚是什么道理?

药汤瓶煎出一屋子的中药味,闻着闻着,病,似乎在不知不觉中好了几分。

　　我的叔父年轻时得过腰子病(肾炎),祖母买来一只药汤瓶整天煎啊煎的,叔父的病也慢慢好了起来。叔父一家后来迁居到安徽太平,起程那天,问祖母要那只药汤瓶,祖母二话没说找来药汤瓶,当着叔父一家人的面"哐当"一下给砸了!

　　没有药汤瓶多好!

# 菜笾

　　菜笾,竹篾编制,椭圆形,像某些现代体育场。四边编有斜高沿,往底部斜,正中装一弓框,像一虹桥,用于提拿。整只菜笾几十个篾孔,便于漏水。

　　淳安农村,每家每户都有一块或两块菜园地,近的菜地就在屋边上，远菜地要走个一里半里路。总之，菜园地是就近，就方便为要。方便种菜、施肥、锄草、搭架，更方便于摘菜。

"咯咯咯咯"喜鹊声声叫起，预告着有客侬来嬉。还真的，早上叫，午时客人就迈进门来啦。先泡杯茶，是男客要递上旱烟筒，让他喝口茶，喝几筒烟。

主人马上拿下吊在菜板上方木拉钩上的菜筅，左手胳膊肘子套住菜筅框，到菜园里去挑选蔬菜。

客人来了本应该挑选些好蔬菜，可怎么挑呢？往年种粮食、蔬菜还没有大棚技术，菜园里的蔬菜，严格地遵循着古老而按时节的播种方式，反季节的蔬菜就是神仙亦种不出来。一个村，另一个村，菜园里的蔬菜无非就那么几样。

春天，韭菜、小白菜、菠菜、莴苣、大蒜穗。淳安春天里有竹笋、香椿芽，但那是山上竹林里，地头香椿树上的，不属于自家菜园里的菜。韭菜是一年四季都长的，但也不能想割就割呀，昨天刚割来包了菜馃，今天客人到了，就没得割啦。

夏天是蔬菜品种多的季节。有辣椒、丝瓜、苦瓜、冬瓜、豆节、扁节、洋葱、胡瓜、南瓜、茄子，而芹菜和苦瓜，是后来几年才出现在菜园地里的。

秋季蔬菜怎么那么少，只见有小白菜、莴苣和快要倒棚的南瓜、茄子。

冬天，一早霜降，百草凋零。菜园里留下的是白萝卜、长杆青菜。长杆青菜为冬天里农家餐桌上的主题。

拎着菜篼到菜园，弯腰，从一丛一丛长杆青菜的外围，掰下一片，又掰下一片。菜篼里的青菜能炒起一碗就停手，不可贪婪哪，一天三餐，今天吃了，明天还得吃。

祖母招待客人的办法就是包麦粉菜粿。挎着菜篼到菜园，割一点韭菜(沿着路边的石磅，祖父播下一长溜韭菜，计划就是割一点，留一些)，摘几爿青菜，切细了拌进油盐做馅。

麦粉菜粿包好，贴食锅上烤，正反面翻着烤，勉勉强强烤出一点油来，待客似乎不太客气。祖母拿起放在小油罐里的瓢羹，用瓢羹底抹一抹麦粉粿的正面，一汪油水，浸湮粿面。祖母这一手法，省油而体面。为什么不多舀些油到菜粿里去呢？哪里敢多放油，一年三百六十五天，一家人吃菜，就那么几斤豆油、菜油。

一只油团团的菜粿搁到碗上，捧给客人，再畚一客碗(小碗)辣椒酱，摆在八仙桌上，客人吃了，满意而归。

菜篼的用途不光用来摘菜，平时还用来盛吃食。比如，苞芦粿做好了，留下中午用，就放在菜篼里，吊到扎钩上，防止鸡鸭、猫狗、老鼠偷食。

读小学五年级那年春天，桃花朵朵开，六月黄豆开始种。种豆要赶季节，劳动得吃力。那天，祖母换来两块豆腐，用猪油炒得两面焦黄，诱人的香味，从吊在屋柱上的菜篼里散发出来。我从地里撒豆灰回来，见家里没人，踮起脚尖，双手托住菜篼，想偷吃几块豆腐。人短力缺，一托，把菜篼托掉在地上，一碗豆腐撒尽于地。

那只菜篼还在，摆在老屋楼上，已经没什么用处啦。

# 吹火筒

吹火筒,在淳安乡下一天三餐里,餐餐吹起一家烟火。

昔时淳安,烧火做饭都在柴灶上,柴灶燃料是柴火。当然,茅草、苞芦秆、苞芦芯,以至于后来养蚕普及,剪伐掉的桑树,晒一晒亦都是一种好柴火。一户人家柴火灶是泥砌在厨房里的,大部分泥的双灶,泥单灶的吃口少,比如村里的五保户"元宝",他的灶是单的,只一口锅。双灶砌成"8"字形,有烟灶孔(烟囱)那一边拉直,靠外的一只灶锅小些,靠里边的那只锅大些。小锅常用,烧饭炒菜泡茶煎馃,天天没有空闲。大锅平时不太用,过年过节,娶亲嫁姑要启用大锅,特别是到了过年前,熬番薯糖,做米馃、包子、炸油馃,没有大锅支撑着是出不了货的。

淳安那一条源叫六都源,从威坪虹桥头码头往里走,村子是密密麻麻,星罗棋布。村子多,人口就旺;人口旺,吃口多;吃口多,柴火需要就多。六都源虽然是两山夹一水,可山上的柴火都被斫得干干净净,偶留下几根,亦是癞痢头上的毛。所以我在村里劳动时,斫一担柴要跑到安徽山上去,路途有二三十里。往往是斫来一担柴,马上就塞进灶堂里去烧,湿柴难燃,一股股浓烟罩住厨房,熏得人眼泪鼻涕一起流。这个时候要拿起灶前的吹火筒,伸进灶肚里,瞅准火点,嘴贴住吹气口"呼啊呼啊"猛吹一顿,湿柴火就会燃旺起来。

吹火筒,用毛竹做,长度在50~80厘米,4~6个竹节,最后一个竹节用烧红的铁丝钻一小孔;吹气这头,一直到底部第二节,把竹节中的横搁全部捣碎,让气流直通无阻。

烧湿柴要吹气,烧燥柴、茅草、松毛、麦秆圈有时亦要吹火的。

烧麦秆圈不经烧,一个麦秆圈塞进灶肚里,大概只能烤熟两个麦粉馃,它就灭了。赶紧塞进去一个麦秆圈,马上拿起吹火筒吹一吹,一下子就着起来,食锅就不冷了。

我小时候常坐在灶前烧火,用吹火筒吹火吹出了技术。右手拿火叉,左手拿吹火筒,火叉把柴火挑空,吹火筒对了柴火下面的火种吹,吹一口,火种红艳一下,吹一口,火种红艳一下,吹上个四五口,"嘭"的一声,柴火燃烧起来,火苗金黄,直舔锅底。

吹火筒虽然是一件最简单的生活工具,但也上了书本的。歇后语:吹火筒——两头通;吹火筒——两头空;二尺长的吹火筒———一只有一个心眼。

用"吹火筒"做谜面,打《水浒》人物一 。

谜底:呼延灼。

亦真贴切啊。

我用过两根吹火筒,第一根是祖父做的,后来被我吹呀吹,一次忘记从灶肚里抽出来,烧掉了大半段。外公从山里给我做来一根,吹呀吹,手心里的汗水,嘴里的口水,把整根吹火筒浸染成紫铜般溜光发亮。

社会进步,技术更新,如今,淳安人烧火做饭、炒菜都用上了液化气和电器,挤压掉了柴火做饭,吹火筒也渐渐地退出了历史舞台。

# 煤油炉

法国哲学家布希亚在《物体系》中说："所有的古物都是美的,只因为它逃过时间之劫,因此成为前世的记号。"

家里有一件逃过时间之劫的老物件——煤油炉,摆在一堆杂七杂八的老物件之间,低头低脑,卑微地生活着。

这只煤油炉是朋友王金贵老师送给我的。

说煤油炉卑微，是因为如今已没有人用煤油炉了，煤气灶、电炊具统治了一个现代家庭的蒸、煎、熬、煮、炖，就是淳安农村，用柴火烧饭炒菜的亦不多了，更何况煤油炉是小家之气的炊具，只能供个把人的炊事，人多，则无能为力也。

今生第一次认识煤油炉是在村小代课。村小是三复式，一、二、三年级一个班，四、五、六年级一个班，一个教师带班上课管到底。我教的是低段班级，先布置二、三年级自学，再给一年级上10分钟课，布置作业；然后给二年上10分钟课，布置作业；最后给三年级上课，然后布置作业。隔一天反过来上课，布置作业。

中心小学新分配来一位严州师范毕业生，名叫王金贵，几次到中心小学开教师会，我俩便成了朋友。

代课的当年，每个星期六，整个乡的教师几乎都要集中到中心小学开会，研讨教学。王金贵老师住在二楼，居室兼办公室还随时兼一兼厨房。居室内一张椅子床，靠后山的窗户处摆一只办公桌，办公桌边一条骨排凳上放着一只煤油炉。煤油炉一身绿，上端冒出，中端收缩，底部又冒出且超过上端。底部是煤油炉的肚儿，煤油就装在这儿。灯芯从底部穿过八九个小铁皮空芯圆柱，从顶部直冒出来。顶端三只铁皮托，托着一只"调锅（小铁锅）"。

每次开会到中午，王金贵老师都留下我吃饭，饭早就给我蒸一盒在学校小食堂里，菜自己解决。中午，金贵老师只烧一个菜，炖白豆腐。买两块白豆腐，点燃一根根煤油炉芯，调锅里倒点素油，白豆腐一小块一小块掰下去，拿热水瓶往锅里注上·滚水，让其慢慢地滚，慢慢地炖。中途再添加一两瓢六月酱，继续炖。

煤油炉燃烧着，黑烟满房间乱蹿，煤油气味浓烈、刺鼻。炖过一个钟头，豆腐的香杂糅在煤油味里，是一种新兴的人间烟火。

吃饭时间一到，捧来饭盒，搬条课凳到煤油炉前，炖豆腐下饭，饭盒里剩最后一口，调锅里剩点豆腐水，拎起调锅两人分一分，拿筷搅拌搅拌，饭拌豆腐水，一气吃掉。

又一次星期六开全体教师会，在贤墓村小教书的邵文生老师，经过一条水沟，捡到一只死鸡，（应该是一只瘟鸡，那一段时间里每个村里都在瘟鸡），拎到金贵老师房间里，塞在床下。傍晚会开完，待别的老师都离开，我们三人开始烫鸡褪毛破肚挖肠，三瓶开水悉数用尽。金贵点燃煤油炉，我剁鸡块，文生整理鸡的残余。

三人围着煤油炉，六只眼盯着那淡蓝的火苗，火苗跳跃，烟雾缭绕；气味浓稠，口水吞咽。煤油烧干了，又灌一瓶。鸡肉的香出来了，我说，弄点酒？好，弄点酒。我拿起一只空开水瓶，到村中的小店里打来满瓶黄酒，鸡肉真的是熟了。

你一碗，我一碗；我一筷，他一筷，三个人连酒带鸡汤全部吃干净，饱了，亦醉了。三个人从来没那么饱过，亦从来没有那么醉过。

王金贵老师两年后调回自己家乡教书，他把那只煤油炉给了我。

再几年后，金贵患了抑郁症，几次自杀被救下，最后一次没有救成。

物是人非，最终，人非，物亦非的。

# 麻布衣服

如今已经看不到麻布衣服啦,除非是表演文艺节目才作为戏装穿一穿。

麻布衣服,在淳安乡下流传了很长很长的时间。那么淳安乡下人是从哪朝哪代开始穿麻布衣服的呢? 亦不太清楚,留待研究民俗的去发掘,去考证。打从我知事起,我就见着了淳安人穿麻布衣服。

麻布衣服,是把麻皮纺成线,织成布,然后再缝成衣服。

夏天,好多上山下田做活的男女都穿麻布衣服。炎热里劳作出了汗,麻布衣服不沾肉,汗往布眼里散逸,透气而凉爽,是一种"洁白轻爽,清凉离汗"的夏衣。

麻布衣服我也穿过,说实在话,穿着舒服是说不过去的。

麻布衣服穿在身上,粗糙的布面摩擦着肉身有些痛,穿着挑重负荷,肩头的皮总被磨破皮,火辣辣,痛。忍住天天穿,慢慢就习惯了。很少见拿麻布来缝裤子的,麻布缝裤,双腿迈步,走上一段路,好了,大腿内侧的肉被磨红、磨烂,叫你第二天走不了路。村子里有一个厉害男人,一到夏天他就上身赤膊,下身穿一条麻布短裤忙碌在田地里。一身肤色如酱油炝过,黑得发亮,亦坚硬得连蚊子都咬不进。他生了八个子女,布料紧缺,遮掩住不露丑即可。

淳安这种布,为什么叫麻布呢?看了孙机的《中国古代物质文化》一书才有点名目:我国最早采用的纺织原料是葛和麻。葛是豆科植物,有很长的藤蔓,可达8米。一根未经过加工的葛藤能直接用来捆东西。后来加工成葛织物,历史有六千余年了。《韩非子·五蠹》说"冬日麑裘,夏日葛衣",穿葛衣的时代是很早的。

我国所产之麻,三种为主:大麻、苘麻、苎麻。苎麻,是优良的纺织品原料。它的纤维细长柔软,光滑而有丝光,质轻拉力强,吸湿后容易起干又易散热,且染色易而褪色难。苎麻是我国的特产,连欧洲人都称苎麻是"中国草",苎麻织物洁白清爽,清凉离汗。

淳安农村种的麻叫"绩麻"，应该是大麻吧。因为大麻茎秆表面的那一层韧皮是由纤维素、胶质及其他杂质构成的。要取得大麻纤维，须先脱胶。

淳安的"绩麻"也脱胶。把绩麻割来，捆成一捆一捆的，浸到水塘或者有污泥的水沟里。浸的时候用污泥埋住，浸埋个十天半个月，掏起来，用清水冲洗干净，背回家，一杆一杆把皮剥下来，挂到竹竿上晒干。空闲时或下雨天，捧来一捆干燥麻皮，浸湿水，掰成丝线，放到膝盖上去搓，膝盖上套一块木"织塔"（毛竹筒对半劈开，长20厘米，弧度刚好紧贴膝盖上一段），要么放一片瓦代替"织塔"。

等搓好的麻皮线干燥了，把它摇成球，这种球，淳安人叫"绩块"。

"绩块"还是上不了织布机的，须放到的"牵桑"（纺线的一种简易工具）上去，"嗡啊嗡……嗡啊嗡"地纺成线。

纺麻线是妇女的劳动，也是展示她们"本事"的时候，技术好的妇女纺麻线，动作优美，产量高，质量好。

我国古代，早就拿苎麻来制衣了。

《天工开物》记载："凡苎麻无土不生。其种植有撒子、分头两法（池郡嗮岁以草粪压头，其根随土而高。广南青麻撒子种田茂甚）。色有青、黄两样。每岁有两刈者，有三刈者，绩为当暑衣裳、帏帐。

凡苎皮剥取后，喜日燥干，见水即烂。破析时则以水浸之，然只耐二十刻，久而不析则亦烂。苎质本淡黄，漂工化成至白色（先取稻灰、石灰水煮过，入长流水再漂，再晒，以成至白）。纺苎纱能者用脚车，一女工并敌三工，惟破析时穷日之力只得三五铢重。织苎机具与织棉者同。

凡布衣缝线、革履串绳，其质必用苎纠合。

凡葛蔓生，质长于苎数尺。破析至细者，成布贵重。又有苘麻一种，成布甚粗，最粗者以充丧服。即苎布有极粗者，漆家以盛布灰大内以充火炬。又有蕉纱，乃闽中取芭蕉皮析缉为之，轻细之甚，值贱而质枵，不可为衣也。"

原文翻译如下：苎麻没有哪个地方不能生长，种植的方法有撒播种子和分根种植两种（安徽贵池地区每年都用草粪堆在苎麻根上，麻根随着压土而长高，广东的青麻是播撒种子在田里而种植的，生长得非常茂盛）。苎麻颜色有青和黄两种颜色。每年有收割两次的，也有收割三次的，纺织成布后可以用来做夏天的衣服和帐幕。

苎麻皮剥下来后，最好在太阳下晒干，浸水后就会腐烂。撕破成纤维时要先用水浸泡，但是也只能浸泡四五个小时，时间久了不撕破就会烂掉。苎麻本来是淡黄色的，但经过漂洗后会变成白色（先用稻草灰、石灰水煮过，然后放到流水中漂洗晒干，就会变得特别白）。一个熟练的纺苎纱能手使用脚踏纺车，能达到三个普通纺工的效率；但是将麻皮撕破成纤维时，一个人干一整天，也只能得麻三五铢重。织麻布的机具与织棉布的相同。缝布衣的线，缚皮鞋的串绳，都是用苎麻搓成的。

葛则是蔓生的，它的纤维比苎麻的要长几尺，撕破的纤维非常细，织成布就很贵重。另外，还有一种苘麻，织成的布很粗，最粗的用来做丧服用。即使是苎麻布也有极粗的，供油漆工包油灰，皇宫里用它来制作火炬。还有一种蕉纱，是福建地区人用芭蕉皮破析后纺成的，非常轻盈纤弱，价值低微而丝缕质地稀薄，不能用来做衣服。

淳安农村女孩子,必须从小就学习纺麻线。有诗佐证:《诗经·小雅·斯干》说:生了男孩儿,"载弄之璋"。璋是一种玉器,表明男孩儿一定要有出相入仕的志向;而生女孩儿是:"载弄之瓦"。瓦不是指普通的瓦片,而是质陶纺轮,女孩儿长大要绩麻,所以从小就让她们学习纺织。

等全部的麻皮都纺成线了,叫来织布师傅,织成麻布。

麻布用途多:做布袋,做饭袋,做帐幔,大部分还是用来做麻布衣服。

# 背带

小时候我天天穿背带裤。

穿着时把两根布带子从背后交叉从肩膀上绕过，布带子拉到胸脯前，然后把纽扣扣进纽扣洞，再倒饬一下，可以出门去了。

背带裤大都是开档的，淳安人叫开档裤。开档裤不缝裤裆，前后都开口,小孩子拉尿、拉屎不需要脱掉裤子,既省力又方便,相当好。

尿湿裤子的时候也是有的,那是男孩子调皮,图好玩,撒尿时故意把小鸡鸡弄歪了,一撒,撒到裤子上去了。

这篇短文里我要说的"背带",不是背带裤上那两条带子,是旧时淳安用来背孩子的那根布带子。

没有执行计划生育政策的时候,一对新人结了婚成了家,接着就"吧嗒吧嗒"生起孩子来,生一个,又生一个;生一个,又生一个;一直生到生夫妻双方身体枯竭为止。

生了那么多孩子,却没有几个能活下来的,"麻里不去痘里去"。这是淳安俗语,意思是:小孩儿不是死在患荨麻疹上,就是死在出水痘上。

第一个孩子生下来,大人裁来一段粗布,家境好点的裁细布,缝成一根宽四五寸、长四五尺的布带子,孩子不会走路前,拿背带往孩子胳肢窝一穿,拎起来,扔上大人脊背,把背带分两股,搭过大人肩头,再往后交叉,捆住孩子的双腿,两股背带头绕到大人肚前,系一系,打个活络结,把孩子妥妥地固定在大人背子上。背上锄头;拎起猪食桶;挑起水桶,去做一件一件事情,带孩子做生活两不误。

那个时候,田地里,山岗苗上,随处都可见背着孩子劳动着的妇女。她们锄地也背,削草也背;打稻也背,割麦也背;连挑水抬石头都背。做农活时间久了,需要歇一下力,妇女们马上解开背带,敞开怀喂孩子一顿奶。

力歇好了,背带捆一捆,又把孩子背上。

深秋,掰了玉米,挖了番薯,寒风就一阵一阵从北方吹来,然后就吹来了白霜和冻雨,雪还没有落,锄冬地就在这个时段里。淳安的地大都在山上,山陡地也陡,锄冬地有个传承,必须屁股朝上头朝下,一锄头一锄头往上挖,泥块从低处往高处挪,保持泥土少流失。这是真功夫。妇女拿背带捆了孩子在背上,屁股朝上头朝下,挥动着二指锄头,像鸡啄食一样,一上一下、一锄一锄挖起地来,背子上的小孩跟了母亲的身体,也一上一下、一锄一锄动作着。

大孩子有四五岁啦,母亲背子上的那根背带就落到他(她)的肩头了。摇摇晃晃,背起弟弟妹妹,妹妹弟弟。弟弟,妹妹一个一个背下去,背带断了,大人用鞋绳补一补,继续背。

家里有大孩子,弟弟妹妹会放在家里叫他(她)带。叫他(她)带,无非是把弟弟或妹妹用背带一捆,上了背子。背着弟妹,他(她)还要玩自己的:飞纸飞机,搭搭子(淳安小孩儿一种游戏),挑花,跳圈圈,抓蜻蜓,拍苍蝇,钓黄鳝。背子上的弟妹笑了哭,哭了睡,睡醒了,拉。哥哥或姐姐的背子上有股热流,湿了,尿屎骚味冲鼻,全然不顾,还是玩自己的。母亲田地里做农活回家,解了背带,看见小的湿了,不分青红皂白"啪啪啪",一顿屁股打(用手掌打屁股),把大的打得晕头转向,不辨西东。冤吗? 不冤!

我背过弟弟和妹妹。还清楚记得母亲第一回叫我背弟弟的事:母亲拿一根背带,把弟弟绑到我背子上,我迈开脚走动,摇摇摆摆的,一下子跌倒在地上,用力扶着屋柱站起来,弟弟还在背上哭。

家里的那一根背带,背了补,补了背,背带上浸润着我们兄弟姐妹四人的鼻涕、眼泪和口水,还有那哭声和笑声。

# 缝纫机

　　美国人霍美尔在《手艺中国：中国手工业调查图录》写道："神授予人类以手，人类又用手制作了种种工具，这样，手就能更好地进行手之工作。""手工艺人在长期的实践中，不断地摸索、创造，改进制作工具，这些工具不仅最大限度地契合了使用者的需求，就工具制作过程而言，本身也是一种手工技艺的体现。"人类的各种劳动工具,是人手的延伸,手艺人更是如此。

在淳安,裁缝师傅亦叫针师傅,古语:"裁之缝之而后成衣。"裁缝裁缝,手艺学成即成师傅——"裁缝师傅"。

早先裁缝手艺是纯手工缝制,后来有了脚踏缝纫机,缝制衣裤的速度就快了许多。除缝纫机外,还有短尺子、皮尺和长直尺、剪刀、针、线、划粉、烫刀(熨斗)等。

一般缝纫机都由机头、机座、传动和附件四部分组成。附件包括机针、梭心、螺丝刀、油壶等。

机头是缝纫机的主要部分。它由刺料、钩线、挑线、送料四个机构和绕线、压料、落牙等辅助机构组成,各机构的运动合理地配合,循环工作,把缝料缝合起来。

机座分为台板和机箱两种形式。台板式机座的台板起着支撑机头的作用,缝纫操作时当作工作台用。台板有多种式样,有一斗或多斗折藏式、柜式、写字台式等。机箱式机座的机箱起着支持和贮藏机头的作用,使缝纫机便于携带和保管。

缝纫机的传动部分由机架、手摇器或电动机等部件构成。机架是机器的支柱,支撑着台板和脚踏板,使用时操作者踩动脚踏板,通过曲柄带动皮带轮的旋转,又通过皮带带动机头旋转。手摇器或电动机多数直接装在机头上。

按照缝纫机的用途,可分为家用缝纫机、工业用缝纫机和位于二者之间的服务性行业用缝纫机;按驱动方式可分为手摇、脚踏及电动缝纫机;按缝制的线迹可分为仿手缝线迹、锁式线迹、单线链式线迹、双线或多线链式线迹、单线或多线包边链式线迹和多线覆盖链式线迹缝纫机。

裁缝师傅的剪刀比农家用的剪刀要大,要粗壮,圆的剪刀头。

老早的烫刀(熨斗)很单纯,一根铁条到头部往下一拐,拐处铸成眼镜蛇一样的扁平头,上凸下平,尾部嵌入短木柄,熨烫衣料时头对了料子用力拖拉。

裁缝师傅的尺子分长短,竹木皆有,上有点点银星,定出刻度。

缝纫线颜色有区别,以青灰色居多;划粉像一块薄饼干,色黄或白,亦有蓝红。

"新三年,旧三年,缝缝补补又三年。"这么一句话在淳安各地普遍流传着。

那些年,大人穿破了的衣裳,拿来剪一剪、补一补接着穿到儿子女儿身上;哥哥姐姐穿不着的衣裳,铰一铰、缝一缝穿到了弟弟妹妹身上,这样的套穿几乎家家如此。

我穿过父亲大人的旧衣裳,我的两个弟弟穿过我的旧衣裳,这是一件天经地义的事情。父亲大人穿过的一件灰士林布对襟衣,我一直穿,参加工作五年还穿着上班。

快过年了,家里再难也要给小孩儿做上一件衣服或一条裤子,条件允许的,就做上一套新衣裤。大人可以将就,孩子一定要有一点新的,这样才算过年。

缝制衣服裤子要把裁缝师傅请到家里来。快过年这一段时间里,村子里的裁缝师傅相当吃香,裁缝手艺好的更吃香,东家还在钉纽扣,西家已来抬缝纫机了,年关已近,实在请不来手艺好的裁缝师傅,二流、三流的也要请到家里来,紧赶慢赶缝制起来。

请裁缝师傅,在淳安是一件不小的事情,东家要经过一段时间的筹划,家庭主妇先要盘算家庭里一年来的经济盈与缺,计划好为家里成员添置几件什么,是衣服呢?还是裤子?然后去才供销社剪来布料。

布料,也有平时就从供销社剪来的,一块一块贮存着,裁缝师傅一进门,拿出来,一块一块比画着,指定着做什么,给哪一个人做,裁缝师傅点头点脑,一一记着。

请进家门的裁缝师傅,挑着一副担子,担子一头是缝纫机,一头是木箱子,箱子内装竹尺、皮尺、顶针、镊子、划线粉块、大小缝衣针、裁剪刀,外加一把铁烫斗(熨斗)。带着徒弟的裁缝师傅,一副担子徒弟挑着,他一双手搭到背子后,踱着八字步,优哉游哉跟着担子进到东家大门里。

裁缝师傅一日三餐都吃在东家,路途远的还要留下歇夜。

那年月里,缺粮少油的吃饭都困难,裁缝师傅进门,东家一定要撑好门面,就是再缺粮节约的人家,也"奢侈"一下:打一碗鸡子,三个或五个(五个是最客气),双手捧到师傅面前;早饭是油缎缎的麦粉菜;午饭是白米饭加一饭碗肉;晚饭是米饭或炒面,那碗肉还是中午那碗。这碗肉一直吃到衣服缝纫结束,缝两天摆两天,缝三天上桌三天,几天下来碗里的肉瘪下去了,聪明的主妇会切几块冬瓜、萝卜充一充,面子是重要的。

淳安的手艺人也有规矩，他们大多是君子，一天只夹一块肉，中午吃了，晚餐就不会再夹肉了，肉很香，吞吞口水，让肉去香吧!

淳安的地方剧种叫"睦剧"，有一出戏，演一位裁缝师傅给人家做衣裳，演员的演艺功底深厚，到现在我还记得，他表演撕布"哐——哐""刺擦刺擦"是剪布声。其动作身段和撕布、剪布之声，真是惟妙惟肖，叫人难识真假。

村子里有一位年老的裁缝师傅，他用不来缝纫机，只会手工缝制。一件衣服，一针一线密密缝，慢慢缝，两天才缝成，人家难得请他。

有一年，我们家实在请不到裁缝师傅，而年的味道是越来越浓了，母亲跑去请老裁缝师傅进门。

老裁缝师傅一进门，早饭还没有下喉马上就劳动开来：打开木箱，拿出一件件工具，肩上挂一根皮尺，腕上带着两个褪了色的袖套，鼻梁上架着一副厚重的老花眼镜，八仙桌上摆一把竹尺、一块划粉，一把烫刀埋进火熜里，这些裁缝的"全部家当"通通亮了相。

那时候熨衣服还没有电熨斗，只能依靠一把烫刀在火熜里用炭火烤热，再将衣服烫平。

然后摊开布料，用划粉划好线，拿起剪刀裁剪起来。

母亲捧来一碗水煮鸡子给他，老裁缝师傅接过鸡子那一霎，我见他眼泪啪嗒啪嗒掉进碗里。

老师傅无儿无女，靠手艺吃饭，可他的手艺因时代的进步，很少有人请他，就那么三天打鱼两天晒网地生活着。

老裁缝师傅做的衣服裤子穿在身上，贴身，舒服。

慢慢地,服饰有了大革命,成衣市场遍布城乡,大家亦都不请裁缝师傅来家缝制衣裳啦,村里那位老裁缝师傅老早就死了,现在村子里也没有年轻的裁缝师傅。

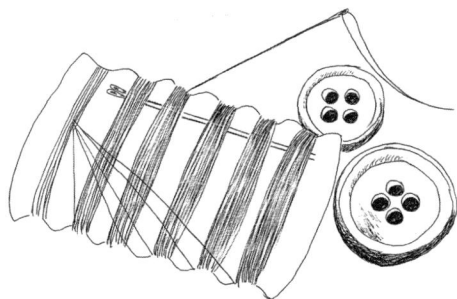

# 针

　　每年五月份的母亲节，手机信息、微信、抖音、QQ铺天盖地都是祝母亲节日快乐的祝贺语。用得最多的脍炙人口的诗赋是唐朝诗人孟郊的《游子吟》："慈母手中线，游子身上衣。临行密密缝，意恐迟迟归。谁言寸草心，报得三春晖。"这首千百年来被人们用来勉励自己知恩图报的绝妙好诗,同时也描述了慈母为儿子缝衣纳衫做女红的画面。

游子身上的衣服出自母亲手中线的密密缝纫,缝纫用什么?用针。但真正懂得或理解母亲手里的那一根针,那一根针在母亲手里的苦和累的儿女恐怕不多。

淳安的妇女集勤劳、忍耐、吃苦、慈祥于一身。她们除了参加劳动、干好农活以外,还承担起一个家庭里的烧饭、喂猪、养鸡、饲鸭,等等等等家务。男人们劳作工作之余,一根旱烟筒,装一窝烟丝,靠在屏门上,一口口地腾云驾雾,活得似神仙。而妇女,忙碌在厨房,忙碌在猪栏鸡圈里。一切都做完了,点上一盏灯,拿出针和线开始缝补起一家人破损了的鞋、袜、衣、裤来。缝啊补啊,从一头青丝缝补到满头银发,还不停下来,还在补缝隔了一辈的穿着。

女人的命好像注定了她们是缝补的命,她们从小起就要学做女红。依了母亲一针一线地学,学到嫁了人。嫁给夫家,针线又不能离手了。

我的大姑妈一只左眼是瞎的。十一岁那年祖母教她学针黹,缝补一条祖父破了膝盖的裤子,缝了三针一失手,手里的那根针戳到眼珠上,旧时又缺医少药,祖父母拔来草药敷治,无效,最终瞎了。

从养蚕栽棉到纺纱织布,从穿针引线到缝衣置服,是人类文明的一大进步。在五千年的华夏民族文明史中,纺织和服饰是两朵靓丽夺目的奇葩,所以,与之密切相关的女红活计,历史应该是很悠久了。据考古发现,一万八千年前的旧石器时代,山顶洞人已经使用骨针缝缀兽皮;距今七千多年的新石器时代,河姆渡人不但会使用骨针,而且会使用捻线和纺轮;而四千多年前的良渚文化,则出现了麻线和绸片、丝线和丝带等原始的纺织品,这些都形成了女红及其用品"针"的雏形。

《天工开物·锤锻》里有一段关于制造针的记录:"凡针先锤铁为细条。用铁尺一根,锥成线眼,抽过条铁成线,逐寸剪断为针。先鐁其末成颖,用小槌敲扁其本,钢锥穿鼻,复鐁其外。然后入釜,慢火炒熬。炒后以土末入松木火矢,豆豉三物罨盖,下用火蒸。留针二三口插于其外,以试火候。其外针入手捻成粉碎,则其下针火候皆足。然后开封,入水健之。凡引线成衣与刺绣者,其质皆刚。惟马尾刺工为冠者,则用柳条软针。分别之妙,在于水火健法云。"

我国三千多年的农耕社会,不仅树立了以农为本的思想,而且形成了男耕女织的传统,女子从小学习描花刺绣、纺纱织布、裁衣缝纫等女红活计,在江南一带尤为重视。特别是到了明清时期,社会对于女性的要求,夫家对于择妻的标准,都以"德、言、容、工"四个方面来衡量之,其中的"工"即为女红活计。再加上当时手工业高度发展,女红在这个时期才从普遍的意义上真正广泛地流行起来。

作为与人们日常生活密切相关的女红活计,在古代的艺术作品中亦有所反映,唐代诗人秦韬玉,一首《贫女》诗,把一位擅长针黹的女红巧手贫家女的闺怨刻画得淋漓尽致,同时还抒发了诗人怀才不遇的情感:"蓬门未识绮罗香,拟托良媒益自伤。谁爱风流高格调,共怜时世俭梳妆。敢将十指夸针巧,不把双眉斗画长。苦恨年年压金线,为他人作嫁衣裳。"

《红楼梦》第四回:"(薛宝钗)自父亲死后,见哥哥不能安慰母心,他便不以书字为念,只留心针黹家计等事,好为母亲分忧代劳。"

绘画作品中反映女红图景的,最早可追溯到唐代画家张萱的《捣练图》;再有河北井陉县出土的金代墓室中的粉绘《捣练图》。它们分别再现了宫廷和民间的女红场景。清代画家任薰所绘的绣花仕女扇面,则展示了一位古代千金小姐以绣房女红为消遣、养性的奢华生活。

另外,有关女红的神话传说、名人逸事亦不少。战国时期荀子的《蚕赋》和晋代干宝的《搜神记》中都有蚕神马头娘的神话;明代宋应星的《天工开物》中有关于织女的传说;孟母用停机断织比喻废学来教育孟子的故事,被汉代的刘向编进了《列女传》中;元末明初陶宗仪所著的《南村辍耕录》中记载了元代女纺织家黄道婆的事迹。

当然,自古以来的女红高手亦是层出不穷。据说三国时期的吴王赵夫人就有"三绝"绝活:可在指间以彩丝织成龙凤之锦是为"机绝";能用针线在方帛之上绣出"五岳列国"地图是为"针绝";又以胶续丝发作罗丝轻幔是为"丝绝"。相传唐代永贞元年有一奇女子卢眉娘,年仅十四岁就能在一尺绢上绣七卷《法华经》,字仅粟粒之大,且点画分明,然品题章句,竟无遗漏。到明代,上海的顾绣出类拔萃,名扬四海,其中的刺绣高手代表人物为韩希孟。清末民初也有一位较出名的女红刺绣专家沈寿,曾入宫廷传授绣艺,办过绣校和女红传习所,为了更好地研究刺绣,甚至还东渡日本考察。另有《雪宦绣谱》女红专著出版问世,影响深远。在服饰方面,登峰造极的服装恐怕莫过于皇宫贵族的龙袍官服、凤冠霞帔了。然而,令人感到遗憾的是,随着时光的流逝、社会的进步、科技的发展,机械化替代了手工活,女红也因此受到很大冲击,原本小姐丫头、姑娘太太做女红活计必备的那些女红用具,如剪刀熨斗针线盒、顶针量具绕线板、针拔刮板喷水壶、绣花棚架针线篓等,都早已淡出人们的生活,退出历史的舞台,逐渐被人们遗忘甚至抛弃,而且关于这些女红用品的资料也少有记载,极其难寻。在当今收藏界中,女红用具根本就是杂件中的杂件,不为人们所重视。

其实,作为中国传统文化的一部分,作为女红文化的载体,女红用具"针"自有她独特的魅力。毕竟她伴随人类文明也有几千年的历史了,而且与人们的日常生活密不可分,与各地的民族习俗紧密相连,与深厚的社会文化一脉相承。只要是其他艺术品、日用品上能反映的中国传统文化的图案内容,在女红用具"针"上都有反映。近年来,不少中外有识之士独具慧眼,对于中国女红用具情有独钟,争相收藏。有人把美轮美奂的古代服装悬挂起来作电视墙背景,大气非常;也有人把精美绝伦的绣品装裱起来装饰客厅书房,别具一格;还有人把寓意吉祥的绕线板收在针线篓里置于案几,如果有哪一位独具慧眼的人士,能开起一个有关"针"的博物馆,展览中国"针"的历史,让人们参观学习,发一发思古之幽情,也是一件有益的事情。

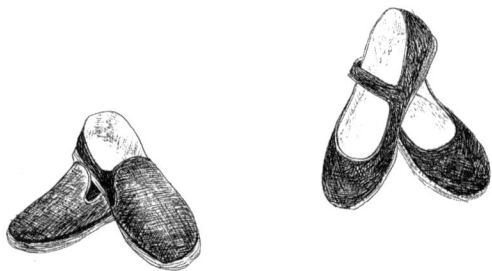

# 布鞋

最早在《周易》中出现的"履"就是后来称的"鞋"。但在汉语里还保留了很多有关履的词语,像"西装革履""削足适履"等。鞋子穿在脚上陪伴着一个人走过了一程又一程,所以履字逐渐就有了踩踏、走过的意思,如"履历""履任""如履薄冰"等。

千里之行,始于足下,任何人不管是远行还是近足都需要有一双适合自己脚的鞋。

　　穿破过各种各样的鞋子,唯有布鞋总留在心里,想忘也忘不了。

　　往年,淳安人脚上常穿的鞋是布鞋。布鞋虽然是自己做的,比不上皮鞋球鞋金贵,但人们上山砍柴、下田做活,还是舍不得穿一双布鞋去的。脱了布鞋,穿起用稻秆编的草鞋,脚背、脚趾头裸露着,享受着阳光,滋润着雨露;也煎熬着霜和雪,泥土与石子。胶鞋(球鞋、解放鞋)很难见到村子里有人穿一双,穿得起胶鞋的,是些当干部、做工人的。农民和他们的儿子儿女,很难得穿上一双球鞋。皮鞋就更不用想了——那是当了大干部的人,才有得穿的哦。

　　最早看到的一双胶鞋,是一双破旧的解放鞋,鞋面上沾满黑色的沥青,一只断了底,断在脚掌那个位置。这双破旧解放鞋,是家父大人到县城排岭办事时捡来的,鞋子丢在一建筑工地的垃圾堆里,垃圾堆边上有一只空了的沥青桶,鞋子可能是浇沥青的工人穿破后丢了的。母亲大人拿了破解放鞋到水塘里"喊喊喳喳"洗干净,断了的鞋底用针线密密麻麻缝合好,家父大人把它作为一双体面的鞋,出门办事、走亲访友穿着它。

　　布鞋,是淳安农村女人利用夜晚、雨雪天,艰辛、耐心地一针一线做出来的。

　　出生在农村的女孩子,她们稍一懂事,母亲就开始教她们做布鞋了。从此,她们会从一头青丝做到白发苍苍,一直做到一抔黄土盖身。她们做完了爷爷辈穿的布鞋,再做爸爸辈的布鞋,继续着做孙子孙女儿辈的。一家子的布鞋，都出自她们那一双双灵巧而勤快的手，那一双手，原来是纤细修长，指若葱管，做着做着，手指变粗了，变弯曲了，皮皱筋凸，失了往日的风采。

女大十八变，去年还是黄毛丫头，今年已经是亭亭玉立的美人，她们成年了，怎么说呢，突然间就有了"农家"（对象）。在待嫁的喜悦里，开始筹划为她的心上人做布鞋了。出嫁后，又给新家庭做布鞋：公公、婆婆、儿子和女儿，一双又一双的布鞋，从她们柔嫩变粗糙的手中做出来，给家人们一个舒服而踏实的脚底。她们呢，渐渐地在一针一线中老去。

淳安农村做布鞋的，鞋底料是那些实在穿不出门的破衣服破裤子。女人们把家里的破衣破裤拆洗一下，撕成一块块碎布条，放在针线篮子里备用着。

开始为家人做布鞋了，先熬上一瓷缸麦粉糊，再在"鞋垫板"（一种用来粘叠碎布的长方形木板）上"填鞋底"，涂一层麦粉糊，按形状大小填上一块块碎布，一层一层填到大约半寸厚时，面子再粘上一整块的布，这块布要白布，最好是细白布，这样的鞋底漂亮。

"填鞋底"很有讲究，聪明的女人，会在鞋底的四周填上白的碎布，这样填起来的鞋底白晃晃的，有一种豪华而耀眼的气派。填好鞋底，用木板压住没有干涸的鞋底，上面还要压上重物，压它三天四天，粉糊干了，鞋底结实了，就完成了第一道工序了。

接着就开始纳鞋底，纳鞋底最能体现农村女人的聪明智慧。

纳鞋底的线叫"鞋绳"，是用"麻皮"搓纺成的。女人们在干涸的鞋底上,根据穿鞋人脚的大小描上脚印子,动手纳鞋底。

一针一针地纳,手艺好的女人纳出的鞋底,针线密密麻麻,针脚均匀无比。其间有老年妇女的叨家常,有青年女子含蓄而充满幸福的憧憬——她们手下的鞋底是给未来的丈夫纳的,一针针一线线都倾注了她们的希望,倾注了她们的企盼,把她们整个心思纳进了鞋底。

可是呢,这种心思也有付之东流的。

村里有位青年女子,二十岁那年,经人介绍和邻村的一男青年谈对象,见面后痴情于对方。这女子呢,是聪明绝顶的一个人,谈了三个月左右的对象,瞄了眼男青年的脚,就给男青年做了双布鞋,那布鞋穿在男青年脚上,像贴上一样,合脚、舒脚、养脚,走起路来轻飘飘,软塌塌的。可是,半年后男青年去县城化肥厂当工人,不和这女子谈对象了。从此以后,村里人看到,这女子,一捏上一双布鞋底就发呆,原本黑葡萄一样,滴溜溜转的眼珠,变得像了松发条的闹钟一样,动一下,停一下,可惜啊。

纳好了鞋底,再开始缝鞋面,鞋面有圆口的、方口的,后来还进步到了松紧口的。鞋面上好后,还不能穿在脚上,要用"鞋排针"(鞋楦)把鞋子撑一撑,不硌脚了就可以穿了。

穿新布鞋是件很荣耀的事。那时候,只有过年了才穿得上新鞋,过年穿上的新布鞋,在这一年里的三百多天中,都不会离开脚了,穿到脚指头露到外面,补一下,又穿起来。一直穿到补都补不起来了,才恋恋不舍地丢到猪栏里去,让猪踏一踏,啃一啃,变成肥料,挑到田地里去,肥沃着稻谷和苞芦。

安徒生童话故事中的灰姑娘,她有一双水晶鞋,那是希望和爱情的象征,告诉我们一个道理,人永远要怀有希望。无论这个世界有没有水晶鞋,善良和希望永远都应该穿在脚上,路走得久,走得远了,或许会发现原来一直苦苦寻找的水晶鞋就穿在自己的脚上。希望与善良就是每一个人的水晶鞋。

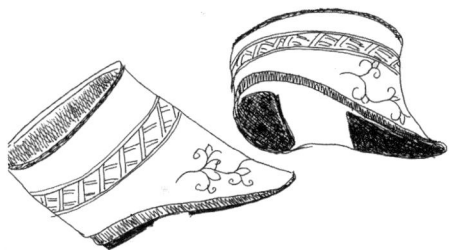

# 小脚鞋

    村里最后一位小脚妇女余香以95岁高龄仙逝后,小脚妇女便成为村里一种历史记忆了,后来者亦只能在书本上读到这一旧社会遗留下来的陋象。

    小脚妇女的脚很小,很尖,俗称"三寸金莲",她们穿的鞋子也冠以

"金莲鞋",淳安叫小脚鞋。小脚鞋,在中国穿戴史上具有特殊的含义和经历。

小脚鞋小巧玲珑,鞋头尖尖如水划子。

小脚妇女,淳安叫她们"的的脚"。

淳安人形容某一样东西小、某人个子矮,都要在名称前面带上"的的"俩字。如"的的侬""的的长""的的大""的的石头""的的碗"等。

一位美丽漂亮,有两只好端端大脚的女子,为何硬要把她的一双脚弄成骨断、筋歪、肉烂而变得丑陋无比呢? 这是男人的心理变态史。

裹脚,开始的时间有夏禹、商代、春秋战国、隋、五代、宋等多种说法。学者高洪兴专业著作《缠足史》考证,裹脚开始于北宋后期,兴起于南宋。元代的裹脚向纤小的方向发展。明清时期达到鼎盛,裹脚之风蔓延至社会各阶层的女子,不论贫富贵贱,都纷纷效仿。

清朝被推翻后,孙中山正式下令禁止裹脚。到了五四运动时期,裹脚更成为各派革命运动和激进分子讨伐的对象,陈独秀、李大钊等人都曾撰文痛斥裹脚对妇女的摧残和压迫。新中国成立后,裹脚恶习被彻底废止,中国的妇女才得到了彻底的解放。

封建社会里的文人骚客,对妇女的小脚亦写诗赞美,什么"莲步婷婷",什么"踏春有迹""步月无声",还有诗道"一弯软玉凌波小,两瓣红莲落步轻"。

真无耻。

裹脚起因大致有二:一是统治者的意志。

裹脚与统治者相关。宋朝皇室与宋朝上层是最早开始裹脚的。根据《鹤林玉露》记载，宋朝公主普遍裹脚，有人自称是荣福帝姬(公主)，因为自己脚大而被怀疑不是公主。《宋史·五行志》记载："理宗朝，宫人束脚纤直。"这是宋朝皇室、宫中女子缠足的例证。苏轼在《菩萨蛮·咏足》中称女子小脚为"宫样"，曹元宠在一首词中称小脚为"官样儿"，这也足见裹脚起自宋朝官僚贵族阶层等上层社会。无一例外地都与统治者们有关系。由于皇帝和官员认为小脚是美丽的，愚昧的民间也就视小脚为美。在当时的人看来，小脚就是"女性美"的一个非常重要的方面。一个女子的长相、身材再好，如果是一双天足或脚裹得不够小(超过了三寸)，就会被人耻笑，并且嫁不出去。人们完全把摧残人体、行动不便抛在一边，认为裹小的脚小巧玲珑，精致美观，能够赏心悦目，而小脚女人走起路来摇摇晃晃，如风摆柳，又煞是好看。这样一种审美观真让人无法理解！这种违背自然与健康，建立在摧残妇女身体基础上塑造出来的"美"，是地地道道的极度扭曲和变态。

二是封建礼制，是父权制社会"男尊女卑"传统习俗增强到一定程度的产物。一旦把女子的脚裹成"三寸金莲"，女性在劳动和交往方面必定会大受制约，只有困守家中，甚至站立、行走都要扶墙靠壁。这样一来，不仅让"男主外，女主内"顺理成章，也让"男强女弱"成了铁定事实，女性如有什么不满、反抗、私奔之类的举动，就更是难上加难了，唯有忍气吞声，听任摆布。这是父权制社会对女性施行的压迫和控制。《女儿经》说："恐他轻走出房门，千缠万裹来约束。"有一首歌谣这么唱道："裹脚呀裹脚，裹了脚，难过活；脚儿裹得小，做事不得了；脚儿裹得尖，走路只喊天，一走一趔，只把男人做靠身砖。"

女性被摧残的小脚竟然成为激起男人性兴奋的重要物品。据记载，自宋代开始，在许多妓院的欢宴中流行起一种"行酒"游戏，从头至尾突出的都是妓女的小脚和她们的小脚鞋，狎妓的嫖客把酒杯放入妓女的小鞋里来传递、斟酒、饮酒。直到20世纪初，仍有一些男人喜欢参与这种"行酒"游戏，并为有机会使用妓女小脚鞋中的酒杯来饮酒而兴奋不已。

宋朝理学大师程颐与某人一段对话："或问：'孀妇于理，似不可取(娶)，如何？'伊川先生(程颐)曰：'然！凡取(娶)，以配身也。若取(娶)失节者以配身，是己失节也。'又问：'人或居孀贫穷无托者，可再嫁否？'曰：'只是后世怕寒饿死，故有是说。然饿死事极小，失节事极大。'"

从此，"饿死事小、失节事大"被人奉为金科玉律。女子裹脚不利于行走，自然容易被管束。

有记载朱熹在主政地区强制推行裹脚。

母亲在生我之前，已经生养过一男一女两个孩子，可惜都夭折了。听祖母说，我死去的哥哥是六岁的时候，得了破伤风之类的病而夭折的。姐姐也在三岁时就没了。那个年代缺医少药，想养活一个孩子是相当不容易的。

我一落地，祖父母、母亲就托人给我取了个很贱的名字，叫"小狗"。希望我像狗一样贱长、贱活。在我的记忆里，祖母对我有一种特别的爱甚至可以说是溺爱。比如我和人家打架，不管谁错谁对，祖母都会迈动那"三寸金莲"跑去骂人家，然后把我抱在怀里，哄个不停。渐渐地，把我惯成了坏脾气。

有年冬天，暖暖的阳光照在山村的田野里，祖母拆下被絮，挑起水桶，一手牵着我，抬起"三寸金莲"摇摇摆摆地去二里路外的溪滩里洗被子。晌午时，祖母挑着洗好的被子，牵着我回家。走了几步路，我就不肯走了。以前我一使性子，祖母就背我，尝足了甜头，用烂的招数，那天我又想如法炮制。挑着担的祖母为难了，耐心地和我商量："乖，我背你一段路，再挑被；挑一段路再背你好吗?"我犟劲一下子上来，像干柴遇到火星"嘭"地烧起来。祖母无奈之下，只得一边哄我，一边迈动那双小得可怜的脚，牵着我，颤颤歪歪地一步一步往家里走。

　　祖母一搁下水桶，看看仍旧气鼓鼓的我，就问要怎样办？ 我说："到原来我想要背的地方，重新背我回家。"

　　祖母说："好的，我们去，我背你回来。"说完，牵上我的手颤巍巍往溪滩走。

　　祖母迈动开那双可怜兮兮的小脚，走到我哭闹着要背地方。

　　祖母吃力地弯下腰，双手撑地，让我舒服地爬上了她的后背，一步一步往家走。

　　幸福的童年，在祖母的背上，而祖母是用那一双几寸大的小脚坚强而努力地支撑起来的。

　　祖母穿过的小脚鞋，如今一只亦找不到了。

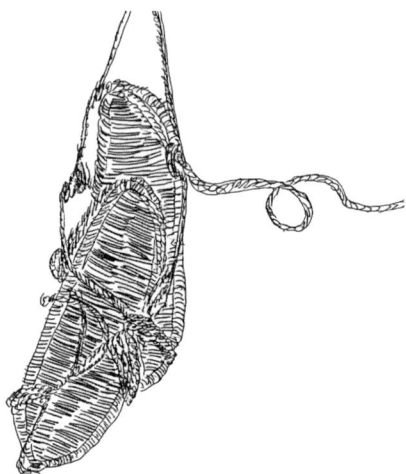

## 草鞋

　　草鞋,一种记忆里永不磨灭的鞋子,伴随着淳安农人,晴一天雨一天,风一天雪一天,走过千山万水,蹚过小溪江河的鞋子。历史的车轮把它从农人脚上碾了下来,草鞋,如今只有在展览馆、博物馆看得到了。

　　旧时淳安农村,凡成了年的男女没有不会做草鞋的。不学会做草鞋，你上山砍柴割草，下田锄苗播种脚上穿什么？布鞋和稀罕的胶鞋，只在劳作之余穿一穿，没有见过农人穿布鞋、胶鞋做活的，舍不得啊。

草鞋，大都用稻秆编织。稻秆呢，用当年收割的新稻谷稻秆，新稻秆做的草鞋牢固、耐穿；陈稻秆做成的草鞋穿不了几天就会破了、烂了。恰巧赶上你是在山砍柴、割草，陈稻秆做的草鞋破了不能穿，那可惨了：挑着一担柴草，赤着一只或一双脚，一瘸一拐地走在山路上，路上的石子扎得你脚底起泡、流血。

淳安农人编草鞋大都利用下雨天、黑夜间。到柴棚屋里拎来一两把稻秆，叫小孩儿站到稻秆上，一双脚踏住一把稻秆苗，大人用四指锄头从稻秆苗处往稻秆根部，一锄头一锄头地扒爬梳通，把稻秆上的杂叶、烂叶一下一下清理干净，留下一根根金黄、干净、挺拔的稻秆再拿来编草鞋。

开始编草鞋，拿一种叫"草鞋爬钩"的工具，钩在一条长木凳上，编草鞋的人腰里捆一根绳子，捆在肚脐眼那儿，先用"骆驼皮"（读音）（棕榈一类的植物，皮剥下来腐烂掉青色那一层，搓绳，捆物很牢固）打一个草鞋鼻头，而后分出四五根直经绳，把直经绳套到"草鞋爬钩"木指上。这种经绳呢，一般要用淳安叫"骆驼皮"的植物皮搓成，这种植物皮牢，不容易烂。拿稻秆四五根一簇，往经绳里编套，一边编织，一边用一木棍把稻秆拉紧，并适时做上草鞋耳朵。草鞋耳朵用来穿草鞋绳，穿草鞋时，草鞋绳子往脚背上系，固定住草鞋。

做草鞋时稻秆里夹进去一些碎布条，这种草鞋耐磨、服脚。

纯用"骆驼皮"做的草鞋更耐磨、更服脚，只是很少见，农民可惜那材料，"骆驼皮"没有稻秆那么多。

我十四岁初中毕业回家务农，高山里住着的外公，专门给我做了一双纯"骆驼皮"的草鞋，外婆专门给我缝了一双草鞋袜。草鞋穿了三个多月，草鞋袜穿了近三年，现在连渣都不见了。

好草鞋穿上脚，像贴在脚上一样，大小合适，平展柔软，不硌脚，不磨皮，穿着上山下田劳动半个月都不会破。手艺不精做的草鞋，两三天工夫草鞋就穿底了。山上、路边总见到一只两只断了底，烂了鼻头的草鞋。

《浙江民间故事》里头有个故事，一位以做草鞋为生的草民，后来做成了佛：衢州杜泽宝山村有一位忠厚善良的祝老头，平时靠做草鞋过日子。他选了杜泽村到庙前村之间的一条岭上作为做草鞋的落脚点，这地方后来被人们称作"草鞋岭"。草鞋岭是杜泽一带农民进山砍柴及山里人到外面挑货的必经之路，所以祝老头的草鞋生意很好。再加上祝老头做草鞋卖，除了收取能够维持自己生活的费用外，概不多收人家的钱。祝老头的草鞋生意是越做越红火，后来简直是应付都应付不了。草鞋生意好，做草鞋的稻秆原料供不上，祝老头就改用粽箬代替。买草鞋的人见了不解地问："粽箬怎么可以拿来做草鞋呢？"祝老头说："放心吧，穿上我做的草鞋，只要不回头，由你走多少路也不会破。"人们穿着祝老头用粽箬做的草鞋，走州串县，果真不破。后来大伙都叫祝老头为"草鞋仙"。

宋代释梵琮还作了首《草鞋歌》：

村里人，有意知，就手织成最容易。

长短大小在目前，密用工夫多快利。

草窠里面跳出来，结却绳头有巴鼻。

牢束跟，紧在耳。

掷地作金声，举步离泥水。

著入千山与万山，把定脚头并脚尾。

赵州尽力载不起，玄沙吃绊耀著指。

拖来拖去底头穿，轻轻飏在粪里。


宋代张咏有首《谢云居山人草鞋》：


云居山客草为鞋，路转千峰此寄来。

昨日公余偷步躚，万端心绪忆天台。


　　红军是穿着草鞋走下二万五千里长征的。长征中的红军受到大批敌军围追堵截，主要靠快速行军摆脱险境。当时胶鞋是难得的宝贝，布鞋不耐磨，每个指战员身上都带两三双草鞋，还一路行军，一路自己打草鞋。红军过雪山穿的绝大多数都是草鞋，草鞋有草编的，有麻绳编的，有布条编的，但没有御寒的作用。爬雪山的路上多是尖溜溜的碎石，草鞋很快就被磨破了。

　　高原气候的陕北，十月已是深秋，早晚已离不开棉衣。而我们的红军大多数都还身着单衣，脚穿草鞋。

说起来呢，草鞋是很环保的。穿烂了，随手扔到山上或田地里，日晒雨淋的，不几天呢，就成肥料了，"拖来拖去底头穿，轻轻飏在粪里"。

古代杭州有专门编草鞋卖的妇女。

《中华全国风俗志》"杭州妇女之生活"里说："编草鞋。乡间妇女多编之，由男子负至城市出售。一般车夫苦力咸乐购之，每双可售钱六七十文。"

上古时代有一种叫"屦"(ju)的鞋，其实是草鞋。

《诗经》曰："纠纠葛屦，可以履霜？""纠纠"是破破烂烂的样子，"可以"就是"何以"。全句的意思呢，是：这破破烂烂的鞋子，怎么能在冰霜上行走呢？葛屦是用麻绳编成的，编的时候还要不断地用力扎，目的是让编出来的葛屦坚实耐用。淳安农村编草鞋，也有与之一脉相承之处。

做草鞋、穿草鞋好像是农村劳动人民的专利。但世事无常，人生难测。某村有个地主，旧社会里，有田、有地、有中药铺，是村里的"名人"。

中华人民共和国成立后，他靠专门做草鞋卖过日子。

他什么农活也不会做，村里就要他做草鞋，做的草鞋给社员穿，一双草鞋记三分工（当年的计酬），总算是自食其力了。

# 蓑衣

　　无论春夏与秋冬,下了一天两天雨,在淳安的乡村就有一幅山水画,动漫在那田头地角:雨丝连绵,一夕烟雾,棕色蓑衣,黄色斗笠,铜色菜篮,低头弯腰一农人,正在拣拾着沙藓(学名地耳)。

　　春播与秋收,天上一落雨,淳安乡村山地田野,一串劳作人,头戴阳(笠帽),身披蓑衣耕田耙地,播秧补苗艰辛地劳动着。

蓑衣,是逝去那个年代里,农民雨天外出劳作的须臾不离的避雨工具。中国先秦时期古人使用且使用范围最广的原始雨衣叫"袯襫"(bó shì),就是后来通称的"蓑衣"是最古的雨衣。《国语·齐语》"管仲对桓公以霸术"条里已提到:"脱衣就功,首戴茅蒲,身衣袯襫,沾体涂足,暴其发肤,尽其四肢之敏,以从事于田野。"这是齐国农民遇雨天做农活时的装束,从管仲所述来看,袯襫的防雨效果似乎不是太理想,农民虽然身着袯襫,但身体还是被雨水打湿了。三国时吴国学者韦昭释之为"蓑襞衣也";清郝懿行《证俗文》说得更具体:"案袯襫,农家以御雨,即今蓑衣。"

明朝王圻《三才图绘》中有了标准制式的蓑衣。

伞盖亦是古代一种雨具,与蓑衣相比避雨效果差得远了,蓑衣不仅避雨效果好,而且空出的两只手可以干活。

蓑衣,不只是农民雨天喜欢穿,渔夫雨雪天垂钓时也常披之。晚唐诗人郑谷《雪中偶题》写道:"江上晚来堪画处,渔人披得一蓑归。"柳宗元的《江雪》更绝:"千山鸟飞绝,万径人踪灭。孤舟蓑笠翁,独钓寒江雪。"再读黄庭坚的《鹧鸪天》:"西塞山边白鹭飞。桃花流水鳜鱼肥。朝廷尚觅玄真子,何处如今更有诗。青箬笠,绿蓑衣。斜风细雨不须归。人间底是无波处,一日风波十二时。"接着读下苏轼的《浣溪沙》:"西塞山边白鹭飞。散花洲外片帆微。桃花流水鳜鱼肥。自庇一身青箬笠,相随到处绿蓑衣。斜风细雨不须归。"

唐农学家、诗人陆龟蒙《奉和袭美添渔具五篇·蓑衣》诗称:"山前度微雨,不废小涧渔。上有青被襆,下有新脮疏……"不少古画中,蓑衣都是钓鱼爱好者的必置装备。

明清时,雨季出行人们大都带蓑衣。明徐光启《农政全书》中记载了当时一条流行谚语:"上风皇,下风隘,无蓑衣,莫出外。"

淳安人将编织蓑衣称作"打蓑衣",打蓑衣是棕师傅的技艺。

淳安打蓑衣用的材料取材于棕榈树身上的棕毛,棕毛要到高山去棕榈树上开来,开来的棕毛一片一片整体一块,今天开一点明天开点积少成多,棕师傅请进家,东家把一捆捆棕毛拿出来,让其梳理掰扯成丝。蓑衣制作工艺:准备蓑衣原料棕毛。

打棕绳,棕绳制作分三步:第一步抓棕,让棕叶铁抓弄成棕绒;第二步捻线,把做好的棕绒捻成线;第三步搓绳,将两条捻线搓成绳子,用来缝制蓑衣。

棕师傅拿出铁针和顶针儿动手编织:蓑衣编织从领口开始,领口部位要排列十五六股棕毛,用棕绳锁缝制领口,然后用一只饭碗托住领口给领口塑形,领口做好后最后是拍打领口,让蓑衣领子松软。

定位:蓑衣定位先穿针后引线,蓑面和蓑底要靠细线一针一线缝合连缀而成,这道工序也被叫作"刺棕蓑"。制蓑模,要挑选宽一些的棕毛来制模。缝好的整件蓑衣像一只大蝴蝶,两翼略上翘,中间用蓑骨做成圆领口。蓑衣分上裙和下裙两部分,上裙宽3尺、长2尺,下裙形状像"横轴",宽3尺多、长1.8尺。"横轴"两边连着两块片裙,作为胸襟,从胸前垂下,把下腿肚围起来。

缝线拼接:将棕锁肩部、胸部,裙部拼接起来,缝制蓑衣,表面和里面两面都要缝线。里面间距较大,粗疏线间距一寸左右,蓑表面缝线却是密密麻麻,没有间距。

棕师傅纯手工制作,一件蓑衣要两三天的时间。

淳安的蓑衣尽管造型简洁,但赋予的造型以人物外观相对应的形象,蓑衣和斗笠合并使用,立于田间可以驱赶破坏农作物的鸟兽;挂于墙上,可以镇邪驱魔;用蓑衣包裹木炭,放置在井底下,除了能杀菌过滤外,还能镇住"邪气"。

在一些古装电影里,蓑衣引申出了大侠的意象,似乎成了大侠的一种道具或者伪装。在水汽氤氲、烟雨朦胧的竹林里,穿着蓑衣的大侠在绿色的竹林里匆忙赶路,偶尔使用一下技艺高超的轻功,便能看见蓑衣在天上飞。天明明不下雨,一个穿着蓑衣的普通人,其实是武功高超的大侠。他行走江湖,隐藏自己的身份,用蓑衣把自己装扮成一个渔夫或农夫。

蓑笠是农耕文明的缩影,记录了人类前行的足迹。它类似于21世纪的雨衣,不过更环保,有古色古香的韵味。蓑衣具备挡风、遮雨、保暖及灵活操使的功能,如外出狩猎过夜时,可用作睡垫,既温软舒适,又防潮防湿,穿着蓑衣,头枕斗笠,可躺在田间地头歇息;编织蓑衣的棕榈所散发的气味,会使小爬虫和蛇都不愿靠近,故可避蛇驱虫。塑料未普及时,淳安农民种田缺少不了蓑衣。为了不误农时,即使倾盆大雨农人也要在田间劳作,蓑衣起了重大作用。

蓑衣外形和功能所体现的编结设计思维,成为体现中国南方农耕社会中,极具地域特色生活方式的重要物证,更是成为生活生产中不可缺少的有机器具,并延伸出独特的附加价值。

　　头戴斗笠、身披蓑衣在风雨中劳作的情景,一直延续到20世纪60年代后期。此后,现代化防雨的雨布、雨衣、雨披等的生产使用逐渐取代了蓑衣这种古老的防雨用具。蓑衣已较少用作雨具,转而成为旅游纪念品和室内装饰品了。

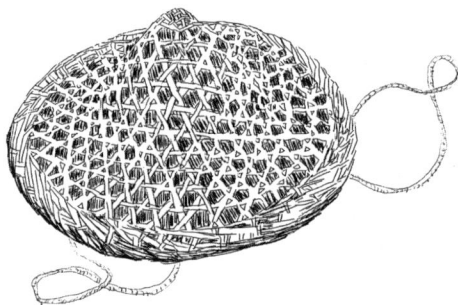

# 荫帽

　　荫帽，学名应该是"斗笠"。淳安还有叫阳帽的，是用来遮雨的。荫帽是淳安农民上山下田劳动时，用来遮蔽太阳的毒光而戴的一种用麦秆编的帽子。戴在头上，荫帽还可以挡挡雨水。天，是说变就变的，特别是在夏天，这会儿还艳阳高照，待会儿却是大雨倾盆，人在田地中，无遮又无掩的,苦了头上的那一顶荫帽,给你挡一下雨。

"一物生来身份贵,人人尊它居首位;虽说不是真天子,它比天子高一辈。"这是一条谜语,其谜底是"斗笠"。

斗笠,又称"笠帽""箬笠",边沿宽能遮雨避风,别的地方多用竹篾笠叶或粽丝笋叶编织,而淳安基本上是用麦秆编织。

追溯一下荫帽(斗笠)的前世今生,可寻到很古很古的时代。

《诗经·小雅·无羊》:"尔牧来思,何蓑何笠。"《国语·越语上》:"譬如蓑笠,时雨既至必求之。"

由此可见,至少在公元前五世纪就有了斗笠这种用具。明朝文震亨《长物志》里说:"笠,细藤者佳,方广二尺四寸,以皂绢缀檐,山行以遮风日;又有叶笠、羽笠,此皆方物,非常可用。"

据说斗笠是南方人的称呼,而北方人大都称草帽。淳安农村称其为"荫帽",这种称呼很有点文化素养,这"荫"字,在字典上是遮蔽的意思。有一词语"荫蔽",就指大树枝叶遮蔽阳光,宜于人休息。还比喻尊长照顾着晚辈或祖宗保佑着子孙。

生长在农村里的我和我的同伴,老早就开始戴"荫帽"了。

"桃花飞过垅,豆籽要出桶。"种六月豆的季节一到,学校马上放农忙假,回家种豆撒炉灰。此季节是早晚两头凉,但晌午近时日头火辣,一轮艳阳当空直射。忙碌在麦垄里撒灰的我,若不戴上一顶荫帽,用不了多久,裸露的手臂就会晒得焦辣辣地痛,过后还要脱皮,脱得白一块黑一块,如癞痢结疤。

淳安农村,荫帽是家家户户的必备用具,堂前屏门上钉两把铁钉,牵一根绳索,大小不等的荫帽一溜并排插着。

淳安的荫帽,无须花钱买,过去,每家妇女都会编。

五六月天,麦子黄了,枇杷熟了,淳安那些勤劳的妇女会用一双灵巧的手,摘来一根根麦秆秸,塞在铁锅内煮一煮,麦秆秸煮得软软蹋蹋,白白泛泛,捞出来晒干。再用麦秆秸编织半寸来宽的麦秆辫,编长了一段麦杆辫,拿针线来开始缝钉荫帽顶。

荫帽顶根据头脑大小而缝钉,不太紧也不太松,既通风又不掉帽。淳安妇女技艺精湛,对人瞄一眼就能编出符合头脑的荫帽。

编一段缝钉一段,一圆圈一圆圈地盘旋着缝钉,荫帽顶编到离耳朵尖两厘米处,向外平躺着缝钉遮沿,缝到能遮两肩膀时,收尾,荫帽顶底部左右钉上一条绳子,用来往下巴系扣固定荫帽。

自编的荫帽颜色都呈本色,白中带黄。农村里有点地位或是正年轻风茂的男青年,也学那城里工人的模样,到供销社去买一顶印有"上铁"二字和铁路标志的荫帽,戴在头上,好像一下子就有了工人阶级的韵味。

淳安的荫帽,不但天晴可遮阳,下雨可防淋,还可在劳动闷热之余拿来当麦秆扇用。烈日之下,挥锄挖地或挥镰割稻,酷热榨汗,又汗流浃背,偷懒停息一下,摘下头上的荫帽"尽快尽快"扇几下,凉爽片刻,接着继续劳作。

荫帽戴破了,碎了,还是有用场的。在山里冷僻的一个个山坞里,播下了苞芦、黄豆、粟米、高粱,一有点成熟,山林里的鸟儿就来啄食。淳安农民拿稻草扎成一个稻草人,双手用一根旧扁担穿着,左右两边横伸着,头顶上给它戴顶破旧的荫帽,吓唬吓唬那些做贼的鸟儿。

草荫帽和劳动是须臾不可分离的,伟人亦钟爱它。有一幅伟大领袖毛主席视察故乡韶山农村稻田的画:"喜看稻菽千重浪,遍地英雄下夕烟。"他的头上也戴了顶荫帽。

"喜看稻菽千重浪,遍地英雄下夕烟",这是太阳快要落山时的景象。韶山的人民从清早起就在田地里紧张地劳动着,在夕阳之下,万物都将休息了,鸟儿也要归巢了,这时候看到了什么呢?他欢喜地看到韶山的水稻和豆类作物,被风一吹,掀起了重重的波浪,就在这种非常优美的景象下,遍地的英雄——也就是在农田里劳动的人民公社的社员们,趁着夕阳的美景在一天紧张的劳动之后收工回家了。

诗虽然写的是韶山,但实际上概括了整个中国,事实上中国各地的情况都和韶山一样,中国的人民都经历过血和火的考验,终于迎来了新中国的一片辉煌。

一轮红彤彤太阳下,毛主席笑逐颜开,神情专注地看着波浪起伏的那一派稻浪。

荫帽是农人的爱物,在田间劳动要晒太阳、淋雨水,草荫帽起了遮阳防淋的作用,终身伴着农人劳动,而劳动是一切幸福的来源。党的总书记习近平说:人世间的一切幸福,都是要靠辛勤的劳动来创造的。

这幸福里,也有荫帽的一份功劳吧。

# 后记

淳安厨房的外墙角,一架蜂桶倦缩在风霜雨雪、日光月华中,桶身斑剥,桶箍散落,如此日复一日,蜂桶将会在不久的时间里销声匿迹。于是,我便用拙劣的文字把它记录下来,记录在自己的笔记本里。在淳安,像这只蜂桶一样,陪伴着一家一户生产与生活的诸多老物件如年迈老人,渐渐逝去。

我最忘不了隔壁邻居王圣长,他是我的长辈,他热心村里的红白喜事,某家有红事或白事都叫上他帮忙:搬桌子,借凳子;集碗筷,聚菜刀,一切都交给他。他手上做了四条长板凳,村里每次出现的红白喜事那四条长板凳都在第一时间内摆在上方头八仙桌四周。我懂事后给他做助手,四条长板凳都是我从他家背的。一场又一场的红白喜事,他家的长板凳承载了一场又一场的喜和悲。1976年,王圣长死了。两条长板凳一前一后地把他的老屋(棺材)支持住,白烛幽光,照在长板凳的八条腿上:王圣长制。四个黑色毛笔字在烛光中时隐时现,我当时就哭了。

什么是老物件?资料云:老物件是指历史悠久的物品,它们是老生活用具、老劳动工具、老娱乐用具等。

老物件有着深厚的历史文化底蕴,它们不仅可以让我们了解生活史、劳动史、娱乐史,还让我们感受到一种历史的沧桑。

老物件是淳安一代代人的记忆和智慧。此书所记录的老物件,是指民俗物件,覆盖面非常广泛,它们是:农用工具、木质家具、居家生活用品等。

近些年来,随着农村生活的变化,许多老物件也越来越难得一见了。比如,生锈的老式自行车、几十年前梳妆台、十四吋黑白电视机、舀稀饭的木勺;腐蚀的木犁、散了架的木梯、虫蛀了的木面盆;裂开缝隙的铜锣、老鼠咬出洞的破皮鼓、断了弦的二胡;烂了的木壳枪、断了芯子的水铳;等等。

淳安的老物件是一面历史的镜子,一一记载了流逝的岁月,记载了淳安社会的发展历程。

淳安的一锄一桶,淳安的针头线脑,都维系着每一条生命。这一条生命从呱呱坠地,到幼儿、到少年、到中年、到老年、到死亡,与生产和生活中的一锄一桶、针头线脑紧密相联,水乳交融。

用历史的眼光审视这些老物件,用文字的永恒记录老物件。

接受记录任务后,淳安县政协文史委为留存下淳安人民生如斯长如斯所依附的老物件,负责人顶烈日,冒酷暑,带着我访遍淳安角角落落。

返回城里,心怀虔诚,不敢懈怠地把所访、所见的老物件一天一件,一一写了出来。

必须说明:所写文字浅陋,所录老物件因全县各处方言差异叫法亦有所不同。还有,文字中出现的祖父、祖母、父亲、母亲及一切的人物,并不只记录他们某一人,而是代表着淳安县广大的父老乡亲,每一件老物件里的故事,都是他们的。

淳安已有近两千年的历史。长江后浪推前浪,树上新叶换旧叶。刻录下淳安老物件的一鳞半爪,是一种大功德。

作为记录者,我还要说清楚:此书所录,只是淳安老物件的一鳞半爪,真龙还在烟雨朦胧中!

王丰

**2023年3月28日,千岛湖**